本书得到国家社科基金青年项目

"内部行政程序的法律规制研究"（18CFX018）的资助

内部行政程序的法律规制研究

Research on Legal Regulation of Internal Administrative Procedures

覃慧◎著

中国政法大学出版社

2023·北京

图书在版编目（CIP）数据

内部行政程序的法律规制研究/覃慧著.—北京：中国政法大学出版社，2023.12
ISBN 978-7-5764-1287-1

Ⅰ.①内… Ⅱ.①覃… Ⅲ.①行政程序－程序法－研究－中国 Ⅳ.①D922.114

中国国家版本馆CIP数据核字(2024)第017547号

出 版 者　　中国政法大学出版社

地　　址　　北京市海淀区西土城路 25 号

邮寄地址　　北京 100088 信箱 8034 分箱　　邮编 100088

网　　址　　http://www.cuplpress.com (网络实名：中国政法大学出版社)

电　　话　　010-58908289(编辑部) 58908334(邮购部)

承　　印　　北京中科印刷有限公司

开　　本　　650mm×960mm　1/16

印　　张　　15.5

字　　数　　205 千字

版　　次　　2023 年 12 月第 1 版

印　　次　　2023 年 12 月第 1 次印刷

定　　价　　79.00 元

目 录 CONTENTS

导　论

一、研究缘起

（一）问题的提出

将行政程序划分为内部程序与外部程序，是我国行政法学教科书的通行做法。[1]但学界对内、外部行政程序的关注却明显失衡，外部行政程序的讨论几乎占据了这一主题研究的全部，而研究内部行政程序的成果可谓寥寥。[2]内部行政程序涉及行政机关与行政机关之间、行政机关内部组织之间、行政机关与行政机关工作人员之间的相互关系等内容，传统观点认为这些内容不涉及行政相对人的权益，也不与行政法控制行政权合法行使的功能有关，学界一直将其划出行政法的调整范围。事实上，不少内部行政程序要求不再停留为行政惯例——上至全国人大制定的法律，下到行政机关制定的各种规范性文件都可以找寻到规范内部行政程序的内容，[3]这些要

---

〔1〕　例如，《行政法与行政诉讼法学》教材编写组编：《行政法与行政诉讼法学》（第 2 版），高等教育出版社 2018 年版，第 237 页；姜明安主编：《行政法与行政诉讼法》（第 7 版），北京大学出版社、高等教育出版社 2019 年版，第 327~328 页；胡建淼：《行政法学》（第 4 版），法律出版社 2015 年版，第 603~604 页；何海波：《行政诉讼法》（第 3 版），法律出版社 2022 年版，第 356~357 页。

〔2〕　参见何海波：《内部行政程序的法律规制研究》（上），载《交大法学》2012 年第 1 期。

〔3〕　例如，《行政处罚法》（2021 年）第 57 条第 2 款规定：对情节复杂或者重大违法行为给予行政处罚，行政机关负责人应当集体讨论决定。《行政强制法》第 19 条规定：情况紧急，需要当场实施行政强制措施的，行政执法人员应当在 24 小时内向行政机关负责人报告，并补办批准手续。另外，多地的行政程序立法之中均有相当的篇幅涉及内部行

求成为行政机关履职行为的基本程序。

我国体制架构、行政体制的安排，产生了一些特殊的内部行政程序问题，如我国行政主体制度的设计。行政机关的意志通常由署有其名并加盖机关印章的文书来表达，行政机关的法律主体性质往往遮蔽了其内部程序的运行，在行政组织内部如何运作的问题则成了规范的真空地带。在我国单一制的国家结构形式下，从中央到地方的机关或机构设置具有高度的严整性，整个行政系统构成了一个巨型的内部行政运作的空间。上下级行政机关之间通过批示、请示批准、备案等程序形式激活了这一巨大的内部空间的运作，对于这些内部行政程序的研究成了研究规范上下级行政机关之间关系的突破口。此外，外部人员，特别是专家学者参与到行政过程中来的现象越来越普遍。作为独立第三方的专家，在评审或评议的环节中，其提供的建议、意见有时候是能够起到决定性作用的。但专家也有可能偏狭、错误，甚至被"俘获"，如何规范专家参与到行政过程中的问题，也是研究我国内部行政程序所面临的新问题。[1]因此，讨论内部行政程序法律规制这一议题在我国法治政府建设的过程中有着特别的意义与价值。

本书将以内部行政程序如何进行法律规制这一问题意识为核心，立足于对我国行政实践活动的观察，从立法、行政、司法三个维度展开对内部行政程序法律规制的剖析。

（二）研究意义

第一，本书立足于我国行政实践活动，选取内部行政程序这一尚未被学界广泛关注的主题作为研究对象，对行政程序法治化这一主题进行精细化、本土化的研究。我国过去有着"重实体、轻程序"的法律文化传统，受到西方自然正义、程序正当等思想的影响，程

政程序的内容，例如，《湖南行政程序规定》（2022年）第二章"行政程序中的主体"、第三章"行政决策程序"、第四章"行政执法程序"、第八章"行政监督"中共有49条涉及内部行政程序的规定。

〔1〕 参见何海波：《内部行政程序的法律规制研究》（上），载《交大法学》2012年第1期。

序的观念，特别是在行政活动过程中的程序观念，才逐渐建立起来。相较于西方社会 20 世纪 50 年代就已经纷纷制定的行政程序法典，我国对于这一话题的讨论近十几年逐渐成为热点。但从讨论的内容来看，多以西方社会的"听证""公众参与"等外部行政程序为关照，而对于具有中国特色的批示、请示批准、备案、公文签发等内部行政程序问题的讨论则寥寥可数。仅有的研究更多的还是以描绘式的方式对内部行政程序制度进行"科普式"的梳理，尚未对内部行政程序问题进行过系统的理论探讨。学界这种对内、外部行政程序问题研究着力的不均，对内部行政程序认识的局限，也影响了司法审查的态度，更是限制了行政程序统一立法的思路。本书将尽可能地弥补这一缺陷。

第二，采用全面梳理与个别突击相结合的思路，结合政治学、社会学等研究方法与思路，对我国内部行政程序已有的规制方式进行较为系统的剖析：一方面利用已有的研究尽可能全面地还原我国行政实践活动中已有的内部行政程序类型的全貌；另一方面则深入到一个个具体鲜活的内部行政程序制度中，以我国的行政实践为基础，以社会科学理论资源为对照，例如，在政治学上所研究的"批示"，与法学界所讨论的"请求批准""行政机关负责人的批准""上级行政机关的批准"等内部行政程序是不是同一个对象？借用政治学的研究思维脉络，拓宽对于类似问题的认识。

第三，利用数据挖掘技术与大数据的分析方法梳理并解释司法审查对于内部行政程序的态度、审查程度等问题。在裁判文书上网之前，理论研究中所获取的司法案例主要是来自最高人民法院的公报，或是从官方出版的诸如《典型案例与法律适用》《人民法院案例选》《中国审判案件要览》等案例选中进行人工筛选而得。[1]

---

〔1〕《典型案例与法律适用（行政类）》（中国法制出版社 2004 年版）：最高人民法院祝铭山法官于 2004 年组织出版的案例集，该系列案例集分为 23 个主题，涉及房产、土地、公安、工商、文化教育、劳动和社会保障、资源、交通、医疗卫生、质量监督检验检疫、食品药品安全、税务、物价、统计、审计、知识产权、司法行政、行政赔偿、城市规划、企业管理、民政等领域；《人民法院案例选》，最高人民法院中国应用法学研究所

由于这种方法需要采用人工——阅读的方式，处理的案件数非常有限，也容易在这一过程中出现错漏。而裁判文书的上网及各大数据公司对于裁判文书网数据挖掘与处理能力的提升，使得获取大批量同类案件成为可能。因此，本书将建立在裁判文书大数据挖掘的基础之上，通过对大量同类案件的收集、整理，尝试梳理并分类司法审查对于不同内部行政程序的态度，并总结出其中的基本规律。

二、研究现状

行政程序作为行政法的骨干、当代行政法的重要基石之一，实现行政程序的法治化已成为我国法治政府建设的应有之义，而制定一部统一的行政程序法典一直以来也是我国行政法学者的中国梦。近来，以应松年为代表的学者继 20 世纪 80 年代全国人大行政立法研究组开展关于《行政法通则》的立法研究以来，重开对行政法总则与行政法法典化这一议题的讨论。[1]这一议题中较为核心的一块

从 1992 年至 2015 年连续编辑出版 96 辑案例集，在 2016 年，该所根据法律学科体系对案例集重新进行分类编排，其中行政与国家赔偿卷有 8 册；《中国审判案例要览》：从 1991 年起，国家法官学院、中国人民大学法学院共同开始编纂该系列丛书，逐年从全国各级人民法院审结报送的各类案例中选编新颖、疑难、典型、重要案例，分刑事、民事、商事、行政四部分内容出版。

〔1〕 与这一主题相关的学术活动不断，例如，2017 年 12 月 28 日在中国政法大学举办"行政法总则与行政法法典化"学术研讨会，应松年教授作了题为《制定行政法总则的时机已经成熟》的主题报告。随着 2020 年 5 月《民法典》的颁布，2021 年全国人大常委会在年度立法工作计划中，提到全国人大常委会将研究启动环境法典、教育法典、行政基本法典等条件成熟的行政立法领域的法典编纂工作。学者们对于行政法总则、行政法法典化的讨论也逐渐深入。参见罗冠男：《我国行政法典编纂的重要历程与新思路新展望》，载《理论探索》2020 年第 4 期；薛刚凌：《行政法法典化之基本问题研究——以行政法体系建构为视角》，载《现代法学》2020 年第 6 期；钟瑞华、李洪雷：《论我国行政法法典化的意义与路径——以民法典编纂为参照》，载《行政管理改革》2020 年第 12 期；刘绍宇：《论行政法法典化的路径选择——德国经验与我国探索》，载《行政法学研究》2021 年第 1 期；杨登峰：《从〈民法典〉的编纂看行政法典的编纂——对"单行法先行"模式的一种考察与展望》，载《行政法学研究》2021 年第 3 期；关保英：《论行政法典总则的制定及其对行政法体系的整合》，载《东方法学》2021 年第 6 期；马怀德：《中国行政法典的时代需求与制度供给》，载《中外法学》2022 年第 4 期；杨伟东：《基本行政法典的确立、定位与架构》，载《法学研究》2021 年第 6 期；高秦伟：《中国行政法法典化的体系性与民主性取向》，载《北方法学》2022 年第 5 期。

内容即为对行政程序立法的研究，行政程序法也一致地被学界视为制定行政法总则、实现行政法法典化的策略性选择。[1]

围绕着行政程序法治化与统一行政程序立法的问题，学者们从不同的视角展开了讨论，归纳起来可以分为以下四个面向：

第一面向，以域外法制引介为中心的研究范式。这一研究范式强调对程序法制先进国家（地区）立法经验的学习与借鉴。学者们先后整理、翻译了多国法典，梳理了这些国家立法的条件、过程、原则目标、框架与内容，同时还对两大法系的有关制度展开了横向比较等。[2]

第二面向，以基础理论为中心的研究范式。这一研究聚焦于对于行政程序概念、理念，行政程序法产生、地位、作用、基本内容与制度、与其他部门法的关系等内容的讨论。[3]此外，考虑到我国行政程序法制渐进性的现实发展情景，还有不少学者从行政程序中具有代表性的制度研究出发，如说明理由、听证、信息公开、公众参与等，对个别制度进行具体的分析。[4]

第三面向，以立法政策为中心的研究范式。以应松年、姜明安、王锡锌、王万华等为代表的学者从立法技术的角度出发，围绕着行政程序法（试拟稿）、各地行政程序规定内容，为统一行政程序立法

---

〔1〕　参见姜明安：《关于编纂我国行政程序法典的构想》，载《广东社会科学》2021年第4期；王万华：《我国行政法法典编纂的程序主义进路选择》，载《中国法学》2021年第4期；叶必丰：《行政法的体系化："行政程序法"》，载《东方法学》2021年第6期。

〔2〕　参见应松年主编：《比较行政程序法》，中国法制出版社1999年版；张兴祥等：《外国行政程序法研究》，中国法制出版社2010年版；王万华：《行政程序法典化之比较》，载《法学》2002年第9期；胡建淼：《我国行政程序法的模式与结构——依据对世界上行政程序法规范结构的统计与透视》，载《政法论坛》2004年第5期。

〔3〕　参见王万华：《行政程序法研究》，中国法制出版社2000年版；王万华：《中国行政程序立法研究》，中国法制出版社2005年版；王锡锌：《行政程序法理念与制度研究》，中国民主法制出版社2007年版。

〔4〕　参见王锡锌：《公众参与和行政过程——一个理念和制度分析的框架》，中国民主法制出版社2007年版；叶必丰：《具体行政行为框架下的政府信息公开——基于已有争议的观察》，载《中国法学》2009年第5期。

献计献策。[1]

第四面向，以司法审查为中心的研究范式。以章剑生、杨小君、何海波等为代表的学者通过全面观察梳理与行政程序（法定程序、正当程序）相关的行政裁判案件，以法院对程序违法的处理为中心这一面向展开对我国行政程序法制演进与现状的实证探究。[2]可以说对于这一主题的研究，已经积累了相当丰厚的学术成果。但在当下热闹的讨论中，也不应当遮蔽我们对于我国行政程序现实情境的观察与问题的思考。

受行政机关内部职权分工及行政官僚制的影响，行政程序可细分为外部行政程序与内部行政程序。但从对现有学术研究的梳理来看，我国一向有"重实体、轻程序"的法律文化传统，更多地受到英美自然正义、正当程序等程序理念的影响，既有对于行政程序及其立法四个面向的讨论，可以说几乎集中在了对外部行政程序的研究上。听证、公众参与更是受到了研究者的特别青睐。而对于调整行政机关之间、行政机关内部成员之间、行政机关与当事人之外的其他外部人员之间关系的内部行政程序的讨论则遭到有意或无意的冷落，研究成果寥寥。

尽管目前直接以此为题的研究尚属空白，但不区分内外行政程序类型，对违反行政程序的司法审查研究却一直是学界持续关注的

---

〔1〕 参见马怀德主编：《行政程序立法研究——〈行政程序法〉草案建议稿及理由说明书》，法律出版社 2005 年版；王万华：《中国行政程序法典试拟稿及立法理由》，中国法制出版社 2010 年版；李文曾：《专家学者共话中国行政程序法——〈中华人民共和国行政程序法（专家建议稿）〉研讨会综述》，载姜明安主编：《行政法论丛》（第 18 卷），法律出版社 2016 年版，第 436~448 页。

〔2〕 参见应松年、杨小君：《法定行政程序实证研究——从司法审查角度的分析》，国家行政学院出版社 2005 年版；何海波：《司法判决中的正当程序原则》，载《法学研究》2009 年第 1 期；章剑生：《对违反法定程序的司法审查——以最高人民法院公布的典型案件（1985—2008）为例》，载《法学研究》2009 年第 2 期；于立深：《违反行政程序司法审查中的争点问题》，载《中国法学》2010 年第 5 期；王玎：《行政程序违法的司法审查标准》，载《华东政法大学学报》2016 年第 5 期；章剑生：《再论对违反法定程序的司法审查——基于最高人民法院公布的判例（2009—2018）》，载《中外法学》2019 年第 3 期。

问题。在这些讨论中已经零星地涉及对内部行政程序审查的考量。另外，随着学界对传统行政法学体系与内容反思的不断深入，对行政机关活动的关注不再局限于其外部的行政行为，开始转向其内部活动。"行政机关'办公大楼内实施的行为'不仅与公共财政合法支付有关，更重要的是它还会直接或间接影响行政机关对外作出行政行为的合法性。"[1] 行政自我规制[2]、"内部行政法"[3] 的提法与研究开始得到越来越多的学者响应。

美国行政法学者杰里·L. 马肖（Jerry L. Mashaw）在《创制行政宪制》（*Creating the Administrative Constitution*）一书中，反思学界对早期美国行政法的理解时，指出了传统观点认为美国行政法是"司法审查"之法、"外部"之法的认识是对美国行政法的误读。他强调早期的美国行政法中除了司法审查外，国家建构（state-building）才是更为重要的任务。[4] 他在书中总结了美国早期行政法中的内部行政控制实践，包括行政部门通过指示、命令和信函，上级部门对下级部门的监督检查，下级部门给上级部门的定期汇报，行政体系内对分支机构和人员的控制，行政部门发布解释和通告等形式约束自身裁量权等方式确保了行政合法性的实现。[5] "没有内部行政法，就无法经由政治监督、命令和司法审查让当代外部责任

---

[1]　章剑生：《作为担保行政行为合法性的内部行政法》，载《法学家》2018 年第 6 期。

[2]　参见崔卓兰、刘福元：《行政自制——探索行政法理论视野之拓展》，载《法制与社会发展》2008 年第 3 期；于立深：《现代行政法的行政自制理论——以内部行政法为视角》，载《当代法学》2009 年第 6 期；崔卓兰、于立深：《行政自制与中国行政法治发展》，载《法学研究》2010 年第 1 期；沈岿：《行政自我规制与行政法治：一个初步考察》，载《行政法学研究》2011 年第 3 期；刘福元：《行政自制：探索政府自我控制的理论与实践》，法律出版社 2011 年版。

[3]　参见刘国乾：《法治政府建设：一种内部行政法的制度实践探索》，载《治理研究》2021 年第 3 期；章剑生：《作为担保行政行为合法性的内部行政法》，载《法学家》2018 年第 6 期；卢护锋：《论内部行政法的功能》，载《行政论坛》2014 年第 1 期。

[4]　[美] 杰里·L. 马肖：《创设行政宪制——被遗忘的美国行政法百年史（1787—1887）》，宋华琳、张力译，中国政法大学出版社 2016 年版。

[5]　宋华琳：《国家建构与美国行政的史前史》，载《华东政法大学学报》2015 年第 3 期。

体系得以运行。内部组织结构、规则和先例构成了一个严密的网络，该网络最终为实施政治偏好和司法裁判提供了必要的机制。如果没有这个网络，赋予行政机关履行行政任务职责的法律、总统向执法分支发布的命令以及法院在司法审查中签发给作为被告的行政机关的令状，就都几乎产生不了什么实际效果。"〔1〕以马肖教授等为代表的学者强调重新发现"内部行政法"。〔2〕

内部行政程序作为内部行政法的重要内容之一，〔3〕学界对它的关注逐渐增多，研究也呈现出精细化的发展路径。

（一）内部行政程序的研究

仅有的关于内部行政程序的研究，主要以描绘式为其研究径路，让我们对"内部行政程序"有了一个感性的认识。例如，张淑芳所理解的"内部行政程序"是执法程序中请求批准、指挥命令、指导建议、行政认可、记录在档、行为备案这六种状态。她将内部行政程序限定在上下级行政机关之间的关系运作。〔4〕殷玉凡则将内部行政程序分为具有隶属关系、不具有隶属关系及保障性内部行政程序这三大类。隶属关系的内部行政程序包括了请示程序、批准审核程序、内部决定程序、内部备案程序等；不具有隶属关系的内部行政程序则有行政机关之间的协商、协助程序，授权委托程序等；主体资

---

〔1〕 〔美〕杰里·L.马肖：《创设行政宪制——被遗忘的美国行政法百年史（1787—1887）》，宋华琳、张力译，中国政法大学出版社2016年版，第302~303页。

〔2〕 〔美〕吉莉恩·E.梅茨格、凯文·M.斯塔克：《内部行政法》，宋华琳、吕正义译，载章剑生主编：《公法研究》（第20卷），浙江大学出版社2020年版，第160~235页；Gillian E. Metzger & Kevin M. Stack, "Internal Administrative Law", 115 *Michigan Law Review* 2017, pp. 1239-1307. Gillian E. Metzger & Kevin M. Stack, "Internal Administrative Law Before and After the APA", in Nicholas R. Parrillo eds. , *Administrative Law from the Inside Out*: *Essays on Themes in the Work of Jerry L. Mashaw*, Cambridge University Press, 2017, pp. 163-187. Christopher J. Walker & Rebecca Turnbull, "Operationalizing Internal Administrative Law", 71 *Hastings Law Journal* 2020, pp. 1225-1247.

〔3〕 有研究者指出，在行政法领域，行政法治要运行良好必须借助内部行政法，内部行政法通过改革内部组织结构和程序机制，能使法治要素深入到行政行为的末梢和脊髓。参见于立深：《现代行政法的行政自制理论——以内部行政法为视角》，载《当代法学》2009年第6期。

〔4〕 参见张淑芳：《论行政执法中内部行政程序的地位》，载《吉林大学社会科学学报》2008年第1期。

格的认定程序、回避程序、期限制度等均属于保障性内部程序。[1]何海波则在大量检索及查找相关法律法规、司法案例的基础上，通过逻辑归纳，将内部行政程序分为"与程序有关的行政执法主体资格""行政机关内部的决定程序""上下级行政机关的审查、批准与备案""外部专家的评议、评审和评定"这四大类。[2]相较于前者，后者对于内部行政程序的理解则有了极大的拓展。这些描绘式的研究向我们生动地展现了内部行政程序的样貌，但缺乏对其背后行为逻辑与相关机理的洞察。后续随着研究的深入，有研究者开始介入对内部行政程序价值、基本原则、制度建构等问题的讨论。[3]

此外，像行政批示这类极具中国本土特色的行政手段，由于其性质定位的模糊性，是否应当将其纳入内部行政程序问题来考量规制也是颇具争议的问题。[4]因此，对内部行政程序范畴的认识目前尚未形成共识，这严重地影响了人们对内部行政程序价值与作用的判断。

（二）具体的内部行政程序制度研究

除了宏观的以内部行政程序为主题的系统研究外，还有不少研究者直接针对具体的内部行政程序制度展开研究，如行政机关负责人的批准与批示。从学界对这两个主题的研究情况来看，"批示"得到了更多学者的关注。除了以政治学、公共管理学为视角的研究持续发力外，[5]行政法学者也逐渐加入对这一主题的讨论中来，先后

---

〔1〕 参见殷玉凡：《内部行政程序的规范性研究》，载《岳阳职业技术学院学报》2014 年第 4 期。

〔2〕 参见何海波：《内部行政程序的法律规制》（上），载《交大法学》2012 年第 1 期；何海波：《内部行政程序的法律规制》（下），载《交大法学》2012 年第 2 期。

〔3〕 参见罗许生：《内部行政程序研究》，法律出版社 2019 年版。

〔4〕 参见王学辉：《行政法秩序下的行政批示行为研究》，载《政治与法律》2018 年第 5 期；王学辉：《行政批示的行为法意蕴》，载《行政法学研究》2018 年第 3 期。

〔5〕 参见孟庆国、陈思丞：《中国政治运行中的批示：定义、性质与制度约束》，载《政治学研究》2016 年第 5 期；陈思丞、孟庆国：《领导人注意力变动机制探究——基于毛泽东年谱中 2614 段批示的研究》，载《公共行政评论》2016 年第 3 期；张新文、张国磊：《领导批示：行政运作中的特征、价值取向与实践反思》，载《南京社会科学》2020 年第 2 期；陈思丞：《领导批示：注意力变动的内在逻辑》，世界科技出版公司 2021 年版。

分析了批示的法律性质、行为法机理及可诉性、内部监督等问题。[1]而与之相较，对"批准"的研究则稍显冷清，仅有一篇文献直接以此为对象展开研究。这篇文章以梳理现行法律规范文本中的有关规定为出发点，着重厘清"机关负责人"的法律概念并揭示这一制度的法律功能。[2]但现有的研究都没能很好地揭示出"批示"与"批准"这两个制度之间的关系。实践中不少以"批示"为名，实质为"批准"性质的程序要求则更是容易逃逸出司法审查的监督。

此外，还有集体讨论程序。有的研究笼统地以"集体讨论"为对象，检讨了集体讨论的适用规则、程序规则及法律规制问题。[3]有的研究则聚焦于行政处罚、行政决策等具体领域中的"集体讨论"程序，剖析目前该程序在具体适用中遇到的问题。[4]还有的从具体行政管理领域内的具体制度出发，如讨论《人民警察法》中警察协助内部程序构建中"集体讨论"的程序范围、方式、程序要求等内容。[5]此外，还有一些研究从建构的视角出发，讨论了"集体讨论"应有的程序规则。[6]这些讨论为尚且粗陋的"集体讨论"提供

---

〔1〕 参见秦小建、陈明辉：《论行政法上的批示》，载《政治与法律》2013 年第 10 期；王学辉：《行政批示的行为法意蕴》，载《行政法学研究》2018 年第 3 期；王学辉、林金咏：《行政执法中"个案批示"行为研究》，载《江苏行政学院学报》2018 年第 5 期；邓炜辉：《行政批示可诉性：司法图景与标准判定——基于我国法院相关裁判文书的规范考察》，载《政治与法律》2019 年第 1 期；王学辉、雷焱：《批示行政：一个行政惯例的存在与检视》，载《哈尔滨工业大学学报（社会科学版）》2019 年第 5 期。

〔2〕 参见王学辉、林金咏：《行政机关负责人批准行为研究——以现行法律规范文本为对象的分析》，载《四川师范大学学报（社会科学版）》2018 年第 5 期。

〔3〕 参见郑琦：《行政法中"集体讨论制度"的叙述与解读——以 70 部法律规范文本为对象的"具体化"路径探索》，收录于《第十三届全国公法学博士生论坛报告论文集（2018）》，第 126~146 页。

〔4〕 参见徐冬然、王伏刚：《行政机关负责人集体讨论程序的正当时机》，载《人民法院报》2021 年 9 月 30 日，第 6 版；章琼麟：《行政处罚中的行政机关负责人集体讨论程序研究》，华东政法大学 2018 年硕士学位论文；关保英：《行政决策集体讨论决定质疑》，载《求是学刊》2017 年第 6 期。

〔5〕 参见郑琳：《警察协助的内部规则程序之治》，载《广西警察学院学报》2021 年第 1 期。

〔6〕 参见焦勇：《完善案件集体讨论制度需要重点把握的几个环节》，载《中国工商管理研究》2009 年第 5 期。

了精细化的制度打磨，值得肯定。还有的研究者探究了集体讨论制度从组织法到行为法发展的机理，从而进一步认识还有哪些内部行政法制度能够通过行政过程的截取而被改造成为外部行政法。〔1〕

　　法制审核程序，尤其是重大执法决定法制审核程序在被写入了党的十八届四中全会报告之后，有研究者开始专门就这一主题展开研究。内容多涉及这一程序制度应当如何展开〔2〕以及梳理实践做法，总结经验及遇到的问题并提供解决方案。〔3〕

　　（三）违反行政程序的司法审查研究

　　自 1989 年《行政诉讼法》将"违反法定的程序"列为撤销行政行为的法定事由之一开始，学界对于这一问题的研究就从未间断过，相应地也积累了丰硕的成果。研究成果可以分为两个部分：一是纳入审查的行政程序范围；二是违反行政程序的法律后果。

　　1. 纳入审查的行政程序范围

　　学界在讨论应予纳入司法审查的行政程序范围时，并没有意识专门就内、外部行政程序形成系统性的讨论，只是在一些研究中零星地有所涉及。起初的研究是从法释义学的视角出发，就认定行政程序违法的标准进行讨论时，有学者认为法院对行政程序进行司法审查只能是有限的、部分的，程序范围的框定取决于一国法律的具

------

〔1〕　参见叶必丰：《集体讨论制度从组织法到行为法的发展》，载《法学》2022 年第 6 期。

〔2〕　参见杨东升、韦宝平：《重大行政执法决定法制审核制度论纲》，载《湖北社会科学》2017 年第 7 期；侯孟君：《重大执法决定法制审核制度的推行进路》，载《行政与法》2017 年第 10 期；许若群：《行政执法内部规控研究——兼论重大行政执法决定法制审核制度的设计》，载《云南行政学院学报》2019 年第 3 期。在此期间内还出现了不少以此为题的硕士学位论文，对这一程序制度展开系统的研究。例如，张驹：《我国重大行政执法决定法制审核研究》，四川师范大学 2017 年硕士学位论文；倪畅：《重大行政执法决定法制审核制度完善研究》，扬州大学 2018 年硕士学位论文；张新鹏：《重大行政执法决定法制审核制度研究》，河北大学 2019 年硕士学位论文；孙家惠：《城市管理领域重大执法决定法制审核制度研究》，扬州大学 2020 年硕士学位论文；林娇：《重大行政执法决定法制审核制度研究》，广东外语外贸大学 2021 年硕士学位论文。

〔3〕　参见侯孟君：《重大执法决定法制审核制度实施问题研究——以宁波市为例》，载《行政与法》2019 年第 6 期；刑翔：《全面推进行政执法三项制度向纵深发展——以广东省广州市为例》，载《中国司法》2019 年第 8 期。

体规定，更重要的是取决于这个国家行政主体主动接受法院对其行政行为进行司法审查的自觉程度。按照当时的情况，行政程序司法审查的范围应限于外部行政程序。[1]

此后，不少以案例为对象的研究部分印证了前述观点。例如，章剑生以最高人民法院公布的典型案例为例，梳理了1985—2018年间的典型案例。经梳理可知，违反的法定程序多为未事先举行听证、未事先告知陈述权和申辩权、未尽程序通知义务、未送达相关法律文书、违反正当程序等这样的外部行政程序。[2]

然而，于立深整理的"典型案例"，除了来自最高人民法院的公报案例外，还有来自官方研究机构、学术机构及法官整理的案例选集，共计348个。在这些案例中，违反的行政程序除了告知、听证外，还出现了像批准程序、集体讨论协商程序等的行政主体内部程序。[3]这一点也反映了法院在实际的审查中，对"法定的程序"的理解并不仅局限于外部程序。

学界也开始出现支持将内部行政程序纳入司法审查的讨论。例如，有学者在论述要对行政处罚的内部程序进行审查时，认为行政处罚的一般程序实行调查程序与决定程序相分离的原则。执法人员仅有调查权限，作出行政决定的权限则在行政首长。这种"调查"与"决定"在制度与职能上的分离，本质上是一种通过机关内部的功能分化和制约，促进行政行为更为审慎和公正的程序保障机制。因此，这种制度和职能分离是否得到实现，应当属于法院司法审查的范围。[4]

---

〔1〕 参见章剑生：《论行政程序违法及其司法审查》，载《行政法学研究》1996年第1期。

〔2〕 参见章剑生：《对违反法定程序的司法审查——以最高人民法院公布的典型案件（1985—2008）为例》，载《法学研究》2009年第2期；章剑生：《再论对违反法定程序的司法审查——基于最高人民法院公布的判例（2009—2018）》，载《中外法学》2019年第3期。

〔3〕 参见于立深：《违反行政程序司法审查中的争点问题》，载《中国法学》2010年第5期。

〔4〕 参见杨利敏：《行政处罚内部程序应受司法审查》，载《人民法院报》2005年4月18日，第B1版。

还有学者虽然对内部行政程序的界分存有分歧,[1]但认为法庭要弄清楚行政机关实施调查、检查和作出行政处罚决定的真实理由及根据,首先恰恰需要审查行政机关负责人的审批、决定程序及相应的行政文书,因为这些文书切实地反映了行政行为启动和运作的各种具体情况。[2]从学者们的观点来看,法院审查内部程序既是查清案件的需要,也是促进行政行为理性目标达成的需要。

还有研究者回避了司法审查中内、外部行政程序的论争,将法制审核、集体讨论、社会稳定风险评估等这类为控制行政行为的风险而设置的事前节点控制程序归结为"审慎程序",并提出法院不应一一将法律条文中所规定的行政程序均纳入司法审查的范围,而是应当甄别这些程序的不同性质从而考虑不同的对待。该研究者认为从行政诉讼的主观与客观目的的进路分析可以提炼出法院审查"审慎程序"的标准。按照这位学者的标准,像法制审核、集体讨论这样的内部行政程序基于不同的诉讼目的,同样也是法院司法审查的范围。[3]

2. 违反行政程序的法律后果

2014年修正的《行政诉讼法》,纳入了程序轻微违法、确认违法判决的条款。[4]至此,违反行政程序的法律后果名正言顺地变得

---

〔1〕　在姜明安教授看来,内部行政程序是指行政机关实施内部行政行为的程序,如行政机关制定内部工作规则,进行内部人事安排,对内部工作人员进行奖励、任免等的程序。而行政级机关对外部行政相对人实施具体行政行为的程序,如行政处罚程序,则是外部程序。他指出,某行政机关将这种外部行政行为的程序,再分为内部程序和外部程序,既缺乏法律依据,也缺乏理论根据,甚至是荒谬的。参见姜明安:《行政处罚程序无内外之分》,载《人民法院报》2005年4月18日,第B1版。

〔2〕　参见姜明安:《行政处罚程序无内外之分》,载《人民法院报》2005年4月18日,第B1版。

〔3〕　参见林鸿潮:《行政行为审慎程序的司法审查》,载《政治与法律》2019年第8期。

〔4〕　第十二届全国人民代表大会常务委员会第十一次会议于2014年11月1日通过的《全国人民代表大会常务委员会关于修改〈中华人民共和国行政诉讼法〉的决定》中,载明修正后的条文从原来的75条增加到103条,其中改动45条、增加33条、删除5条,原文中只有25条没有改动。2014年《行政诉讼法》的修正是一次全面大修。第十二届全国人民代表大会常务委员会第二十八次会议于2017年6月27日通过的《全国人民代表大会常务委员会关于修改〈中华人民共和国民事诉讼法〉和〈中华人民共和国行政诉讼法〉的决定》中,对《行政诉讼法》作出修改只涉及1条,即第25条增加1款,作为第4款,新增关于检察行政公益诉讼的规定,其余条款未有改动。

多元化起来。在旧法时代，法院在司法实践中发展出的程序瑕疵、驳回原告诉讼请求的做法，在新法时代是否还有存在的必要；如何认定程序瑕疵的程度，进而相应地适用不同的判决类型；判决类型的完善等。这些也成了学者们热烈讨论的问题。[1]

三、本书结构

本书从立法、行政、司法三个维度分别描绘内部行政程序法制的基本图景。选择以行政机关负责人集体讨论、行政机关负责人的批准、行政执法决定的法制审核等内部行政程序为例，分别展开对其如何进行行政自我规制的剖析，从司法的视角探究内部行政程序司法审查的态度与程度问题，发掘并总结其中所蕴藏的基本规律。在此基础上，进一步剖析将内部行政程序纳入行政法法典化讨论的理由，并展开具体的内部行政程序制度安排。

本书共分为八章。除了交代研究缘起、研究现状等内容的导论外，其余七章内容分别为：

第一章通过梳理学界对内部行政程序的认识与分歧、行政审判实践中对内部行政程序的认定，剖析各个划分标准的优势与不足，明确本书所讨论的"内部行政程序"的概念与范畴。与此同时，我国正在推进的数字政府建设使得数字技术得以全方位介入行政活动中来，这带来了行政活动多方面的变化，也引发了内部行政程序的变化。因此，本章还将对数字政府建设中的内部行政程序变化与回应进行介绍。

第二章讨论违反内部行政程序规定可能产生的法律后果。由于现有的涉及内部行政程序的规定中少有涉及违反程序的法律后果，

---

[1] 参见余凌云：《对行政程序轻微瑕疵的司法反应》，载《贵州警官职业学院学报》2005 年第 4 期；柳砚涛：《认真对待行政程序"瑕疵"——基于当下行政判决的实证考察》，载《理论学刊》2015 年第 8 期；梁君瑜：《行政程序瑕疵的三分法与司法审查》，载《法学家》2017 年第 3 期；陈振宇：《行政程序轻微违法的识别与裁判》，载《法律适用》2018 年第 11 期；梁君瑜：《论行政程序瑕疵的法律后果》，载《华东政法大学学报》2019 年第 2 期；章剑生：《再论对违反法定程序的司法审查——基于最高人民法院公布的判例（2009—2018）》，载《中外法学》2019 年第 3 期。

对照法治发达国家的经验与做法，对于这类程序出现问题所设定的法律后果，主要由行政程序法典予以规范，并辅之以法院个案裁判创造与学术知识的贡献。由于立法有关规定的缺失，我国关于程序违法的后果间接地体现在《行政诉讼法》的条款之中。本章通过对《行政诉讼法》中关于程序违法法律后果条款的仔细爬梳，从否定性与肯定性法律后果两个维度展开对该问题的讨论。除了《行政诉讼法》（2014 年修正）规定的分别匹配了无效、可撤销及确认违法的"重大且明显的程序违法""一般程序违法（违反法定程序）""不对原告权利产生实际影响的程序轻微违法"这三类程序瑕疵外，还应当将司法实践中法院以指正并驳回原告诉讼请求的这一在法律后果上可忽略不计的"程序轻微不当"类型纳入，因为法院审查内部行政程序具有弥补现行立法对程序违法效力规定不足的价值。

第三章就法院对内部行政程序的司法审查情况展开剖析。当事人是选择将内部行政程序视为独立的行政行为，还是选择将其视为外部行政行为作出过程中的一个环节，将直接关系到法院对待行政机关内部事项的审查态度。后一策略的选择符合我国行政诉讼受案条件与审查标准，内部行政程序可以顺利地进入法院审查的视野。然而，通过群案研究后发现，实践中法院对内部行政程序是否审查的做法并不统一，更有甚者，同一内部行政程序基本程度相似的违法情形却被匹配完全不同的法律后果。因此，有必要统一对内部行政程序的认识，总结纳入司法审查的内部行政程序标准，提炼法院对待内部行政程序审查的分析框架。

第四、五、六章分别围绕行政机关负责人批准程序、行政机关负责人集体讨论程序、行政执法决定法制审核程序这三个代表性的内部行政程序展开详细讨论。笔者将分别从对应程序的适用场域、法院对该程序的审查的态度（是否审查）、法院如何审查该程序、应经而未经相应的内部行政程序法院如何裁判等维度，观察立法的规定、行政的执行情况、司法实践的做法。

第七章则在此前研究的基础上，论证内部行政程序在我国行政实践中的重要性。从内部行政程序制度的本土生成演进、凸显行政法法典化的"中国特色"、提升法典对内部行政要素的关注等三个方面，阐明我国行政法法典化讨论中纳入并重视内部行政程序制度的理由。从与程序有关的行政主体资格、行政系统内部的决定程序、行政系统内部的协调程序等三个方面，展开法典化对内部行政程序的安排。

何为"内部行政程序"?

　　尽管传统上行政程序有内、外之分，但由于内、外部程序之间并无明显的界限，很多时候内外行政程序更是交织在一起，这给内、外部行政程序的划分带来难度，因此也存在着不同的观察视角。本部分将率先以厘清学理上内、外部行政程序的划分标准为基础，梳理我国学理上和立法、司法实践中有关内部行政程序的认识与规定，描摹内部行政程序的基本样貌。此外，我国在加强数字政府建设的过程中，数字技术介入到行政活动中，引发了行政活动在空间布局与活动场景的变化、活动方式的升级与活动理念的更新，这些改变也会带来行政程序，特别是内部行政程序在定位转变、内容调试等方面的连锁反应。

一、学理上对"内部行政程序"的认识与分歧

（一）以程序适用的行政行为类型作为划分标准

　　一种具有代表性的观点是以该程序适用的行政行为类型作为划分标准。行政行为按照行为的适用与效力作用对象可被划分为内部行政行为与外部行政行为。[1]内部行政程序是"规范内部行政行为

---

　　[1]　参见应松年主编：《当代中国行政法》（第3卷），人民出版社2018年版，第783页。还有另外一种观点认为，行政行为是行政机关对外作出行为的总称，内部行政不属于行政行为。参见章剑生：《现代行政法总论》（第2版），法律出版社2019年版，第137~138页；江必新、梁凤云：《行政诉讼法的理论与实务》（上·第3版），法律出版社2016年版，第193页。这两种分类方法的根本差异在于对"行政行为"这一概念持何种理解。最广义的"行政行为"是指行政主体实施的所有行为，包括法律行为和事实行为

的方法、步骤和时限所构成的连续过程"[1]，是"内部行政行为必须遵循的程序"[2]。

按照这一观点，对内部行政程序的理解可以进一步定位到对内部（行政）行为的理解上来。内部（行政）行为是行政机关对隶属于自身的组织、人事、财务等方面的管理行为。它包括行政机关对其工作人员的奖惩、任免等决定，以及行政机关内部的机构设置、行政规划的制定等活动。内部（行政）行为强调行为主体与相对人之间的隶属性，原则上它只影响政府机关的内部，对机关外部的公民、法人或者其他组织不发生权利义务关系。[3]之所以要区分内外部行政行为的程序，是为了确立"交叉适用无效"和"分别救济"的原则。[4]"交叉适用无效"原则意味着内外部行政行为程序不得混用。"分别救济"则意味着行政相对人不服内部程序不能提出司法审查的请求，只能通过系统内的救济方式来予以解决。

在姜明安教授看来，诸如行政机关制定内部工作规则，进行内部人事安排，对内部工作人员进行奖励、任免等这类行政机关实施内部行政行为的程序才是内部行政程序；而行政机关对外部行政相对人实施具体行政行为的程序，如行政处罚程序则是外部程序。姜明安教授认为将外部行政行为的程序再分为内部程序和外部程序，例如，将行政处罚程序中的调查、检查程序列为外部程序，而却将行政机关负责人对调查、检查的审批、决定程序归入内部程序；将行政处罚决定程序中的送达处罚决定书的程序列为外部程序，而将行政机关负责人（个人审批或通过集体讨论）作出处罚决定的程序

<hr>

较狭义的"行政行为"仅指行政主体对外实施的外部行政法律行为。参见《行政法与行政诉讼法学》教材编写组编：《行政法与行政诉讼法学》（第2版），高等教育出版社2018年版，第82页。

〔1〕 章剑生：《行政程序法学原理》，中国政法大学出版社1994年版，第20页。

〔2〕 胡建淼：《行政法学》（第4版），法律出版社2015年版，第603~604页。

〔3〕 江必新、梁凤云：《行政诉讼法的理论与实务》（第3版），法律出版社2016年版，第193页。

〔4〕 姜明安主编：《行政法与行政诉讼法》（第7版），高等教育出版社、北京大学出版社2019年版，第327~328页。

归入内部程序，这种划分既缺乏法律依据，也缺乏理论根据，甚至是荒谬的。[1]这一看法是"交叉适用无效"原则的体现。

（二）以当事人（行政相对人）是否参与作为划分标准

另一种具有代表性的划分观点是以当事人（行政相对人）是否参与作为划分标准。何海波认为，行政机关在作出行政决定的过程中包含着两套相互独立而又互相联系的程序系统：一方面，行政机关在程序过程中与当事人进行的必要交涉，例如，受理当事人的申请，告知当事人相应的权利，听取当事人的陈述申辩，说明裁判理由，送达行政决定书等；另一方面，行政决定并不是简单地在决定书上盖上机关印章这么简单。行政机关作出一个行政决定，在机关内部涉及由哪个机构、哪些人员负责处理，谁来启动程序、谁来调查事实、谁来参与、谁来拟写决定、谁最后拍板等权力和职责分配的问题。在这样的视角下，包含当事人参与的程序被称为"外部行政程序"，没有当事人参与的程序被称为"内部行政程序"。[2]

内部行政程序尽管没有当事人的参与，但这并不意味着完全不涉及当事人的利益，可能会影响到当事人的权益。[3]甚至有学者直截了当地指出："行政执法中内部程序的标的是行政相对人的权利和义务"，"它决定了行政执法中的内部程序虽具有内部运作的外形，但却是一个外部的法律行为，至少是能够产生外部社会效果的法律行为"。[4]例如，行政机关作出较重的行政处罚前未经过集体讨论程序，[5]政

---

[1]　参见姜明安：《行政处罚程序无内外之分》，载《人民法院报》2005年4月18日，第B1版。

[2]　参见何海波：《内部行政程序的法律规制》（上），载《交大法学》2012年第1期。

[3]　参见王万华：《行政程序法研究》，中国法制出版社2000年版，第22~24页。

[4]　张淑芳：《论行政执法中内部程序的地位》，载《吉林大学社会科学学报》2008年第1期。

[5]　参见"湖北九州国际旅行社有限责任公司诉武汉市旅游局行政处罚案"，湖北省武汉市中级人民法院（2015）鄂江岸行初字第00042号行政判决书；"兰州金达康汽车销售服务公司诉兰州市安宁区城市管理行政执法局、安宁区政府行政处罚案"，兰州铁路运输中级法院（2018）甘71行终202号行政判决书。

府通过会议纪要形式减损行政相对人的权利，[1]政府在行政管理过程中所进行的内部审批[2]等。何海波在强调法律规制内部行政程序的意义时也指出："内部程序作为行政系统内部的权力分配方式，深刻影响乃至直接决定当事人的利益。"[3]

还有学者则认为外国行政程序法中所规定的合议机关制度、行政机关之间的相互关系、管辖制度等内容，同样也属于内部行政程序。[4]虽然这些程序中并无相对人的参与，并不直接涉及相对人的权利义务，但会对相对人的权利义务产生间接影响。例如，"行政机关互相推诿，产生管辖权消极争议，不对行政违法行为作出处罚决定，将影响受害人取得赔偿的权利。"[5]

与此同时，何海波还强调内部程序的概念是相对行政行为程序而言的，有行政行为就有内部程序。即使是被视为内部行政行为的公务员奖惩任免，同样也包含内部程序和外部程序。[6]这也就意味着内部行政程序除了前述可能涉及当事人权益的程序类型外，还有一类则是仅限定于内部行政法律关系之中，完全不涉及当事人权益的内容。"最常见的行政职务关系就是一种内部行政法律关系，其主体（国家行政机关和公务员）属于行政组织系统内部主体，行政职务关系的内容即行政职权与职责均属于行政组织系统内的权利与义务。在其纠纷发生后，我国目前只能按照行政组织系统内部的特定

---

[1] 参见"吉某仁等诉盐城市人民政府行政决定案"，载《最高人民法院公报》2003 年第 4 期；"马某堂诉宁夏回族自治区人力资源和社会保障厅、宁夏回族自治区教育厅、宁夏回族自治区同心县人民政府会议纪要案"，载最高人民法院行政判庭：《中国行政审判案例》（第 4 卷），中国法制出版社 2012 年版，第 17~20 页。

[2] 参见"建明食品公司诉泗洪县政府检疫行政命令纠纷案"，载《最高人民法院公报》2006 年第 1 期；"延安宏盛建筑工程有限公司诉陕西省延安市安全生产监督管理局生产责任事故批复案"，载最高人民法院行政审判庭：《中国行政审判案例》（第 1 卷），中国法制出版社 2010 年版，第 1~6 页；"魏某高、陈某志诉来安县人民政府收回土地使用权批复案"，最高人民法院指导性案例第 22 号。

[3] 何海波：《内部行政程序的法律规制》（上），载《交大法学》2012 年第 1 期。

[4] 参见王万华：《行政程序法研究》，中国法制出版社 2000 年版，第 144、148~149 页。

[5] 王万华：《行政程序法研究》，中国法制出版社 2000 年版，第 148 页。

[6] 参见何海波：《内部行政程序的法律规制》（上），载《交大法学》2012 年第 1 期。

方式与程序予以解决，即通过行政申诉而不能通过行政复议、行政诉讼等外部救济途径予以解决。"〔1〕行政机关内部机构的增减、行政机关工作人员执法资格的获取、行政机关公文和印章的管理等均属于这一类。

（三）以行政决定作出前后作为划分标准

还有一种观点则更为开放，它是在批判吸收了前两种观点的基础上发展而来的，这一观点对内部行政程序的范围界定也最广。它认为应当将"内部行政程序定义为行政决定作出前行政系统内部处理决定、调查核实、请示汇报、讨论决定等可能对行政相对人的权利义务产生实际影响之程序以及规范内部行政行为之程序"〔2〕。这一理解一方面拓展了只将内部行政程序限定于内部（行政）行为程序或内部行政事务管理程序这一认识。如果仅将内部行政程序限定为内部（行政）行为或内部行政事务管理程序，将会大大缩减其范围，内部行政程序规范行政权运行的功能也将被弱化。另一方面尽可能地把行政过程中行政系统内部有当事人参与的程序纳入其中。如果内部行政程序没有行政相对人参与的内容，则忽视了我国政府行政改革中对于吸收域外国家公众参与制度的努力。有当事人参与的内部行政程序包括一些重大行政决定作出前的约谈、行政决策和规范性文件制定中的公众参与等。〔3〕

（四）对学理上各观点分歧的评价

第一种观点对内部行政程序的理解最为狭义，内部行政程序的范围也因此被大大限缩，并被限制在适用于内部工作流程或内部事务之中，完全不涉及行政相对人的权益。行政机关内部机构增减合并、人事任免、单位的公车管理等所涉及的程序属于这一类。这一类观点明确地排除了外部行政行为中纯粹属于内部活动的程序要求。对违反内部程序要求的法律后果也只能寻求行政系统内部的自我救

---

〔1〕 敖双红：《试论我国内部行政法律关系——兼论西方"特别权力关系"》，载《当代法学》2002 年第 4 期。

〔2〕 罗许生：《内部行政程序研究》，法律出版社 2019 年版，第 62 页。

〔3〕 参见罗许生：《内部行政程序研究》，法律出版社 2019 年版，第 62~63 页。

济，原则上排除司法审查。

但这一观点在实际操作中还面临着内、外部行政行为的辨识与区分问题。一个行为究竟属于内部还是外部，并非能够轻易截然两分，界限取决于人们对行政关系背后社会现象的认识。[1]按照我国行政机关公文管理有关规定，像通知、批复、纪要等形式的公文往来，通行于行政系统内部，[2]这样的行为应属于内部（行政）行为。但如果以"通知""批复""纪要"等内部公文形式作出影响当事人权益的决定时，即使没有送达或告知利害关系人，但依旧产生了效力上的"外化"。最高法院通过公报、指导性案例的形式，反复肯定了这类行为"外化"后的可诉性。[3]可见，仅仅将内部行政程序限定于对内部（行政）行为的程序要求，并认为完全不涉及行政相对人权益的理解与实际情况并不相符，[4]而内、外部行政程序所遵循的"分别救济"原则也时常被突破。这种划分观点实际上无法很好地实现逻辑上的自洽。

最后一种观点对内部行政行为的理解最为广义，与第二种观点的唯一区别在于是否纳入行政相对人的参与。这一观点强调从行政过程论的视角出发，将行政过程分为事前、事后与反馈三个过程，事前过程程序均属于内部行政程序的范畴。即使是有相对人参与的程序，凡是行政决定作出之前的程序均属于内部行政程序。这一观点较为大胆，一定程度上突破了大众对于"内部"的认识。但这一观点同样无法实现自洽，因为它无法解释在行政机关作出对当事人不利的决定之前，听取当事人陈述和申辩、举行听证会等这类明显被界定为外部程序的程序将如何被视为"内部行政程序"。做这样过

---

〔1〕 参见何海波：《行政诉讼法》（第2版），法律出版社2016年版，第333页。

〔2〕 参见《党政机关公文处理工作条例》（中办发〔2012〕14号）第8条。

〔3〕 参见"吉某仁等诉盐城市政府行政决定案"，载《最高人民法院公报》2003年第4期；"魏某高、陈某志诉来安县人民政府收回土地使用权批复案"，最高人民法院指导性案例第22号。

〔4〕 有学者梳理了国内50个行政审判的典型案例，就内部行为外部化的典型样态进行总结，参见刘飞、谭达宗：《内部行为的外部化及其判断标准》，载《行政法学研究》2017年第2期。

于宽泛的理解，容易模糊内外行政程序划分的意义。

第二种观点扩大了对内部行政程序的理解，对内部行政程序的考察不再局限于适用的行政行为类型，而是以行政机关为中心，将行政机关意思表达的形成与实现的整个过程作为观察对象，以是否有当事人的参与作为划分的标准。在这一划分标准之下，内部行政程序可贯穿于内外部行政行为之间，并且内外行政程序之间还会发生交融与转化。这类程序，除了囊括纯粹不涉及当事人权益的内部行政行为程序外，还包括了虽无当事人参与但会影响当事人利益的程序内容。对于违反这类程序的法律后果，除了可以寻求行政系统的救济外，在满足一定条件时还可以交由司法进行审查。

二、行政审判实践中法院认定的"内部（行政）程序"

我国的立法之中，虽然大量地涉及对内部行政程序的内容规定，但这些法律文本之中却从未出现过"内部行政程序"这样的语词。从前述学理的讨论来看，学术界对于内部行政程序的认识还是存有分歧。根据导论部分的介绍可知，我国内部行政程序的法律后果间接地反映在《行政诉讼法》的条款中，须通过行政诉讼得以体现。因此，本部分就从行政审判实践的视角来观察哪些程序被认定为内部行政程序，以及它们有什么共同的特征。

（一）法院认定内部行政程序的类型梳理与特征小结

笔者在北大法宝、把手科技案例数据库中，以"内部程序""内部行政程序""内部法律程序"为关键字进行检索，[1]在法院的裁判中以违反法定程序为标准回应内部行政程序问题为筛选条件，归纳出高频被法院认定为"内部（行政）程序"或"内部法律程序"的程序类型有九类（见表1）。

---

〔1〕 最后一次检索日期为 2023 年 8 月 9 日。

表 1　法院认定的内部行政程序类型梳理

涉及内部行政 程序类型	代表案件	法院裁判观点
行政机关内部的 合议、论证	林某灿诉济南市槐荫区食品药品监督管理局行政处罚案（2017）鲁 01 行终 285 号	原告主张处罚决定作出前未经合议程序违法，法院认为合议属于行政机关的内部程序，不是本案的审查范围，对原告提出程序违法的主张不予支持。
行政机关内部 机构的复核、 审核、核审	李某国诉长沙市城市管理和行政执法局雨花区执法大队行政处罚案（2014）长中行终字第 0007 号	法院认为处罚决定是否经过法制机构审核系行政机关内部处理程序，不影响其对外的法律效力。
行政机关负责人 的批准、审批、 审核、同意	李某宏诉沂源县人口和计划生育局计划生育行政征收案（2016）鲁行终 1079 号	当事人提出了行政办案过程中立案、延长办案期限、延长讯问时间、调查终结审核意见、结案等环节未经行政机关负责人批准，以及先定后审程序颠倒等的质疑，法院认为违反这类内部程序并不会对当事人的权利产生实际影响，当事人基于此提出程序违法的请求均不被认可。
行政机关负责人 集体讨论	潍坊博文置业有限公司诉潍坊市国土资源局行政处罚案（2017）豫 05 行终 136 号	原告提出对被告作出较重的行政处罚之前未经集体讨论程序的质疑，法院认为集体讨论属于行政执法的内部程序，该内部程序存在问题也不足以影响被诉行为整体的合法性。
上下级行政 机关的审核	益某中诉漯河市政府等行政复议纠纷案（2010）漯行再终字第 3 号	法院认为，申请书上缺少农村居民宅基地用地许可审核人签署意见是行政机关的内部程序，与申请人无关，属于行政程序上的瑕疵，不影响行政行为的效力。

续表

涉及内部行政程序类型	代表案件	法院裁判观点
上下级行政机关的报批	杨某荣诉澧县人民政府房屋征收补偿决定案（2019）湘07行初18号	法院认为房屋征收部门在约定时间内不能与被征收人确定征收补偿方案，须由房屋征收部门报请作出征收决定的县政府作出补偿决定。该报请程序系内部程序，县政府虽未提交相应证据，但不能以此为由否定该内部程序之存在。
社会稳定风险评估	鲁某丽诉哈尔滨市南岗区政府、哈尔滨市政府房屋征收决定及行政复议决定再审案（2017）最高法行申1354号	法院认为风险评估是行政行为内部程序，评估报告无须向相对人送达，当事人主张评估报告未经公示、严重侵害其合法权益的主张不成立。
执法人员资格	道正天元科贸有限公司诉北京市海淀区政府等行政复议案（2017）京行终1178号	原告提出对复议机关工作人员执法资格的质疑，而法院认为复议人员具备相应专业知识、业务能力及取得相应资格属于行政机关内部程序，对当事人的合法权益明显不产生实际影响。
印章的使用与管理	周某某诉上海市浦东新区卫生局不履行法定职责案（2012）浦行初字第87号	法院认为行政机关未在案件的受理记录、立案报告、案情调查终结报告、结案报告等内部文书中加盖机关专用章，经确认，这些内部程序性文书非直接对外作出，文书确为本机关所制作，因此并不影响文书的真实性与合法性。

结合案例可以发现，法院所认定的"内部（行政）程序"均在程序的"法定性"这一大前提之下。此处的"法"并不局限于法

律、行政法规及规章，还包括了其他规范性文件，[1]但不包括正当程序的要求。除此之外，还有以下几方面的共同特征：

第一，内部行政程序多贯穿于外部行政行为作出的过程之中。法院并未将内部行政程序限定于"内部（行政）行为必须遵循的程序"[2]这一认识中，而是有所扩展。行政行为的作出过程中，其内部必然要经历谁来启动程序、谁来调查事实、谁来参与、谁来拟写决定、谁最后拍板等流程。以行政处罚决定作出的一般过程为例，立案，调查取证过程中的回避、传唤、检查、鉴定、证据的调取与保全、调查期限的延长与调查终止，案件的决定等，均需要得到行政机关负责人的批准。[3]在调查或检查时，执法人员不得少于两人，并应当向当事人或者有关人员出示证件。承办人应当对当事人提出的事实、理由和证据进行复核。[4]调查终结后，承办人还应当对违法行为的事实、性质、情节以及社会危害程度进行合议。[5]情节复杂或者重大违法行为给予行政处罚的，行政机关的负责人应当集体讨论决定。案件涉及重大公共利益等法定情形，在行政机关负责人作出决定之前，还应当由从事行政处罚决定审核的人员进行审核。[6]这些外部行政行为作出过程中，机关内部的权力和职责分配所形成的程序样态是法院所认定的内部行政程序。

---

〔1〕 例如，"朱某明诉重庆市巴南区房屋管理局房屋拆迁行政裁决案"，重庆市高级人民法院（2016）渝行再2号行政判决书，涉及《城市房屋拆迁行政裁决工作规程》（建住房〔2003〕252号）中规定的房屋拆迁书面裁决须经领导班子集体讨论决定程序。该文件第10条规定了房屋拆迁管理部门受理房屋拆迁裁决申请后的程序规定。其中，经调解，达成一致意见的，出具裁决终结书；达不成一致意见的，房屋拆迁管理部门应当作出书面裁决。部分事项达成一致意见的，裁决时应当予以确认。书面裁决必须经房屋拆迁管理部门领导班子集体讨论决定。法院认为"该集体讨论程序系行政机关内部程序的规定"。

〔2〕 胡建淼：《行政法学》，法律出版社2015年版，第603~604页。

〔3〕 参见《行政处罚法》（2021年）第56条，《治安管理处罚法》（2012年）第82条，《农业行政处罚程序规定》（2021年）第29、42、45条，《市场监督管理行政处罚程序规定》（2022年）第18、33、36、38条，《公安机关办理行政案件程序规定》（2020年）第87条等。

〔4〕 参见《行政处罚法》（2021年）第42、45条。

〔5〕 参见《卫生行政处罚程序》（2006年）第25条。

〔6〕 参见《行政处罚法》（2021年）第58条。

第二，内部行政程序调整的内容除了覆盖纯粹属于行政机关内部的事项内容外，还囊括了虽无当事人参与但影响其利益的程序情形。法院的认识突破了以程序适用的行政行为标准的分类。在这一分类中，内部行政程序仅是"规范内部（行政）行为的方法、步骤和时限所构成的连续过程"[1]。内部行政程序的内容被限制在内部工作流程或内部事务之中，完全不涉及行政相对人权益。实践中，内部行政程序尽管没有当事人的参与，但这并不意味着完全不涉及当事人的利益，而是可能会影响到当事人的权益。

第三，内部行政程序并非完全封闭，它允许外部专家或相关人士参与其中。以社会稳定风险评估程序为例，是否能够充分发挥出这一程序的效果，取决于能否全面准确地识别出利益相关者，并将他们充分吸纳到程序中，利益相关者参与的程度越高，程序的效果越好。[2]此时的利益参与者可能包括了当事人与大众。论证程序中同样也引入了外部专家的参与，在"孙某青等人诉南京市栖霞区政府等行政征收案"中，被告提交的证明已按要求对征收方案进行了论证的材料中，包括了专家论证会议的签到表。法院同样认为这道程序为内部行政程序。[3]

第四，程序即使发生在司法机关等这类非行政机关之间，但在属性上仍保持行政性时，同样将被视为内部行政程序。例如，在"三明市梅列区人民检察院诉该区农林水利局不履职公益诉讼案"中，法院认为被告未按照《人民检察院提起公益诉讼试点工作实施办法》的要求，履行对拟提起诉讼的案件层报最高人民检察院审查批准程序，属于内部行政程序，法院不作审查。[4]

---

〔1〕　章剑生：《行政程序法学原理》，中国政法大学出版社1994年版，第20页。

〔2〕　参见张玉磊、贾振芬：《基于利益相关者理论的重大决策社会稳定风险评估多元主体模式研究》，载《北京交通大学学报（社会科学版）》2017年第3期。

〔3〕　江苏省南京市中级人民法院（2015）宁行初字第331号行政判决书。

〔4〕　福建省三明市梅列区人民法院（2017）闽0402行初15号行政判决书。类似的案件还有"宜昌市西陵区人民检察院诉利川市林业局不履职案"，湖北省宜昌市西陵区人民法院（2017）鄂0502行初1号行政判决书。

（二）对法院所采纳观点的评价

法院对内部行政程序的认识采纳了学理上的广义理解，并不局限于内部（行政）行为的程序要求，外部行政行为作出过程中所贯穿的内部程序要求才是法院裁判中高频提起的"内部（行政）程序"。

法院采取这一理解有显著的优势：一方面，尽可能地扩大了内部行政程序的认定范围，保障当事人的合法权益；另一方面，也在范围扩张上保持了适度性，确保司法的谦抑性。学理上的第一种观点将内部行政程序仅限于内部行政行为程序的做法，不仅限缩了对"内部"的理解，而且在实际操作上面临着双重困境：第一重困境为内、外部行政行为的辨识与区分问题。一个行为究竟属于内部还是外部，并非能够轻易截然两分，其界限取决于人们对行政关系背后社会现象的认识。[1]第二重困境为内部行政行为满足一定的条件会产生"外化"的效果，"外化"判断标准为对相对人权益产生影响，可见仅将内部（行政）行为的程序界定为内部行政程序，认为无涉当事人的权益，并将之排除出司法审查的做法，存有救济保护的漏洞。后一种观点对内部行政行为的理解最为广义，主张只要是行政行为决定作出前的所有程序都将被视为"内部"的范畴，将有行政相对人参与的程序也纳入内部行政程序之中，对"内部"作过于宽泛的理解，容易模糊内外行政程序划分的意义。本书对内部行政程序的概念也采取此广义的理解。

三、数字政府建设中的内部行政程序

信息技术的发展给人类社会带来的影响是全方位的。"数字政府"概念的提出，正是考虑到新技术的应用对既有政府管理体制、履职方式与能力、政府与公民间互动关系等可能带来的新发展。自2017年广东率先就数字政府改革建设作出部署并发布规划以来，数字政府建设迅速向其他省市扩散。浙江"最多跑一次"改革、

---

〔1〕 参见何海波：《行政诉讼法》（第2版），法律出版社2016年版，第150页。

深圳"秒批"落户，以及多地政府依托大数据开发形成健康码、通信行程卡、物资调动等应用平台进行精准抗疫等做法，反映了"数字政府"的建设逐渐从理念落地成为实践。党的十九届四中全会以来，有关党的文件、国民经济与社会发展规划、政府工作报告均对"数字政府"的建设展开全方位布局与顶层设计，建设"数字政府"已升级成为一项国家战略。[1]《法治政府建设实施纲要（2021—2025年）》更是提出了"全面建设数字法治政府"的新目标。有学者开始提出对作为数字政府建设制度性回应的"数字行政法"的构想。[2]

尽管各界对于"数字政府是什么""建设什么样的数字政府"等问题众说纷纭，并未达成共识，[3]但从各界的讨论视角中提炼共有要素，可以大致勾勒出"数字政府"的基本样貌：在技术上，从技术的体系、标准与设备等内容出发，主张数字政府走向"数据化运营"的新阶段，强调"用户为中心"，注重"用户体验"，以"平台驱动"为核心，引入人工智能在行政管理与政务服务的适用必要。在功能上，关注数字技术给政府治理形态、能力及模式所带来的转

---

〔1〕 参见《中共中央关于坚持和完善中国特色社会主义制度推进国家治理体系和治理能力现代化若干重大问题的决定》，2019年10月31日中国共产党第十九届中央委员会第四次全体会议通过。该决定中明确提出：建立健全运用互联网、大数据、人工智能等技术手段进行行政管理的制度规则，推进数字政府建设，加强数据有序共享，依法保护个人信息。2021年两会受权发布《中华人民共和国国民经济和社会发展第十四个五年规划和2035年远景目标纲要》，其中第五篇第十七章专章对提高数字政府建设水平进行布局。李克强在2021年3月5日第十三届全国人民代表大会第四次会议上的《政府工作报告》中针对数字政府建设作出如下部署：加快数字化发展，打造数字经济新优势，协同推进数字产业化和产业数字化转型，加快数字社会建设步伐，提高数字政府建设水平，营造良好数字生态，建设数字中国。加强数字政府建设，建立健全政务数据共享协调机制，推动电子证照扩大应用领域和全国互通互认，实现更多政务服务事项网上办、掌上办、一次办。

〔2〕 参见于安：《加快建设数字行政法》，载法制网，http://www.legaldaily.com.cn/index/content/2021-06/18/content_8531989.htm，最后访问日期：2021年7月30日；于安：《论数字行政法——比较法视角的探讨》，载《华东政法大学学报》2022年第1期。

〔3〕 参见马亮：《数字政府建设：文献述评与研究展望》，载《党政研究》2021年第3期。

变。[1]数字政府的本质是通过建立大数据驱动的政务新机制与新平台，全面提升政府在经济调节、市场监管、社会治理、公共服务和环境保护等领域的履职能力。[2]

可见，数字政府并未改变政府的根本任务，而是政府运用数字技术更好地进行履职的过程，用信息化驱动提升行政效能的过程。这一过程给既有的行政理念、治理结构、组织架构、业务流程等带来深刻的变革。但无论数字政府如何建设发展，都应当以依法行政作为其底线，行政法面对数字技术引发的政府变革应当有所回应。从域外国家的法治发展经验来看，行政法对信息技术发展所引发的社会变迁之回应主要发生在程序法领域。[3]本部分将从作为行政法骨干与基石的行政程序[4]入手，讨论数字时代背景下，行政活动方式的变革给内部行政程序所带来的影响及程序如何从定位、内容等方面进行回应的问题。

（一）数字技术给行政活动带来的改变

根据数字技术、数据驱动介入政府活动的深度与广度不同，政府数字化的转型经历了从电子政务到数字政府、数字政府 1.0 到 3.0 的演化过程。从数字政府既有的实践与数字技术未来的潜力来看，数字技术给行政活动带来的改变可以总结为以下四个方面：

第一，活动空间分布的改变：从"物理空间的分散"到"化学反应的集成"。相较于行政机关办公场所在物理空间上的分散式布局，办事人员在传统办公场所的"坐堂办事"，"一网通办""最多跑一次"等行政改革举措将跨部门、跨层级、跨区域事项的高频需

---

〔1〕 参见中国信息通信研究院政策与经济研究所：《数字时代治理现代化研究报告——数字政府的实践与创新（2021）》，第 3~10 页。

〔2〕 参见吴克昌、闫心瑶：《数字治理驱动与公共服务供给模式变革——基于广东省的实践》，载《电子政务》2020 年第 1 期。

〔3〕 See Ricardo García Macho, "Administrative Procedure and the Information and Knowledge Society", in Javier Barnes eds., *Transforming Administrative Procedure*, Spain: Global Law Press, 2008, pp. 123-160.

〔4〕 See Javier Barnes, "Reform and Innovation of Administrative Procedure", in Javier Barnes eds., *Transforming Administrative Procedure*, Spain: Global Law Press, 2008, pp. 15-16.

求设置为"一件事",实现了在网络平台上政务服务一件事一次办。当事人在申请材料齐全、符合法定受理条件时,从受理申请到形成办理结果全过程只需一次上门或者全程无需跑动而由网络通办。尽可能地减少当事人办事时提交的证明材料,通过部门间系统对接,最大程度简化办事流程。当事人在办理事项时只需到责任部门"一窗受理",即可获得后台部门间数据共享、系统对接后提供的集成服务。

行政活动空间分布之所以得以发生改变,一方面,得益于在数字技术的支持下,政府各部门之间信息壁垒被打通,数据互联互通,实现共享。以上海为例,该市在2018年成立了作为公共数据"中心枢纽"的大数据中心,用以整合共享政务信息系统,贯通汇聚各行、各行政部门和各区的政务数据。另一方面,得益于数字技术强化了整体政府的理念塑造与业务流程的优化升级、革命性再造,解决既有科层制结构下政府系统在实际运行中流程碎片化、管理碎片化,系统内部"烟囱林立"、遍地"信息孤岛"等问题。

第二,活动场景的变换:从"现场办公"到"非现场化作业"。以电子技术监控等为代表的技术发展,使得行政机关在不直接接触行政相对人的情况下,得以采集、记录、固定相关证据,并作出相应的行政决定。大数据、人工智能与5G等新技术的出现,更是给这类非现场化行政活动方式注入了新的动力。例如,深圳市交警利用人脸视频、AI人工智能识别技术开发的"智能行人闯红灯取证系统"、针对特殊行业人群和"失驾"人群的刷脸执法模式,实现了非现场执法查处对象从车到人的精准转变。这种非现场化的行政执法方式肇始于道路交通管理领域的实践,并在环境、海事、船政、城市管理、市场监督、互联网监管等多个行政管理领域得到应用推广。2018年两办印发的《关于深化交通运输综合行政执法改革的指导意见》(中办发〔2018〕63号)中明确了"大力推进非现场执法"的方向。2021年修订后的《行政处罚法》第41条更是明确写入利用电子技术监控设备执法进行非现场执法的程序要求。

目前非现场化的行政方式适用于辅助或独立完成行政检查、行政处罚活动等场景中。有学者将非现场执法分为两个阶段：一是通过固定的技术设备记录取证、相关数据输入系统自动存储等过程完成调查取证。此为非现场执法的 1.0 版本，只关注了设备自动记录及自动化系统在识别、证据固定输入等方面的功能。二是通过人机对话作出并实施行政决定。此为非现场执法 2.0 版本，行政机关不用到场调查取证，无需与违法行为人当面接触，而是直接将技术设备采集的数据作为认定违法事实的证据，并通过自助处理平台形成行政处罚决定。[1]由于涉及自由裁量的自动化决策是基于关联性而非因果性规定的算法而定，[2]这类自动化决策并不符合法律推理的基本逻辑，也缺乏学理与立法上的支持，因此，非现场执法 2.0 版本处理的行政决定内容也有所限定，不宜涉及行政自由裁量的内容。

第三，活动方式的升级：从"人力手动"到"自动智能"。信息技术的发展不断地将行政机关从繁重的行政任务中解放出来，改变了过去单纯仰赖人力投入解决问题的做法。行政机关在行政过程中借助电子技术和设备部分完成行政行为，甚至是利用人工智能技术实现决策自动化，由真正意义上的机器来完成全部的行政行为，都已成为现实。自动化处罚裁量辅助系统、电子罚单、健康码的生成，无人干预自动审批、全自动系统完成税收征收等，正是行政行为实现自动智能化的鲜活例子。一些国家的立法例中更是肯定了实践中所涌现出的全自动行政行为的做法。例如，《德国税务条例》及《社会法典》（第 10 卷）中加入了以全自动方式作出具体行政行为的条款内容。作为一般性程序法典的《德国联邦行政程序法》在 2017 年第五次修改时，也引入了这一条款并严格限制其适用情形，只允许在羁束行政行为时才可全自动化，有条件地将全自动作出具体行政行为的适用范围进行拓展。有学者针对自动化行政相较于传统行政活动方式在主体、程序、裁量等方面的差异，提醒我们注意

---

〔1〕 参见余凌云：《交警非现场执法的规范构建》，载《法学研究》2021 年第 3 期。

〔2〕 参见查云飞：《行政裁量自动化的学理基础与功能定位》，载《行政法学研究》2021 年第 3 期。

其潜藏的法律风险。[1]

行政活动的自动化有多个层次。智能化是自动化的高级阶段。人工智能的经典教科书从像人一样思考、像人一样行动、合理的思考、合理的行动四个维度界定人工智能。[2]定义中的人工智能场景的实现，需要模式识别、机器学习、数据挖掘、智能算法这四大技术的支撑。人工智能分为弱、强与超人工智能三种形态。弱人工智能专注于且只能解决既定领域问题，如 Alpha Go 能战胜代表人类最高水平的围棋选手，却不能区分猫和狗。强人工智能拥有自我意识和自主学习能力，超人工智能则意味着对人类能力的全方位超越。从现有的行政实践来看，目前行政活动智能化的发展处于弱人工智能阶段，只能按照特定的输入程序作出反应，不能自主推理。算法为解决特定问题提供了方法。计算机的算法作为中间桥梁，将解决实际问题的方法变成计算机可以运行的程序。[3]算法也被视为人工智能的核心。虽然算法最初只是作为一项技术而存在，但随着大数据算法技术迭代以及部署和运用的平台化，算法的影响力逐渐外扩，从一项技术迅速发展成为一种拥有资源配置的新兴社会力量。[4]技术层面的算法逐渐摆脱了其纯粹的工具属性，而拥有了自主性和认知特征，甚至还具备了自我学习的能力。[5]算法得以在行政领域，甚至是更多的领域，逐渐接管人类所让渡的决策权。

第四，行政活动理念的更新：从"数字化"到"数治化"。追溯对"数字化"的理解，最早可追溯到由香农证明的采样定理，该采样定理认为万事万物均可以纳入 0 和 1 的算筹，任何具象都可以抽象为数字，都可以进行"数字化"。政府"数字化"的最初尝试

---

〔1〕 参见胡敏洁：《自动化行政的法律控制》，载《行政法学研究》2019 年第 2 期。

〔2〕 参见［美］斯图尔特·罗素、彼得·诺维格：《人工智能：一种现代的方法》（第 3 版），殷建平等译，清华大学出版社 2013 年版，第 3~5 页。

〔3〕 参见吴军：《数学之美》，人民邮电出版社 2020 年版，第 323 页。

〔4〕 See Nicholas Diakopoulos, "Algorithmic Accountability: Journalistic Investigation of Computational Power Structures", 3 *Digit Journal* 2015, pp.398-415.

〔5〕 参见张凌寒：《权力之治：人工智能时代的算法规制》，上海人民出版社 2021 年版，第 28 页。

便是电子政府的建设。将政府从"线下"搬到"线上",将原来政府的纸质信息通过电子化抽象为数字搬到计算机上,由人来传递信息转变为计算机、网络之间传递信息。这一时期的"数字化"行政活动内容,表现为无纸化办公、政务信息化、政府门户网站与政务内网的建设与使用等。此时,行政活动在理念上并未突破单个组织为单位的既有安排,组织内部系统林立,缺少与上下游协同单位之间的信息连接,权力行使带有"碎片化"色彩。

随着互联网的普及,大量信息数码化后记录、积累形成了大数据,并由此发展出来云计算、物联网、区块链和人工智能等新一代数字技术,让"数字"得以发挥出更为强大的功能。利用大数据、人工智能参与行政治理,辅助交通拥堵的治理,进行火灾预报、危房预警、精准扶贫、精准抗疫,这些尝试均取得了良好的社会效果。依数而治、循数而治的"数治化"逐渐成为国家治理现代化的重要方式。相较于"数字化","数治化"行政活动在理念上有所变革,政府以全局视野来审视既有的工作思路、业务模式与流程,充分考虑整体性、系统性和协调性,以为公众提供整合性公共服务为目标;强调利用大数据的思维去驱动业务变革,让数据成为业务变革发展的引擎与动力;强调实现全链条式、端到端的连接与协同,覆盖线上到线下、从组织内部到组织外部之间的联动协同。

以上四个方面的变化展示了数字技术从深层方面重塑传统行政活动方式,撼动基本行政活动模式:数字技术以辅助裁量、预测调配资源方式嵌入行政治理;整合优化行政资源,促进整体政府的形成,优化再造业务流程等。行政程序作为支配行政活动开展、规范行政行为模式的形式要求,也应当有所变化。

(二)行政活动中内部行政程序的变化

从数字技术给行政活动带来的改变内容来看,以数据化、网络化与智能化为特征的数字时代,持续地对传统的行政组织架构与政府的行政行为方式发起了挑战,数字技术正在形塑"整体政府"。

"整体政府"和"整体性治理"的概念起源于20世纪80年代,为应对频发的社会问题,需要跨越政府间、政府部门间、政府与社会之间的边界才能进行有效的治理。[1]20 世纪 90 年代后，西方各国的政府改革中也先后引入"整体政府"的理念，以解决政府公共服务提供碎片化的问题。"整体政府"与传统官僚制政府截然不同。传统官僚制政府以严密的组织结构、精细的职能分工、非人格化的等级设置为基础，采取了治理主体相互独立、治理政策分散、治理目标碎片化的模式。传统官僚制政府的碎片化治理模式，面临着部门间问题互相转嫁，目标、项目互相冲突，缺乏沟通，各自为政等一系列问题。[2]而"整体政府"着眼于政府部门间、政府间的整体性运作，强调公共管理与服务机构为了完成共同目标展开跨部门协作；主张政府管理"从分散走向集中，从部分走向整体，从破碎走向整合"，树立以问题而不以管理过程为取向，按照公民需求而不按照管理职责提供服务，按照公民的生活轨迹整合服务职能的政府文化与结构；建立起纵横交错、内外联结的协作机制，统一设计服务路线，系统配置服务资源，从根本上解决政府管理碎片化和服务空心化问题。[3]"整体性治理"的实现有赖于一种恰当的组织载体，更有赖于信息技术的发展。[4]

数字技术的发展成为驱动实现"整体政府"建设的核心动力。一方面，数字技术帮助政府在组织形式上突破传统条块分割的科层制桎梏，打破横向分工、纵向分权的安排，架构了上接国家、下联市县、横向到边、纵向到底全覆盖的整体框架，实现政府内部运作与对外服务一体化、线上线下的高度融合。另一方面，数字技术帮助实现业务整合和行动协同，达成以用户需求为本的整体政府服务目标。数字技术以数据的整合共享作为切入点，统一规划部署，统

---

〔1〕 参见刘学平、张文芳：《国内整体性治理研究述评》，载《领导科学》2019 年第 4 期。

〔2〕 See Perri 6 et al., *Towards Holistic Governance: The New Reform Agenda*, New Delhi: Red Globe Press, 2002, p.48.

〔3〕 参见孙迎春：《现代政府治理新趋势：整体政府跨界协同治理》，载《中国发展观察》2014 年第 9 期。

〔4〕 参见竺乾威：《从新公共管理到整体性治理》，载《中国行政管理》2008 年第 10 期。

一标准应用，推动网络基础设施的互联互通和跨层级、跨地域、跨系统、跨部门、跨业务的数据资源共享共用。促进平台一体化、服务一体化、保障一体化，打破时空的限制，推动业务协同和集成服务，形成链条完整的公共服务。我国已经建成的全国一体化政务服务平台便是技术驱动整体政府发展的一个缩影。以国家政务平台为枢纽，各地各部门建构的网上政务服务平台实现了全流程一体化在线政务服务。国家政务平台联通 31 个省（自治区、直辖市）、40 余个国务院部门政务服务平台，接入地方部门 300 余万项政务服务事项和一大批高频热点公共服务。该平台还在助力政务服务"跨省通办"中发挥了关键支撑作用。"数字政府"的建设同样也是围绕着整体性、系统性和协同性来展开，以建成"整体政府"为目标，[1]从以下两方面展开：

1. 重塑以"业务"为中心的政务服务流程

以全国一体化政务服务平台为例，该平台以"一网通办""一次办成一件事"作为目标，简化与整合政务服务。平台的亮点之一在于改变了过去业务办理的思路，从"办事项"向"办事情"发生转变。这也正好回应了"整体政府"的理念对"便民"与"提供优质的服务"所提出的新要求。既有的授益性行政行为程序更多地以满足行政机关单方的行政管理需求为程序目标，以"以我（行政机关）为主"作为其程序定位。从既有《行政许可法》（2019 年）中体现"便民"与"提供优质服务"的规定便可窥知一二。例如，经国务院批准可实行相对集中行政许可权（第 25 条），特定情境实行一个窗口对外、统一办理、联合办理或者集中办理（第 26 条）的规定，均在一定程度上反映了立法机关为淡化部门主义所进行的尝试。这意味着除前述的例外规定外，行政许可程序的整体性安排原则上建立在业务事项办理为中心、多部门分别办理的架构之中。申请人要办成一件事常常需要跑多个部门、往返多次。在"整体政府"理

---

[1] 参见逯峰：《整体政府理念下的"数字政府"》，载《中国领导科学》2019 年第 6 期。

念中，以政府整体绩效最高为追求目标；在数字技术的驱动下，业务实现虚拟整合，不同部门审批权限交叉、重叠与冲突问题得以解决，部门协同性得以提升，"便民"与"提供优质的服务"得以更为集成化的方式完成。业务流程不再按照部门职能设定的固定直线顺序考虑，而是按照所办事情的自然顺序进行。相应的程序设计应当扭转过去"以我为主"的程序安排，应当更多考虑用户需求，并根据用户需求重新整合服务职能，以提升用户体验作为程序的新定位。

以完成"一件事"而不是"单一事项"作为程序设定的目标。将企业发展周期或公民生命周期中各阶段需要政府办理的多个相关联的"单一事项"集成用户视角的"一件事"。为破解传统事项分类体系与层级划分难以满足用户需求，而造成的流程繁琐、材料繁多、当事人反复跑腿等问题，多地政府推出的规划文件中均涉及对"一件事"的工作布局。例如，广东省要求深化"一件事"主题集成服务，确保落地实施的"一件事"达到 300 项以上；上海市要求2021 年底前，与企业群众生产生活密切相关的重点领域和高频事项基本实现全覆盖。[1]

为实现"一件事，一次办"，相关程序需要进行配套性调整与再造，实现用户从"找部门"到"找政府"的路径依赖转变。以开办酒店为例，通常涉及多个政府部门的多种事项：市场监管部门负责市场主体设立登记、食品经营许可，公安部门负责旅馆业特种行业许可、公章刻制备案，生态环境部门负责环境影响登记备案，城管部门负责设置大型户外广告及城市建筑物、设置上悬挂、张贴宣传品的审批，住建部门负责建筑工程消防设计审核、竣工消防验收或备案，应急部门负责对公众聚集场所投入使用前的消防安全检查，卫生健康部门负责对公共场所的卫生许可，税务部门负责对涉税事

---

〔1〕 广东省人民政府办公厅《广东省数字政府改革建设 2021 年工作要点的通知》（粤办函〔2021〕44 号）；上海市人民政府办公厅《上海市人民政府办公厅关于以企业和群众高效办成"一件事"为目标全面推进业务流程革命性再造的指导意见》（沪府办〔2020〕6 号）。

项的办理等。要实现一次办好开办酒店的手续，就外部程序而言，推行"一次"告知程序的改造。通过递进式问卷等多种形式，以智能引导促成精准告知，为申请人提供"一件事"的一次性告知服务，实现由"一证一次告知"向"一事一次告知"转变。促进"一表"申请程序的升级，推行"多表合并、一表申报"，整合"一件事"所需申请材料，实现一次提交、多次复用。实行智能填表，表单基本信息自动填入、业务信息选择生成。实施申办"一窗受理"与结果"统一反馈"。以"一件事"为单位推进业务场景化建设，用户无需了解事项主管部门，只需按办理指引选择相应选项，完成"一件事"的在线申办或线下材料统一递交。

对于审核等这类内部行政程序的调整，则需要建立在系统整合、数据共享、业务协同的基础之上。探索建立申报材料自动预审程序，智能判断申请人提交申请材料的准确性与完整性，提高受理的办事效率。对于全流程属于同一部门内多个处（科）室负责办理的"一件事"，整合内部办理流程，取消不必要的审核把关；对涉及多个部门共同办理的"一件事"，则由负责核心环节的部门作为牵头单位主动推进实施，其他环节办理部门配合完成。依法对审批环节进行材料精简、流程归并、表单统一、时限压缩，实现同步评估、并联审批、统一反馈，提供个性化与集成式的服务。

2. 引入数字化办公平台，实现内部行政程序的整合

政务协同化办公是数字政府改革建设的重要内容之一。数字化协同办公系统是一套基于电子政务云 SaaS 化部署建设的集约化协同办公信息系统。利用政务微信的连接能力，打造统一通信录，提供办公应用，实现政府部门间跨部门、跨组织、跨地域、跨系统、跨层级的即时通信和移动办公功能。数字化协同办公平台着力解决政府机关日常办公不便捷、协同办公效率低、业务联动能力不足等问题。以腾讯与阿里巴巴两大互联网公司分别开发的粤政易、浙政钉为代表的数字化协同办公平台，实现了一个平台贯通省内横纵多个部门机关，将百万公职人员串联起来，掌上即可完成沟通与协同办公的设想。

以广东省的粤政易协同办公平台为例，该平台以"集约化""协同化""移动化"为特征。平台按照政府部门内部办文、办事、办会需求，建设一套集约化的协同办公信息系统，实现用户跨部门、跨地域发起音视频会议、图文会话、随时随需、移动化地处理公文流转、行政审批、督查督办和内务审批等事务。建立多部门联动、跨部门协作、一体化运行的政务办公平台和机制，以信息系统整合共享促进政务工作协同化、体系化，打破部门业务隔阂。以移动优先的理念，将政务应用逐渐转移到"指尖"，摆脱时间、空间、设备环境的约束，轻松实现指尖在线编辑、移动办公，信息流转快捷。目前，累计开通组织已超过 13 万个，平台内政务应用数量超过 1000 个，线上会议累计时长超过 9 万小时，累计电子公文交换数量超过 1300 万份，办文效率得以提升 40%以上。[1]

粤政易协同办公平台中不少功能的安排改变了行政机关传统的行为方式，涉及人员联络、办会开会、公文传递、领导批示等内容。例如，建立全省统一公职人员电子通信录，由全省公务员共享，随时随地实现沟通，摆脱了纸质通信录更新不及时、层层信息填报统计效率低下的问题。全省统一电子通信录的搭建，配合实现了跨单位会议一键发起通知的功能。线上通知，一键报名，可在移动端审批会议，报名情况实时统计，会议材料实时共享，二维码签到替代纸质签名并实现在线统计，组织办会更便捷，办会效率得以提升。电子公文交换系统统一了全省电子公文收发入口，并与各级单位 OA 系统对接，让各类公文在各单位部门间流转、共享、利用，如同收发电子邮件一样简便。涉及涉密文件不上网的情形，纸质文件的流转进度可在平台跟踪查询，线下黑盒流程线上透明化，可跟踪可监控；纸质文件一文一码，有档可查。通过电子通信录还可将重要指示下达到厅局和地市，扁平化、精准定位接口人。领导批示直接传达，一键快速将批示速递分管领导。批示状态实时可见，可随时发

---

[1] 数据来自数字广东，https://www.digitalgd.com.cn/construction/government/collaboration/，最后访问日期：2022 年 12 月 25 日。

起实时沟通，便于批示件流程追踪。新冠疫情防控期间，该平台上线疫情上报功能，支持成员创建上报、收集健康信息，改变了过去分散填报、多头填报的问题。

粤政易平台为领导决策提供了充分的信息与数据支撑。粤政易汕尾版率先在全省开通可视化数据视窗功能。第一批开通市直 8 个主题共 58 类数据、288 项数据指标可视化页面，涉及税务决策、脱贫攻坚、财政收支、重点项目、招商引资、经济发展、疫情防控、供电数据等主题。以"脱贫攻坚"为例，在粤政易上，可视化的内容不仅提示了全市脱贫攻坚工作倒计时，还提供了脱贫工作有关的统计数据、地域分布、"一户一策"的推进情况，以数据、图表等可视化的方式呈现，为各级领导精准施策提供了重要参考依据。[1]另外，这一功能还满足了领导移动办公的需求，随时查询、随时处理公文公务。

此外，粤政易平台以知识库、任务管理、日程管理功能的设置为支撑，优化了公职人员日常工作的开展。知识库基于 AI 技术，进行个性化知识推送，一键收录精选集，生成个人知识图谱等内容；预置党的文献、法律法规、专项政策、领导动态四大资源库，聚焦关键字段，为办文、拟文提供参照。任务管理的功能设置则有助于工作人员统筹安排工作，直观地与其他人一起推动工作进程，实现任务新建、分配、跟进等内容。

---

〔1〕 参见《汕尾"数字政府"助力抗疫，改革建设实现弯道超车》，载广东省政务服务数据管理局官网，http://zfsg.gd.gov.cn/xxfb/dsdt/content/post_2984479.html，最后访问日期：2022 年 12 月 25 日。

违反内部行政程序的
可能法律后果

现有的涉及内部行政程序的规定中少有涉及违反程序的法律后果，对照法治发达国家的经验与做法，对于这类程序出现问题所设定的法律后果，主要由行政程序法典予以规范，并辅之以法院个案裁判创造与学术知识的贡献。由于我国现有立法的不足，关于程序违法的后果间接地体现在《行政诉讼法》的条款之中。

一、否定性的法律后果

（一）无效

原则上《行政诉讼法》规定了行政行为如若存在重大且明显违法情形，法院可判决该行为无效。立法中以行为主体不具备资格、没有依据作为重大且明显违法情形的示例，宣告了这一类的违法程度如同"写在额头上，一望而知"。2021 年修订的《行政处罚法》吸收了《行政诉讼法》中关于无效判决的条款表达精要。该法第 38 条第 1 款规定"行政处罚没有依据或者实施主体不具有行政主体资格的，行政处罚无效"，第 2 款则明确规定了"违反法定程序构成重大且明显违法的，行政处罚无效"。

那么违反法定程序达到重大且明显违法的情形该是怎样？实践中，浙江省松阳县人民法院在"唐某兰诉遂昌县国土资源局不履行行政协议案"中判决，国土资源局未履行报批程序而向唐某兰作出的"迁建安置地 90 平方米属国有出让性质"承诺明显超越了被告职权、违反了法定程序，属于重大且明显违法情形，行政协议的部分内容应当确认无效。[1]此外，有学者基于裁判文书的梳理整理出了法院将"重大且明显违法"客观化的数种情形，其中涉及程序的有"漏盖公章或加盖无效公章""程序违法但不具有可撤销内容"。[2]但由于确认无效之诉具有事实上备位性的特征，只有在超过起诉期限而别无他选的情况下，方才发挥有限的救济功能。[3]

（二）可撤销

按照《行政诉讼法》的规定，"违反法定程序"是法院撤销行政行为的理由之一。什么情形的程序违法，法院可以以此作出撤销判决呢？有学者从《最高人民法院公报》上公布的行政典型案例着手，梳理出"违反'步骤'""未引用法律条文""未适用法定程序""未送达法律文书""评估人员不具备法定评估资格等""违反'正当程序'"等具体"违反法定程序"的情形。[4]有研究者认为"违背设立该程序规则目的""程序违法达侵害相对人实体权益、影响行政行为结果正确性""未严格遵守法定程序""未遵循正当程序原则"等情形，同样构成行政行为可撤销的法律后果。[5]还有学者从程序中的步骤、顺序、时间、方式等的基本要素出发，认为要素的缺乏便构成判定行政程序违法的基本条件。[6]可见，"违反法定程序"的情形与样态是多种多样的，它们之所以达到了要被撤销的法律后果，通常是因为未被遵守的程序（未达到无效）影响到实体

---

〔1〕"唐某兰诉遂昌县国土资源局不履行行政协议案"，浙江省松阳县人民法院（2016）浙 1124 行初 14 号行政判决书。

〔2〕参见梁君瑜：《论行政诉讼中的确认无效判决》，载《清华法学》2016 年第 4 期。

〔3〕参见梁君瑜：《论行政诉讼中的确认无效判决》，载《清华法学》2016 年第 4 期。

〔4〕参见章剑生：《对违反法定程序的司法审查——以最高人民法院公布的典型案件（1985—2008）为例》，载《法学研究》2009 年第 2 期。

〔5〕参见王玎：《行政程序违法的司法审查标准》，载《华东政法大学学报》2016 年第 5 期。

〔6〕参见于立深：《违反行政程序司法审查中的争点问题》，载《中国法学》2010 年第 5 期。

结果的处理或是损害了行政相对人的实体或程序利益。[1]

（三）确认违法

"程序轻微违法但对原告权利不产生实际影响"则是法院作出确认违法判决的事由之一。《最高人民法院关于适用〈中华人民共和国行政诉讼法〉的解释》（法释〔2018〕1号）（以下简称"2018年《行诉法解释》"）第96条提出了程序轻微违法的识别标准，即"对原告依法享有的听证、陈述、申辩等重要程序性权利不产生实质损害"。随后还以示例的形式作了进一步的解释，例如，处理期限轻微违法，通知、送达轻微违法等情形，属于"程序轻微违法"。

实践中，除了示例的两种情形外，"文书记载错误""行政程序颠倒""未履行公告程序""未履行告知义务""未正确告知处罚事实""落款日期错误""未严格审查当事人的申请材料""步骤缺失，但不影响决定的有效性""相关文书留置错误，但利害关系人已经知晓该文书""依申请的行政行为，缺少提出过申请的材料"都是司法实践中频繁认定的"程序轻微违法"的情形。[2]从这些具体情形来看，可以将判定"对原告权利不产生实际影响"的"程序轻微违法"的标准小结为以下三点：第一，触犯的程序并非基于保证实体结论的正确性而设，这些程序无碍于实体法上的权利；第二，程序本身的价值并不具有基础性地位，它不会对当事人享有的听证、陈述、申辩、行政机关中立作决定等的程序性权利造成影响；第三，违反的这些行政程序确有值得法律保护的行政秩序价值。

此外，确认违法的判决还适用于被诉行政行为违反法定程序，

---

〔1〕程序性权利体现了程序的独立价值。它包括：①要求行政机关中立地作出决定的权利，与之相对，行政机关负有回避规定的程序义务；②要求行政机关为其作出的决定说明理由的权利，与之相对，行政机关负有说明理由的程序义务；③对已经作出的决定有申辩的权利，与之相对，行政机关负有听取相对人陈述意见或举行正式听证会的程序义务；④获知将面临不利处分的权利，与之相对，行政机关须以合法、合理的方式向相对人送达通知。

〔2〕参见王玎：《行政程序违法的司法审查标准》，载《华东政法大学学报》2016年第5期；陈振宇：《行政程序轻微违法的识别与裁判》，载《法律适用》2018年第11期。

损害了行政相对人的合法权益，但行政机关已自行撤销或纠正了原行政行为，或者原来的行政行为针对的内容已经不存在，撤销原行政行为已无意义的情形。此时，针对原行政行为也可作出确认违法的判决。此时的确认违法判决是对违法行政行为的"宽容"与妥协，是撤销判决的补充。[1]

二、肯定性的法律后果

（一）驳回原告诉讼请求判决方式的存废之争：兼谈域外经验

可忽略不计的程序瑕疵是我国法院在审判中"创造"出来的一种程序瑕疵类型。即使在 2014 年《行政诉讼法》施行后，立法已对程序瑕疵类型进行细分的背景下，这样的判决还是大量出现。[2]法院对这种程序瑕疵一般予以指正或者通过司法建议与批评的形式对行政主体进行监督，但驳回原告的诉讼请求。可见，法院认可了程序补正和轻微瑕疵程序"自愈"的观点。这种"行政便宜主义"的做法，优势是明显的，它避免了无意义的程序反复，使得行政诉讼免于程序空转的尴尬。但这种忽略不计、任其自愈的做法，略为粗放，也与法治主义的要求存在隔阂，因此也招致一些学者的批评。[3]《行政诉讼法》修正之后，这种判决方式是否还有存在的必要，也引发了学界的讨论。

支持的观点认为还是存在着一种在"违反法定程序"与"程序瑕疵轻微违法"之外的"程序轻微不当"类型，这一类程序瑕疵可以允许补正，但驳回原告的诉讼请求。然而，为了防止驳回的方式被误用，支持者主张要对这一类范围进行审慎的限定，并建议交由法院通过审判实践来积累经验。从其示例的内容来看，可补正适用

---

〔1〕 参见信春鹰主编：《中华人民共和国行政诉讼法释义》，法律出版社 2014 年版，第 196 页。

〔2〕 参见梁君瑜：《行政程序瑕疵的三分法与司法审查》，载《法学家》2017 年第 3 期。

〔3〕 参见余凌云：《对行政程序轻微瑕疵的司法反应》，载《贵州警官职业学院学报》2005 年第 4 期。

驳回诉讼请求的程序瑕疵为行政机关工作人员态度无礼、衣冠不整、办事拖沓等轻度且不损及相对人权利的行为。法院的指正主要为了实现监督行政的目的。[1]但即使是主张可忽略不计程序瑕疵继续存在的学者，也发出了请大家"认真对待程序瑕疵"的呼吁，并认为不能随意扩大程序瑕疵的范围。这种"程序瑕疵"应仅限于不具有法律意义或不产生任何法律后果的程序上的"技术性缺陷"。[2]

而反对者则认为在《行政诉讼法》修正的背景下，立法者已经对程序违法的问题作出了抉择，过去经由实践生成的"程序瑕疵，驳回原告诉讼请求"处理方式的适用空间已经被大大压缩，甚至严格来讲在立法层面已经不复存在了；[3]在《行政诉讼法》第69条之下，因程序瑕疵而驳回诉讼请求应该没有适用的合法空间了。[4]另外，"司法实践中大量的行政行为'问题适法'，动辄被以'瑕疵'评介，不仅纵容了行政行为的随意性，模糊合法性审查标准的边界，而且更为值得警惕的是导致'法律工具主义'的抬头，最终影响司法权威。"[5]

当然，程序瑕疵"忽略不计"并非我国法院独创，域外国家已有类似的做法。它们的法官在判断这些细微程序瑕疵时的方法与标准，给我们提供了一些有益的经验。例如，在普通法的认识中，对于那些非常细微的程序瑕疵，行政机关根本不需要补正，法院也不必理会当事人的这一诉求。[6]《新西兰1924年法律解释法》（the

---

〔1〕　参见梁君瑜：《行政程序瑕疵的三分法与司法审查》，载《法学家》2017年第3期。

〔2〕　参见柳砚涛：《认真对待行政程序"瑕疵"——基于当下行政判决的实证考察》，载《理论学刊》2015年第8期。

〔3〕　参见陈振宇：《行政程序轻微违法的识别与裁判》，载《法律适用》2018年第11期。

〔4〕　参见章剑生：《再论对违反法定程序的司法审查——基于最高人民法院公布的判例（2009—2018）》，载《中外法学》2019年第3期。

〔5〕　李欢如、李辉远：《认真对待瑕疵：论行政行为适用法律问题的司法审查》，载贺荣主编：《深化司法改革与行政审判实践研究——全国法院第28届学术讨论会获奖论文集》（下），人民法院出版社2017年版，第1579页。

〔6〕　See Michael Supperstone & Jame Goudie, *Judicial Review*, Butterworths, 1997, p.73.

Acts Interpretation Act 1924）第 s.5（i）条就有类似的要求："对于所规定的程序即使有轻微的偏离，但只要不会误导、不会产生不同的效果，就不必计较之。"法官们在解释"轻微的偏离"（slight deviations）时认为，这是一种非实质性的偏离，程序的实质依然还是法律规定的程序；而且这种偏离不会带来效果上的误导，程序的效果并未发生改变（same effect）。[1]

在英国法中，行政机关违反成文法所规定的程序，是否影响行政行为的效力则取决于程序的性质，需要法院判断违反的程序是强制性的还是任意性的程序。违反任意性的程序规定不会影响到行政行为的效力，同样达到了"忽略不计"的效果；而违反强制性的程序规定则会产生行政行为无效或可撤销的影响。[2]对于何谓"强制性"与"任意性"的程序性质辨识，法院发展出了多套不同的识别标准，但由于判断标准模糊，备受争议。[3]最终，枢密院不得不承认这样的程序性质二分用处不大，并宣布应将注意力聚焦于不遵守程序的行为所导致的后果，以及立法机关规定这些程序的意图上。[4]

大陆法系国家，以德法为代表。《德国联邦行政程序法》中也有类似"忽略不计"程序瑕疵后果的规定，但需要指出的是，行政程序对于实体决定仅具有辅助性功能的认识，在该国依旧根深蒂

---

〔1〕 转引自余凌云：《对行政程序轻微瑕疵的司法反应》，载《贵州警官职业学院学报》2005 年第 4 期。

〔2〕 参见王名扬：《王名扬全集 1：英国行政法 比较行政法》，北京大学出版社 2016 年版，第 137 页。

〔3〕 英国法院对程序性质标识的标准有：①根据公共利益和个人利益所具有的影响来决定。在一个对公共利益有重大影响的案件中，法院不愿意把程序规则解释为具有强制性，以避免行政机关由于违反程序规则引起行政行为无效。在一个案件中公共利益不突出，而程序规则的精神是为了保护个人利益时，法院认为这是强制性的规则。②法院判断程序错误的严重程度作为依据，不严重的程序错误一般被视为任意性规定。③常识性方法，法院综合考虑案件的所有情况后再做判断。参见王名扬：《英国行政法 & 比较行政法》，北京大学出版社 2016 年版，第 137~139 页；[英] 彼得·莱兰：《英国行政法教科书》，杨伟东译，北京大学出版社 2007 年版，第 378、387 页。

〔4〕 [英] A. W. 布拉德利、K. D. 尤因：《宪法与行政法》（下册），刘刚、江菁等译，商务印书馆 2008 年版，第 714 页。

固。[1]相应的制度设计并没有将"程序的独立价值""当事人程序权利的保障"等现代行政程序的理念融入其中。此处无意讨论德国程序立法理念的新旧问题,而是在这样的基础上去获得对德国程序瑕疵制度安排的系统理解。德国法在这样的理念下,基于行政效率与程序经济的考量,《德国联邦行政程序法》给予了程序瑕疵以特别的优待:不对行政内容带来实质影响的程序瑕疵所引发的法律后果,可以忽略不计(第46条)[2],这条与构成行政行为撤销事由的程序瑕疵相对应;与此同时,还有一些程序瑕疵有机会经由事后行政机关的补救而获得治愈(第45条)[3]。在德国法中,"补正"被视为行政行为的一种效力状态,对程序瑕疵的行政行为采取补救措施之后,该行政行为就"视为补正"。[4]因此,"忽略不计"与"可补正"这两类效力,彼此是相互独立的。[5]此外,我们还可以看到,德国法中"可补正"的程序情形,甚至还包括了"事后提出所需的说明理由""对当事人的听证,事后已听证的""作出行政行为须经委员会决议,事后已决议"的内容,这三项均可能涉及行政机关实质性改变行政决定。德国法中的"补正"属于深层次对程序瑕疵的治愈。不怪乎有研究者评论,"这类'对实体决定不具影响力'的瑕疵系获得比前述可以事后补正的瑕疵更为宽松的待遇,宽松到简直可定义成'不具法律评价意义的瑕疵'或'不视为瑕疵

---

〔1〕 参见傅玲静:《论德国行政程序法中程序瑕疵理论之建构与发展》,载《行政法学研究》2014年第1期。

〔2〕 《德国联邦行政程序法》第46条规定,如果行政行为违反有关程序、形式或地域管辖权的法律规定,根据第44条的规定并不属于无效情形,且这些违法瑕疵明显不会对行政行为的实质内容产生影响的,不能单独基于这些违法瑕疵而撤销该行政行为。

〔3〕 《德国联邦行政程序法》第45条第1、2款规定,行政行为有下列程序或行使瑕疵,且该瑕疵未构成第44条的无效情形的,可不予考虑:①行政行为的作出所必要的申请,事后已提出的;②应说明的理由,事后已听证的;②对当事人的听证,事后已听证的;③做出行政行为须经委员会决议,事后已决议的;④须其他行政机关的协力,其他行政机关事后已协力。第1款中的违法情形可在行政法院一审诉讼程序终结前予以补正。

〔4〕 参见杨登峰:《程序违法行政行为的补正》,载《法学研究》2009年第6期。

〔5〕 参见赵宏:《法治国下的目的性创设:德国行政行为理论与制度实践研究》,法律出版社2012年版,第354、359页。

的瑕疵'的地步。"[1]

法国法中虽然没有如德国一般的行政程序法典，但行政法院在一系列的判决中，基于对当事人权利保障与行政效率的考量，同样地也发展出了一套对程序违法采取灵活处理的方案。判断的标准包括区别程序的主次[2]、程序目的[3]、程序可能的后果、程序实施的状态[4]、行政行为的性质[5]等。[6]只要程序瑕疵没有影响行政决定的实体内容，法国法同样地认为不影响行政行为的效力，即法律后果可"忽略不计"。对于程序可否补正的问题，原则上，程序瑕疵不能由行政机关事后进行补正，但行政法院通过判例的形式允许特定情形下有所例外。如果从程序瑕疵本身的属性看，不会影响到行政行为的实体决定，例如，会议讨论的记录、行政决定的记录上欠缺负责人签字，这样的程序瑕疵则可以补正。[7]法国法中的"补正"并非行政行为的一种效力状态，不是一种独立的法律后果。

从域外相关的做法与经验中，我们可以提炼出以下两个维度的思考：第一，各国对"忽略不计"程序瑕疵的判定标准受到该国对

---

[1] 许宗力：《行政处分》，载翁岳生编：《行政法》，中国法制出版社2009年版，第685页。

[2] 区分为主要程序与次要程序。主要程序一般影响行政决定的实体内容，影响对行政行为效力的判断。次要程序的情况则与之相反。

[3] 区分为保护当事人利益与保护行政机关利益。违反保护当事人利益的程序，相关行政行为可以被撤销。

[4] 区分为一般情况与紧急情况。在紧急情况下，行政机关为了公共利益的需要，可以违反法定程序的要求。例如，按照1979年《行政机关说明理由及改善行政机关与公众关系法》中要求作出决定时须说明理由，在一般情况下，行政行为不遵守这一规定可撤销。但在紧急情况下，作出驱逐出境的决定时，未说明理由也不会影响行为效力。

[5] 区分为羁束性行政行为与裁量性行政行为。羁束性行政行为的内容是由法律规定，行政机关别无他选。这一类行为中的程序违法只要不影响实体内容，便不会被撤销。因为撤销之后，行政机关再次作出的决定也只会与被撤销的决定相同。裁量性行政行为中的程序违法有可能会对实体结果产生影响，因此，程序违法有可能会产生对行政行为效力的否定性评价。

[6] 参见[法]让·里韦罗、让·瓦利纳：《法国行政法》，鲁仁译，商务印书馆2008年版，第808~809页。

[7] 参见王名扬：《王名扬全集2：法国行政法》，北京大学出版社2016年版，第538~539页。

程序价值认识的根本性制约，须从程序的双重价值出发对是否构成"忽略不计"的程序瑕疵进行判定；第二，如何处理"补正"与"忽略不计"程序瑕疵之间的关系，是作为过程意义上还是作为独立的法律后果意义上来看待。

（二）"忽略不计"的程序瑕疵之判定标准

虽然不同法系、不同国家对于程序瑕疵的类型均匹配了"忽略不计"的法律后果，但对这一类程序瑕疵认定标准的松紧程度却有着巨大的差别。这一差别在根本上取决于一国对行政程序独立价值的不同认识。行政程序除了具有传统的工具性价值外，也具有内在的独立价值，即程序价值（process value）。[1]程序的独立价值也被视为程序理论的核心和基石。[2]在传统德国法的架构下，行政程序更多还是只具有工具性的价值，尽管随着实务与学说的发展已开始在个案中有所突破[3]，但原则上，只要程序的瑕疵没有造成对实体结果的影响，便可忽略不计。而判断程序瑕疵是否对实体结果产生影响，则需要综合考虑程序规定的重要性及保护的目的，以及瑕疵后果的重要性等因素。[4]普通法系国家的制度安排则是在普遍肯认程序独立价值的前提下发展。例如，英国直接根据违反的程序性质来确立相应的法律后果。同样是违反法定期限，法院一般会结合这一期限设立的宏观立法背景与案件事实背景来确定法律后果。对于

---

〔1〕 转引自陈瑞华：《通过法律实现程序正义——萨默斯"程序价值"理论评析》，载强世功、李光昱主编：《北大法律评论》（第1卷第1辑），法律出版社1998年版，第183~184页。

〔2〕 参见雷磊：《法律程序为什么重要？反思现代社会中程序与法治的关系》，载《中外法学》2014年第2期。

〔3〕 德国逐渐建立起绝对程序瑕疵的判断标准，此前针对程序工具价值的瑕疵类型则被视为相对程序瑕疵，即"如依程序规定明显之意义及目的，系为特定当事人之利益或具有特定之满足及共识之功能者，可认定系绝对程序规定，承认特定当事人有独立于实体权利、得单独执行之程序地位，如行政机关违反该程序规定而作成行政处分，即有绝对之程序瑕疵，构成得单独废弃行政处分之原因"。但这类绝对的程序瑕疵，只有在极其例外的情况下才被承认存在。参见傅玲静：《论德国行政程序法中程序瑕疵理论之建构与发展》，载《行政法学研究》2014年第1期。

〔4〕 参见傅玲静：《论德国行政程序法中程序瑕疵理论之建构与发展》，载《行政法学研究》2014年第1期。

那些直接影响个人利益的期限规定，法院更倾向于将之视为强制性规定，并给予否定性判决。[1]

同样地，我国现有的制度安排，很明显也是在承认行政程序独立价值的前提下建构。2018 年《行诉法解释》第 96 条提出了"对重要程序性权利不产生实质损害"作为判断"程序轻微违法"的标准，并对这样的行政行为确认违法。即便行政行为中的程序瑕疵没有影响到实体结论的判断，也未损害当事人权益，但同样也会因为损害了重要的程序性权利而被撤销。程序瑕疵只有同时满足不损害实体与程序利益，并只是轻微地偏离了程序所需要确保的重要行政秩序时，才会被予以确认违法。

与此同时，司法实践中还大量地涌现出对行政行为存有程序瑕疵既不撤销也不确认违法，而仅通过指正并驳回原告诉求的做法。这种"忽略不计"的做法，是为缓和《行政诉讼法》修正前，"程序违法，一律撤销"这一单一法律后果与多种程序违法行为的冲突，而在司法实践中应运而生的做法。但随着立法的修订，有研究者曾预测这一经由实践生成的"忽略不计"的处理方式的适用空间已被大大压缩，并认为严格来说立法层面已经不复存在了。[2]事实上，正好与预测相反，"忽略不计"的做法还在大量地被法院适用。

法院之所以仍然在大量地适用，原因有二：

首先，静态救济制度的安排客观上使得程序瑕疵达成了"忽略不计"的后果。所谓"静态救济"，"又可称为立法直接实施的救济，对行政机关违法或不当的行政行为，在立法上直接规定了有利于相对人的结果救济。"[3]2018 年《行诉法解释》第 63 条规定，行政机关作出行政行为时并未制作或送达法律文书的，相对人只要能够证明行政行为存在，并在法定的期限内起诉，人民法院应当依法立案。

---

〔1〕 参见［英］彼得·莱兰、戈登·安东尼：《英国行政法教科书》，杨伟东译，北京大学出版社 2007 年版，第 385 页。

〔2〕 参见陈振宇：《行政程序轻微违法的识别与裁判》，载《法律适用》2018 年第 11 期。

〔3〕 林莉红：《中国行政救济理论与实务》，武汉大学出版社 2000 年版，第 40~41 页。

换言之，法院并没有因为行政机关未履行制作或送达文书的程序义务，而撤销或确认违法。从有利于相对人的角度出发，忽略了该程序的瑕疵，将之视为一个"标准"的行政行为予以受理。与之类似的规定还有该解释第64条与第65条，它们分别规定了行政机关违反教示义务，相对人可获得的变更起诉期限或延长起诉期限的静态救济，法院并没有因此而直接否定行政行为的效力。[1]

　　其次，相较于"对程序瑕疵给予确认违法"的做法，该行政行为被否定，[2]行政机关终归得到的是败诉的判决。"对程序瑕疵予以指正，但驳回原告诉讼请求"，虽然判决中也相应地指出了行政行为过程中存在的程序问题，但程序瑕疵的严重程度尚不足以影响到行政行为的效力，行政机关最终得到的是胜诉的判决。案件的"胜"与"败"是行政机关工作考核的重要指标之一。考虑到我国法院与行政机关之间的关系与处境，[3]法院针对那些既不会影响到实体结论与当事人权益，也不会损害程序严格保护的价值的程序瑕疵，更多地给予行政机关胜诉的判决便不足为奇。

---

　　〔1〕　2018年《行诉法解释》第64条规定：行政机关作出行政行为时，未告知公民、法人或者其他组织起诉期限的，起诉期限从公民、法人或者其他组织知道或者应当知道起诉期限之日起计算，但从知道或者应当知道行政行为内容之日起最长不得超过1年。复议决定未告知公民、法人或者其他组织起诉期限的，适用前款规定。第65条规定：公民、法人或者其他组织不知道行政机关作出的行政行为内容的，其起诉期限从知道或者应当知道该行政行为内容之日起计算，但最长不得超过《行政诉讼法》第46条第2款规定的起诉期限。

　　〔2〕　参见信春鹰主编：《中华人民共和国行政诉讼法释义》，法律出版社2014年版，第197页。

　　〔3〕　我国现行的司法体制中，地方法院虽然是设在地方代表国家行使审判权的司法机构，但绝大多数都对应或依附于相应的行政区划之中。法院的编制、人事和经费保障都依赖或受制于地方。诉讼主客场、地方保护主义、地方政府行政干预司法的事情时有发生。党的十八大以来，从中央宏观层面统筹推进的司法改革便着力改进这一问题。相应地，最高人民法院配合中央各部门推动了省级以下地方法院人财物统一管理、开展行政案件跨行政区划集中管辖改革的试点等。另外，马超等研究者以2015—2019年全国法院23.8万份一审判决书作为观察对象，以原告胜诉率为指标，评估跨区划法院改革的实际效果。结果显示法院管辖体制的改革效果仍受制于法院在国家治理体系中的位置。该结论也在一定程度上印证了本书的判断。参见马超等：《行政法院的中国试验——基于24万份判决书的研究》，载《清华法学》2021年第5期。

程序瑕疵"忽略不计"的做法，即对于程序瑕疵置之不理、视而不见、任其背弃，并不符合严格意义上依法行政的原则与要求。但这一做法的优势也是显而易见的，它在客观上避免了程序无意义的反复，在主观上也与我国法院在国家权力体制配置中的处境相吻合。实践中发展出来的这一"法外"的程序类型与做法值得肯定，但需要进行严格的限定。因为司法实践中大量的适用，不可避免地掺杂着一些不恰当甚至是不正确的混用。

有学者通过对"典型案例"的整理，试图梳理出可忽略不计的程序瑕疵认定标准。他发现法院在处理"记载或签章错误""告知程序瑕疵""执法主体轻微错误""程序轻微瑕疵不影响行政行为效力"时，更愿意将之视为程序轻微瑕疵，不予认定行政程序违法。[1]但以上的这些情形中，实际上有很大一部分又会与适用确认违法判决中"程序轻微违法"的情形相重叠。也有的研究者在整理了"由法院对程序瑕疵予以指正，但判决驳回诉讼请求"的案件后，做出这样的评论：综观上述案例所述情形，是否均宜纳入不被撤销或确认违法，仅由法院予以指正并驳回诉讼请求的程序瑕疵，有待商榷。[2]到底该如何区分适用"确认违法"与"忽略不计"这两种法律后果的程序瑕疵类型呢？

建构在认可程序双重价值基础之上的行政诉讼制度，无论程序瑕疵是适用"确认违法"，还是适用"忽略不计"，都需要满足以下两点：瑕疵既不会影响实体结果、相对人的合法权益，同样也不会妨碍程序所要确保的重要价值。立法上之所以给那些不宜撤销的程序瑕疵行为以否定性判决，一方面，是为了彰显了立法者对程序违法的严格立场；另一方面，更为重要的是因为，违反的程序背后确有值得法律保护的重要行政秩序，仅用指正尚不足以引起行政机关对这一程序义务的重视。

法院对"忽略不计"的程序瑕疵予以指正，说明仅以指正的方

---

[1] 参见于立深：《违反行政程序司法审查中的争点问题》，载《中国法学》2010年第5期。

[2] 参见梁君瑜：《行政程序瑕疵的三分法与司法审查》，载《法学家》2017年第3期。

式便可达成对行政机关的告诫。法院提醒行政机关从事其他同类活动时不再出现类似的违法或不当行为，确保"下不为例"即可。被指正的行政行为效力并没有因为指正而受到影响，程序瑕疵依然存在。因此，被法院指正的程序瑕疵，除了前面提到的不会构成对程序双重价值的损害外，从瑕疵程序的类型而言，更多的是属于基本程序的辅助程序或者组成要素。[1]有研究者整理了裁判文书网上涉及指正内容的文书，发现被法院指正的程序瑕疵类型包括了"告知、公告错误或不完善""理由说明不完备""未履行程序的释明义务""中间程序性决定的文书未出具或未送达""程序的合并与中间程序缺省"等情形。[2]从这些情形来看，"忽略不计"的程序瑕疵亦可被称为"轻微的程序不当"。[3]这里的"程序不当"反映行政机关并非全然不履行程序，而只是在履行过程中做得还不够到位、充分、准确[4]，这种不足并不构成对程序背后的重要行政秩序的破坏。法院可以以指正的方式督促行政机关更好地履行程序要求，以实现监督行政的目的。

（三）"忽略不计"与"补正"的关系

从不同法系各个国家的做法来看，程序瑕疵的"补正"与"忽略不计"的法律后果都是相互独立的。在大陆法系中，德国法的"可补正"是介于"可撤销"与"可忽略不计"的后果之间，它是一种法定的行政行为效力状态；而"忽略不计"则是在行政程序瑕疵无须补正时所面临的法律后果。可见，德国法为了追求程序的经济，对程序的瑕疵采取了相当宽容的态度。而法国法中原则上并无"补正"，只是法院的判例有限地允许那些不影响行政决定内容的程

---

〔1〕　参见杨登峰：《行政行为程序瑕疵的指正》，载《法学研究》2017年第1期。

〔2〕　杨登峰：《行政行为程序瑕疵的指正》，载《法学研究》2017年第1期。

〔3〕　梁君瑜：《行政程序瑕疵的三分法与司法审查》，载《法学家》2017年第3期。

〔4〕　也有学者质疑，没有完整说明理由、告知不全面等这样的程序瑕疵，在一些情形下已经达到了影响到当事人重要程序性权利的程度，应当采用撤销判决却用了确认违法的判决，司法实践中这种程序"瑕疵"理念的泛滥对权利会带来伤害。参见柳砚涛：《认真对待行政程序"瑕疵"——基于当下行政判决的实证考察》，载《理论学刊》2015年第8期。

序瑕疵可以补正。[1]跟德国法的规定不同，法国法认为它并非一种行为效力状态，而是一种过程。普通法在传统上便认为法律后果上"忽略不计"的程序瑕疵，行政机关是不必补正的。普通法系国家的程序瑕疵中虽无如德国一般作为独立法律后果的"补正"制度，但判例中同样也允许，即便是违反了作为自然公正或正当程序之核心的听证程序，事后进行补正。[2]各国之所以对"忽略不计"与"补正"有着完全不同的安排，与一国特定时期所肩负的经济与法治建设任务密切相关，同时也受到该国对程序合法与程序经济原则关系的定位、对程序价值独立性与工具性的认识以及行政程序法的立法模式等多种因素的制约。[3]

在我国，对于行政行为程序瑕疵采用"补正"法律后果的规定只是在早期的行政复议条例中"灵光一现"，[4]此后在全国性的立法中便难觅其踪。但在地方轰轰烈烈推行的行政程序立法中，却再现了对程序瑕疵进行"补正"的尝试。但"补正"是从以下两种意义层面出现的：

一种是将"补正"作为行政过程的意义层面而存在。例如，《浙江省卫生行政处罚程序》要求，法制机构在审核行政机关拟作出的行政处罚决定时，发现程序存有瑕疵，应当建议案件承办人补正。[5]这一类"补正"是在行政机关尚未作出最终的行政决定前，在机关内部环节中发现了程序瑕疵，予以矫正，并未发生对外的

---

〔1〕　See Zaim M. Necatigil & J. E. Trice, *English and Continental Systems of Administrative Law*, North-Holland Publishing Company, 1987, p. 41.

〔2〕　相关的判例有 De Verteuil v. Knaggs［1918］AC 557, Pagliara v. A. -G.［1974］1 NZLR 86, Vestry of St. James and St. John Clerkenwell v. Feary（1890）24 QBD 703. 转引自［英］威廉·韦德：《行政法》，徐炳等译，中国大百科全书出版社1997年版，第200~201页。

〔3〕　参见杨登峰：《程序违法行政行为的补正》，载《法学研究》2009年第6期。

〔4〕　现已失效的《行政复议条例》（1990年）第42条第2项中曾规定，具体行政行为有程序上不足的，决定被申请人补正。将之作为一种独立的行政行为法律后果，此后1996年出台的《行政复议法》中删除了这一规定。

〔5〕　参见《浙江省卫生行政处罚程序》（浙卫发〔2010〕91号）第32条。类似的规定还有《山东省食品药品行政处罚程序规定实施细则》第20条第2款第7项：案件合议时，发现程序不合法或者有瑕疵的，应要求承办人补正合议意见。

效力。

　　另一种则是作为一种法律后果的意义层面的"补正"，可以从法条的位置安排与内容推知。从法律文本对补正内容的位置安排来看，它通常与应当撤销、确认无效的行政行为效力状态（法律后果）置于同一板块。[1]从内容上看，行政执法机关应当对程序上存有轻微瑕疵或遗漏，未侵犯公民、法人或者其他组织合法权利的情形予以补正或者更正。[2]可见，在内容上适用"补正"的程序瑕疵类型与修改后确认违法的程序瑕疵类型存在高度重合。这也就意味着，同一程序瑕疵的行政行为效力，在复议中行政机关适用地方性程序规范可以得出可"补正"的效力判断，到了诉讼阶段却要被法院"确认违法"。在通行全国的行政诉讼中，法院按照法律适用的规则，基于上位法《行政诉讼法》优先的原则，作出的程序存有瑕疵行政行为"确认违法"也就取代了"补正"的行为效力状态。因此，地方性立法中关于行为效力状态"补正"的尝试，局限性是明显的，仅限于特定地区、特定类型的行政救济方式。总的来说，"补正"并不是我国存有瑕疵的行政行为的独立法律后果之一。

　　我国应当如何对待程序瑕疵的"补正"问题？应当将"补正"作为哪一种意义层面来使用？从我国现阶段经济社会发展水平来看，贯彻依法行政与促进行政效率的提升都是不可偏废的目标追求。然而，一方面，考虑到我国传统上就有的"重实体轻程序"的程序观念，故在设计程序制度时不可对程序违法采取过分宽容的态度；另一方面，行政的有效运作保障并促进了人民福祉的增进，因此，针对单纯的程序瑕疵行为采取灵活的处理方式也十分必要。作为行为

---

　　[1]　以《湖南省行政程序规定》（2022年）为例，该地方规章第八章行政监督中，第159~165条分别规定了行政机关不自行纠正行政执法违法行为的，由有监督权的机关根据违法行为的性质、程度等情况作出的"责令履行""确认无效""撤销""责令补正或者更正""确认违法"的处理。

　　[2]　参见《湖南省行政程序规定》（2022年）第164条第1款第4项、《山东省行政程序规定》（2012年）第129条、《白山市行政程序规则》（白山政发〔2012〕2号）第164条。此外，在一些专门针对行政执法监督的规范性文件中也有类似规定，例如，《益阳市行政执法监督暂行办法》（益政发〔2017〕6号）第35条。

过程的"补正",可以很好地弥合程序经济与依法行政要求之间的紧张关系,符合我国当前的需要。但作为行政行为一种独立法律后果的"补正",则是对特定程序瑕疵以补正的方式予以治愈,通过治愈消除程序违法的后果。[1]有学者评论德国的这种做法,认为"对行政效率和程序经济的倚重,以及对公民程序权利的漠视,实在与现代行政法的理念大异其趣"[2]。从我国的实际情况来看,不宜对程序瑕疵采取这种过分宽容的做法。再者,即使是主张我国行政诉讼应新增补正判决的建议,无一例外地均认为补正判决并非一个独立的判决形式,而是应当依附于确认违法判决。[3]也有学者提出单纯使用补正作为判决方式治愈效果欠佳的担忧,认为与确认违法的判决结合起来容易达到更佳的效果。[4]这些讨论都从侧面说明了在我国并没有把补正当作一种单独法律后果来看待的可能性,而是更倾向于将之视为作为过程的补正。

(四) 作为驳回原告诉讼请求判决前提条件的补正

作为过程的补正,除了前述提到的与程序轻微违法的确认违法判决结合起来使用外,还有一种观点认为可以与程序瑕疵"忽略不计"的法律后果结合起来。此时的补正,既可以在诉前[5],也可以在判决作出前[6]。但补正必须是行政机关的自行补正,不同于确

---

〔1〕 参见 [德] 哈特穆特·毛雷尔:《行政法学总论》,高家伟译,法律出版社2000年版,第255页。

〔2〕 赵宏:《法治国下的目的性创设:德国行政行为理论与制度实践研究》,法律出版社2012年版,第360页。

〔3〕 参见吴敏:《论行政诉讼中的"程序轻微瑕疵违法"——基于与"程序瑕疵"的区分》,载《福建行政学院学报》2018年第5期;侯丹华、韩磊:《行政诉讼中增加补正判决之必要性》,载《人民司法》2014年第13期;邓刚宏:《我国行政诉讼设立补正判决之基本构想》,载《学海》2012年第1期。

〔4〕 参见余凌云:《对行政程序轻微瑕疵的司法反应》,载《贵州警官职业学院学报》2005年第4期。

〔5〕 有一种观点认为,行政机关在起诉前就已经对程序瑕疵予以补正的,对于这样的程序违法行为,在诉讼中可以"忽略不计"。参见陈振宇:《"不予撤销的程序违反行为"的司法认定》,载《上海政法学院学报(法治论丛)》2012年第3期。

〔6〕 参见梁君瑜:《论行政程序瑕疵的法律后果》,载《华东政法大学学报》2019年第2期。

认违法中法院责令补正的做法〔1〕。之所以将补正与"忽略不计"结合起来，是因为司法实践中法院对程序瑕疵大量地在使用指正并驳回诉讼请求的判决方式，它暴露了法院使用"忽略不计"这一法律后果过宽的解释立场。这样的做法不可避免地给相对人带来了不佳的观感，且行政机关也缺乏一定的自觉纠正程序瑕疵的动力，因此有必要严格地限制"忽略不计"的适用。"补正"则正好成为适用程序瑕疵"忽略不计"法律后果的限定条件之一。〔2〕换言之，将诉讼过程中行政机关已自行完成对程序瑕疵补正，作为适用"忽略不计"这一法律后果的前提条件。

本书赞成这样的做法，理由有二：第一，虽然法院"指正"的作用是面向将来，但法院能够通过指正指出的程序瑕疵，多为程序做得还不够到位、充分、准确的"轻微不当"，行政机关有自行补正的可能与空间。而《行政诉讼法》修正之后，适用确认违法判决的"程序轻微违法"的情形，正如 2018 年《行诉法解释》所示，多为超过处理期限，通知、送达方式不符合要求等内容，事后的补正已无可能性或补正也无意义。此时，确认违法判决与责令补正结合适用的情形应当有所限定，仅限于那些可以由行政机关自行补正并且补正仍有意义的程序瑕疵但机关并未补正的情形。而旧法时期认为凡是非实质性程序违法，均可并用确认违法与责令补正的做法，则是立基于对"程序瑕疵"的笼统识别之上。在 2014 年修正后的《行政诉讼法》与司法实践的共同作用下，程序瑕疵类型与法律后果已经有了更为精细化的安排。继续坚持过去的做法容易造成程序瑕疵类型的识别混乱。第二，行政机关在行政诉讼中自愿主动地补正程序瑕疵，纠正程序之不足，减少了双方日后可能发生的摩擦，实现

---

〔1〕《行政诉讼法》（2017 年）第 76 条规定：人民法院判决确认违法或者无效的，可以同时判决责令被告采取补救措施；给原告造成损失的，依法判决被告承担赔偿责任。此处"责令被告采取补救措施"可以被理解为"责令补正"。补正判决属于附条件肯定被诉行政行为的效力。即使行政行为存在程序瑕疵，但在法院责令履行的前提下，依然认可其行为效力。

〔2〕参见梁君瑜：《论行政程序瑕疵的法律后果》，载《华东政法大学学报》2019年第 2 期。

了行政机关与相对人之间的双赢，也符合我国的法律文化，有助于息诉服判，实质性化解行政争议，同时兼顾了程序效率与权利保护。

由于程序瑕疵得以通过行政机关在判决前的自行补正，最终实现"忽略不计"的法律后果，因此应当严格限定补正的范围。具体而言，程序瑕疵类型要满足以下三点：第一，程序的瑕疵程度应属"轻微"，既不会影响实体结果、相对人的合法权益，同样也不能妨碍程序所要确保的重要价值；第二，程序瑕疵的补正仍有意义；第三，行政机关自行补正意味着程序瑕疵得以治愈，法院肯定了被诉行政行为的效力。为了防止法院与行政机关的合谋，程序瑕疵适用补正的情形应当遵循法律保留的原则，可以采用德国法上封闭式列举的形式框定补正的适用情形；与此同时，为了防止制定法与变动不居的实践相脱节，还应当以法律、行政法规的其他规定作为兜底性条款。

小结：内部行政程序瑕疵类型与多元法律后果

2014年修正后的《行政诉讼法》虽然一改过去对程序瑕疵类型与法律后果粗放式立法的做法，但该法对行政程序瑕疵类型与法律后果的细分也尚难以满足当下实践的需求。基于此，本书认为除了2014年修正后的《行政诉讼法》规定的分别匹配了无效、可撤销及确认违法的"重大且明显的程序违法""一般程序违法（违法法定程序）""不对原告权利产生实际影响的程序轻微违法"这三类程序瑕疵外，还应当将司法实践中法院以"指正并驳回原告诉讼请求"的这一在法律后果上可忽略不计的"程序轻微不当"类型纳入。有鉴于实践中适用"忽略不计"时标准较为宽泛，也导致了一系列的问题，需要对其进行适当的改造。参照域外经验与结合本国实际情况，"程序轻微不当"这一程序瑕疵类型应当限于行政机关仍有意义的自行补正。

CHAPTER 3 ▶ **第三章**

内部行政程序的司法审查的
逻辑及其展开

立法虽然不断地将内部行政程序要求纳入其中，但遗憾的是这些规定之中甚少提及程序未被遵守的法律后果。假如执法人员在行政执法过程中的某一环节，未按照法律文本的规定，履行相应的内部行政程序要求，会给对外作出的行政行为带来怎样的法律后果呢？上一章已详细地讨论了我国由行政诉讼制度所激活的程序违法所引发的多种后果。

1989年公布的《行政诉讼法》构建了一套法院通过对行政行为合法性的审查实现对行政活动进行监督的制度。法院通过审查行政主体、适用条件、事实根据、行政程序（法定程序）及处理结果这五项内容，作出对行政行为效力的裁判。虽然传统上法院的司法审查并不介入行政机关的内部活动，但由于不少内部行政程序规定由"法"而定，属于法定程序的范畴，因此，法院也在审查这一程序的过程中一定程度上实现了对行政内部活动的监督。与此同时，法院通过行政诉讼对违反法定内部程序的行为作出裁判，反观内部程序违法或瑕疵应当承担的法律后果，补充立法对内部程序规制的不足，这也是法院审查内部行政程序重要价值的体现。

但遗憾的是，学界对内外部行政程序截然不同的重视程度，也被投射到司法审判中。法院在对待"违反法定程序"的行政行为审查时，态度明显"内""外"有别。自1989年《行政诉讼法》将具体行政行为"违反法定程序"列为法院作出撤销判决的法定理由之一以来，法院在判决中大量地援引这一理由作出撤销判决。其中，将"违反法定程序"作为唯一理由进行判决的案件也占到了相当的比重。在这些判决中，我们发现法院所认定违反的"法定程序"多为行政机关未履行告知当事人事实、陈述申辩、举行听证等这些外部行政程序。[1]甚至在一些尚未有明确程序规定的行政行为领域，法院更是直接以其违反正当程序原则为由，作出撤销判决。[2]与之形成鲜明对比的是，当法院在面对前述具有法律法规明确规定的内部程序要求时，以行政机关违反内部行政程序作为唯一理由而撤销行政行为的情形，则非常罕见，其中一例为"方某良诉衢州市自然资源和规划局资源行政处罚案"。在该案中，法院认为被告对重大违法行为给予较重的行政处罚时，把集体会审程序与负责人集体讨论相混淆，认定被告对重大违法行为给予较重的行政处罚决定前未经过负责人集体讨论属于程序违法。法院仅以此为由撤销了一审判决。[3]此外，相较于这些得以进入法院审查的内部行政程序，还有大量的内部行政程序争议被法院裁定不予审查或附条件才审查。可见，法院对于内部行政程序的审查仍未建立足够的信心。

近年来，在一些领域开始频繁地出现基于内部行政程序争议而引发的诉讼。[4]与此同时，已经有学者意识到并开始关注这类内部程序的司法审查问题。[5]虽然有的研究者在讨论中回避了内、外部

---

〔1〕 参见章剑生：《对违反法定程序的司法审查——以最高人民法院公布的典型案件（1985—2008）为例》，载《法学研究》2009 年第 2 期；王玎：《行政程序违法的司法审查标准》，载《华东政法大学学报》2016 年第 5 期；章剑生：《再论对违反法定程序的司法审查——基于最高人民法院公布的判例（2009—2018）》，载《中外法学》2019 年第 3 期。

〔2〕 参见周佑勇：《司法判决对正当程序原则的发展》，载《中国法学》2019 年第 3 期。

〔3〕 浙江省衢州市中级人民法院（2019）浙 08 行终 43 号行政判决书。

〔4〕 笔者在北大法宝、把手科技案例数据库上，以"内部程序""内部行政程序""内部法律程序"为关键字进行检索。以当事人诉求中涉及内部行政程序问题争议，或者法院的裁判中以违反法定程序为标准回应内部行政程序问题为筛选条件，符合条件的案件共有 601 个。最后一次检索日期为 2023 年 8 月 9 日。

〔5〕 最初学界在讨论应予纳入司法审查的行政程序范围时，并没有专门就内、外部行政程序形成系统性的讨论，只是在一些研究中零星地有所涉及。例如，于立深在对来自最高人民法院的公报案例，以及官方研究机构、学术机构及法官整理的案例选中所涉及的 348 个案件进行梳理后，发现违反的法定程序除了告知、听证外，还出现了批准程序、集

程序的论争，但是其所讨论的"审慎程序"，如法制审核、集体讨论、社会稳定风险评估等程序，大多也属于内部程序。[1]实际上，理论界对于何谓内部行政程序的理解一直争议不休，这也引发了法院对内部行政程序是否审查及如何审查的一连串问题。法院审查内部行政程序具有监督行政内部活动与弥补立法规定不足的双重功能，从多重面向实现了对内部行政程序的法律规制。本部分的研究将围绕着"法院应当如何对待内部行政程序的审查？"这一核心命题来展开。

一、当事人诉讼策略的选择

法院对待行政机关内部事项的审查态度与当事人所选用的诉讼策略存在着密切的关系。行政机关在作出最终的行政决定前，行政系统内部会有针对同一机关内的阶段性分工，还可能涉及上下级机关之间的请示、批复、批准、指示、指导，平级机关之间的建议、同意等环节。是将这些内部活动视为独立的行为，还是将之视为行为过程中的一个程序环节，将直接关涉法院是否受理与如何审查的问题。

（一）将行政机关的内部程序视为独立的行政行为

将这些涉及行政机关内部事项的活动当作独立的行政行为，并就该行为本身提起诉讼是当事人采用的一种常见策略。例如，在"某液化气站诉高青县住房和城乡建设局、高青县政府燃气管理行政许可案"中，针对许可中下级机关初审、上级机关审核的程序要求，当事人仅提出对下级行政机关初审意见行为的异议。[2]按照我国的《行政诉讼法》及其司法解释的有关规定，这些行为或被视为"行政机关作出的不产生外部效力的行为"，或被视为"行政机关为作出

体讨论协商程序等的行政主体内部程序。这一点则反映了法院在实际的审查中，对"法定的程序"的理解并不仅局限于外部程序。参见于立深：《违反行政程序司法审查中的争点问题》，载《中国法学》2010年第5期。后来，随着诉讼研究精细化的推进，学界也开始专门出现针对内部程序司法审查的讨论，参见杨利敏：《行政处罚内部程序应受司法审查》，载《人民法院报》2005年4月18日，第B1版；姜明安：《行政处罚程序无内外之分》，载《人民法院报》2005年4月18日，第B1版。

〔1〕　参见林鸿潮：《行政行为审慎程序的司法审查》，载《政治与法律》2019年第8期。

〔2〕　山东省高青县人民法院（2016）鲁0322行初15号行政判决书。

行政行为而实施的准备、论证、研究、层报、咨询等过程性行为"。[1]这些行为并不属于我国行政诉讼的受案范围，不具可诉性。类似的案子还有不少，如在"苏某兰诉无锡市国土资源局土地纠纷案""熊某群等诉宜昌市政府行政批复案""姬某生诉徐州市国土资源局行政征收案""杨某诉长沙市城市管理和行政执法局申报立项案"之中所涉及的上下级之间的文件转达、批复、审批、复函等内部行政程序的行为，法院均以此为由对这类行为不予受理。[2]

当然针对这类行政机关内部行为而提起诉讼也绝非完全排除审查，当满足一定的条件时，内部行为产生外部化的效果后，法院也可以有条件地受理审查。当这些内部行为满足条件之后，同时意味着"一个行为的内部性逐渐弱化、行政行为构成要素和成立要件逐渐补足直至完备的过程"[3]。

采用这一诉讼策略的当事人对行政行为可诉的形态并没有清晰的认识，误把行政行为实施中所包含的多个阶段但并未成熟、不具外部性的行为当作独立的行政行为来诉，这样的内部行为并不属于我国行政诉讼的受案范围，而得以进入行政诉讼受案范围的内部行为又有严格的条件限制。将行政机关内部活动作为独立的行为来起诉，具有针对性强、容易聚焦争议焦点的优势，但这一策略根本上与我国现行诉讼受案条件并不相符，很难在大范围内予以推广适用，因此，并不是本书关注的重点。

（二）将行政机关的内部程序视为外部行政行为过程中的一个环节

按照我国《行政诉讼法》的规定，行政程序是行政行为合法性审查的要素之一。作为司法审查要素的"行政程序"应当被理解为

---

〔1〕 2018年《行诉法解释》第1条。

〔2〕 江苏省无锡市中级人民法院（2015）锡行终字第00137号行政裁定书、湖北省高级人民法院（2016）鄂行终38号行政裁定书、广东省汕头市中级人民法院（2019）粤05行终27号行政裁定书、江苏省徐州市中级人民法院（2017）苏03行终216号行政裁定书、湖南省长沙市中级人民法院（2016）湘01行终162号行政裁定书。

〔3〕 刘飞、谭达宗：《内部行为的外部化及其判断标准》，载《行政法学研究》2017年第2期。

"以一个行政决定的作出为归结，中间所经历的过程"，"它包括作出行政行为的方式、步骤、期限，以及行政人员的执法资格、回避等与过程有关的问题"[1]。根据程序违法的不同程度匹配了相应的法律后果。其中，"违反法定程序"是撤销行政行为的法定事由之一；"行政行为程序轻微违法，但对原告权利不产生实际影响"则是确认违法的法定情形之一。[2]司法实践中面对步骤颠倒、前后步骤合并、说明理由不完备、公告方式错误等"程序瑕疵"，法院还"创造性"地运用"指正"的方式来处理这类程序问题，并判决驳回原告的诉讼请求。

采用这一策略的当事人，一般将行政机关的某项内部活动视为完整的行政行为作出过程中的一个程序环节，并以被诉行政行为作出过程中存在法定程序违法为由，提出对行政行为的异议。在"肖某诉水利部、安徽省水利厅政府信息公开案"中，当事人认为水利部作出的复议决定违法并请求撤销，其理由之一在于其认为复议机关未提供其法制机构对复议决定进行审查所出具的意见公文原件、复议机关负责人同意或集体讨论通过的会议记录、笔录等，而前述程序却是《行政复议法》中所规定的程序要求。[3]采取这一诉讼策略的当事人寄希望于法院对法定内部行政程序的审查，并对违反内部程序的行为进行否定性的评价。这一策略符合我国行政诉讼受案条件与审查标准，作为外部行政行为作出过程中某个环节的内部行政程序也得以进入法院审查的视野。尽管有学者评价，"迄今为止，关于内部行政程序的一般规定相当匮乏，多数法律对内部行政程序也缺乏足够明确的规定。"[4]但我们还是可以欣喜地看到，一些重要的内部行政程序制度已被写入法律、法规、规章甚至是规范性文件中。法院通过审查行政机关是否履行了包括内部行政程序要求的法定程序义务，实际上是打开了法院观察与监督行政机关内部活动

---

〔1〕　何海波：《行政诉讼法》（第2版），法律出版社2016年版，第333页。

〔2〕　《行政诉讼法》（2017年）第70、74条。

〔3〕　北京市西城区人民法院（2017）京0102行初312号行政判决书。

〔4〕　何海波：《内部行政程序的法律规制》（上），载《交大法学》2012年第1期。

的"缝隙"。以下研究将以此策略为核心，观察分析法院对内部行政程序的审查情况。

二、实践中法院对内部行政程序的审查态度

根据我国《行政诉讼法》的规定，行政程序是行政行为合法性审查的要素之一。程序有内外之别，内部程序是不是法院的审查对象呢？另外，第二章的讨论已表明，《行政诉讼法》及其司法实践根据程序违法的不同程度还匹配了相应的法律后果。[1]那么，得以纳入审查的内部行政程序，如若出现违法，会被匹配怎样的法律后果呢？本部分将从法院是否审查、如何匹配违反程序的法律后果这两个维度，就法院对待内部行政程序审查的态度进行梳理。

（一）法院是否审查内部行政程序？

司法实践中，即使当事人采用了符合我国《行政诉讼法》合法性审查要素的诉讼策略，但法院在审查行政行为合法性的过程中，对于是否审查内部行政程序的问题却存在着不同的认识。不予审查、附条件审查、以"违反法定程序"为标准展开审查的情形同时存在（见表2）。甚至不同的法院在针对同一内部行政程序是否予以审查的问题上，认识也并不统一，往往得出意见完全相左的结论。

表2　法院对内部行政程序审查的不同态度[2]

审查态度	表现形式	代表案例
不予审查	法院直接确认对行政机关举证的内部行政程序材料不予审查或认定不属于法院的审查范围	"徐某宝、徐某安诉山东省政府行政复议案"，山东省高级人民法院（2014）鲁行终字第181号行政判决书

---

〔1〕　参见柳砚涛：《认真对待行政程序"瑕疵"——基于当下行政判决的实证考察》，载《理论学刊》2015年第8期。

〔2〕　笔者在北大法宝、把手科技案例数据库上，以"内部程序""内部行政程序""内部法律程序"为关键字进行检索。以当事人诉求中涉及内部行政程序问题争议，或者法院的裁判中以违反法定程序为标准回应内部行政程序问题为筛选条件，符合条件的案件共有601个。最后一次检索日期为2023年8月9日。

续表

审查态度	表现形式	代表案例
不予审查	法院确认行政机关无须向法院提交履行内部行政程序的证据材料	"胡某翠诉嘉兴市道路运输交通管理局行政处罚案"，浙江省嘉兴市中级人民法院（2017）浙04行终75号行政判决书
	法院仅以审查行政行为的外部行政程序作为审查程序是否合法的标准	"王某孝诉山东省政府行政复议案"，山东省高级人民法院（2016）鲁行终1079号行政判决书
	法院对当事人争诉的内部行政程序问题未予任何回应	"王某利诉青岛市政府行政复议案"，山东省高级人民法院（2015）鲁行终字第257号行政判决书
	法院认为内部行政程序证据材料与本案无关联性，不予确认其证据效力	"何某新诉无为县公安局行政处罚案"，安徽省无为县人民法院（2016）皖0225行初72号行政判决书
附条件审查	一般认为内部行政程序并不会对当事人的权利义务产生实际影响，除非有证据证明该程序存在滥用或是不履行该程序导致当事人权利义务受到实际影响，否则法院认为缺乏审查的必要性而不予审查	"肖某诉国土资源部、湖南省国土资源厅信息公开案"，北京市西城区人民法院（2017）京0102行初294号行政判决书
审查	以"违反法定程序"为标准进行审查	"敖汉旗某煤炭公司诉敖汉旗城镇管理局行政确认案"，内蒙古自治区赤峰市中级人民法院（2017）内04行终110号行政判决书

既然《行政诉讼法》（2017年）第70条已经有了如此明确的司

法审查标准，为何不同的法院在面对内部行政程序问题时，还会出现"不予审查"与"审查"这样截然不同的态度呢？"法定程序"所框定的审查程序对象范围有多大呢？是否包括内部行政程序呢？

（二）法院如何就内部行政程序违法问题进行裁判？

被纳入审查的内部行政程序违法，法院又会如何进行裁判呢？有的本须经行政机关负责人批准的特定事项而未经该程序，可能引发行政行为被确认违法甚至是被撤销的法律后果；有的未经行政机关负责人批准的程序，也有可能仅仅构成可忽略不计的程序瑕疵，并不会影响到对行政行为效力的判断；甚至还有法院并不认为未履行的负责人批准程序构成程序违法，当然也不会影响行政行为的效力。（见表3）

表3　法院对违反内部行政程序的案件裁判[1]

法院的裁判	法院裁判理由	代表案例
撤销判决	法院认为行政机关在作出涉案行政处罚决定前未进行集体讨论，违反法定程序，所作被诉行政处罚决定应予撤销。（唯一理由）	"博兴县博兴宾馆有限公司诉博兴县市场监督管理局、博兴县人民政府行政处罚案"，山东省博兴县人民法院（2019）鲁1625行初12号行政判决书
	法院认为行政机关作出涉案行政处罚决定前所组织的集体讨论组成人员不合法，参与集体审人员不属于土地行政管理机关的负责人或领导，其作出的行政处罚决定不符合法律规定，属程序违法。除此之外，行政处罚明显与违法行为不成比例，明显不当。（并列理由）	"龙某庆诉凯里市自然资源局行政处罚案"，贵州省黔东南苗族侗族自治州中级人民法院（2020）黔26行终2号行政判决书

---

[1]　案例来源同表2。

法院的裁判	法院裁判理由	代表案例
确认违法判决	行政行为已无可撤销的内容，确认有关行为违法。	"合肥旅行社诉淮南市交通局行政强制案"，安徽省淮南市田家庵区人民法院（2001）田行初字第 10 号行政判决书
	认为程序轻微违法，并不会对原告权利产生实际影响，法院作出确认违法的判决。	"高某朝诉临清市公安局行政处罚案"，山东省临清市人民法院（2016）鲁 1581 行初 5 号行政判决书
有的时候法院会用指正的形式，针对程序瑕疵提出改正建议	考虑到这一类程序问题对于整个行政行为的效力判断而言并没有达到足以改变的程度，即使程序存在瑕疵也维持了原来行政行为的效力。认定未被遵守的程序为"程序瑕疵"，但不影响对行政行为效力的判断。	"王某洋诉郑州市工商局二七分局等行政决定案"，河南省郑州市中级人民法院（2015）郑行终字第 386 号行政判决书
不影响对行政行为效力的判断	由于法院考虑到程序的性质属于行政机关内部的流程与工作程序，即使不履行也不会影响到行政相对人的权益，认定未被遵守的程序不违法。	"宣某诉沈阳市公安局铁西分局行政处罚案"，辽宁省沈阳市中级人民法院（2015）沈中行终字第 164 号行政判决书

根据程序的不同违法程度匹配相应的法律后果，实践中得出不同的法律评价本无可厚非。但事实上，司法实践中频频出现以下情形：针对同一事项且程度基本相似的程序违法，相关行政行为却得到了完全不一的法律评价。例如，在针对办案期限延长这一事项的批准上，在"高某朝诉临清市公安局行政处罚案"中，未履行的延长办案期限审批程序被视为轻微程序违法，法院确认相关行政行为违法；[1]而在"温某章诉章丘市公安局交通警察大队行政处罚案"

---

〔1〕　山东省临清市人民法院（2016）鲁 1581 行初 5 号行政判决书。

中，未履行的延长调查取证期限审批，则被视为可忽略不计的程序瑕疵，法院作出驳回原告诉讼请求的判决，最终该程序的缺失并未影响到该行政行为效力的判断。[1]在"湖北九州国际旅行社有限责任公司诉武汉市旅游局行政处罚案"中，一审法院以行政机关未在举证期限内提交相关证据证明其在本案作出处罚决定前经过负责人集体讨论决定为由，认定程序违法并作出确认违法的判决。[2]但二审却遭到了改判。改判的理由在于内部行政程序的缺失，既不对行政相对人的知情权、陈述申辩权、申请听证权等权利构成损害，也未对行政处罚决定的合法性、合理性产生实质性影响。[3]对同一内部行政程序基本相似的违法程度，法院给出完全不同的法律评价，为什么会出现这样的差别呢？这与法院判定内部行政程序违法的标准密切相关。那么，法院应当如何进行内部行政程序的审查呢？

三、"抑客扬主"诉讼目的定位下的内部行政程序审查思路

行政诉讼的目的是行政诉讼制度的根本性问题。行政诉讼中诸多具体制度的设计与条文安排都需要在诉讼目的的指引下进行，并有助于诉讼目的的实现。在立法规定较为模糊或制度内涵不明确的情况下，须回归到对行政诉讼目的的关注，以保证行政诉讼的实践不走偏、不走样。[4]讨论内部行政程序司法审查出现分歧的问题，应回归行政诉讼目的，它可以提供根本性的指引。

2014年修正后的《行政诉讼法》确立了三大目的：解决行政争议、个人权利救济和监督依法行政。新增的"解决行政争议"目的是回应司法实践中"行政诉讼程序空转""案结事不了"，以及当事人实际利益诉求得不到解决的问题。因此，这一新增的诉讼目的与个人权利救济在很大程度上是重合的。因为行政纠纷解决的基本前

---

〔1〕 山东省济南市中级人民法院（2016）鲁01行终53号行政判决书。

〔2〕 湖北省武汉市江岸区人民法院（2015）鄂江岸行初字第00042号行政判决书。

〔3〕 湖北省武汉市中级人民法院（2015）鄂武汉中行终字第00384号行政判决书。

〔4〕 参见赵清林：《类型化视野下行政诉讼目的新论》，载《当代法学》2017年第6期。

提和主要效果在于权利救济；权利得不到救济，纠纷也很难得到解决。[1]

单纯从法条的文字表述来看，个人权利救济和监督依法行政的主次作用难以判断。但结合立法原意、立法出台前后的宣传报道、官方与民间的定位来看，行政诉讼侧重于对个人权利的救济。[2]监督行政机关依法行政成了行政诉讼的副产品。[3]这一点从全国人大常委会的官方解释中也能得到印证，监督行政机关依法行使职权的最终目的在于确保个人合法权利得到保障。[4]亦有最高人民法院的行政法官基于审判实务经验判断，"行政诉讼说到底还是一个利益之诉。原告起诉的目的根本上是为让被违法行政行为侵犯的合法权益得到恢复、救济。从这个角度讲，监督行政机关依法行政仅仅是行政诉讼的手段。"[5]监督行政服务于个人权利救济的实现。相较于纠纷解决功能，行政诉讼监督行政的目的在我国则是次要的、附属的。在整个监督行政的体系中，司法审查的作用相对微弱。[6]行政诉讼的主要功能还是定位于司法救济制度。行政诉讼"抑客扬主"的诉讼目标定位影响着法院对行政程序的审查，分别涉及如何认定"法定程序"、对于程序违法如何判定与裁判的问题。

（一）"法定程序"的理解分歧与应有之义

如何理解"法定程序"，事关法院审查行政行为程序的范围大小。在"抑客扬主"的诉讼目标定位之下，"法定程序"首先倾向

[1]　参见何海波：《行政诉讼法》（第2版），法律出版社2016年版，第30页。

[2]　转引自薛刚凌：《行政诉讼法修订基本问题之思考》，载《中国法学》2014年第3期。

[3]　参见薛刚凌、杨欣：《论我国行政诉讼构造："主观诉讼"抑或"客观诉讼"？》，载《行政法学研究》2013年第4期。

[4]　"在本条关于立法目的的表述中删除了'维护'行政机关行使职权的规定，只保留对行政机关行使职权的'监督'，从而强调行政诉讼就是要对行政行为的合法性进行控制和监督，以保护公民、法人和其他组织的合法权益。"参见信春鹰主编：《中华人民共和国行政诉讼法释义》，法律出版社2014年版，第6页。

[5]　郭修江：《监督权力、保护权利、实质化解行政争议——以行政诉讼法立法目的为导向的行政案件审判思路》，载《法律适用》2017年第23期。

[6]　参见何海波：《行政诉讼法》（第2版），法律出版社2016年版，第42页。

于被限定在可能影响到当事人权益或影响实体决定正确性的行政程序类型之中。在行政诉讼制度建立之初的相关讨论中，就有学者指出，考虑到行政程序对相对人合法权益的影响、法院的承受能力、当时行政法理论的水平，法院对行政程序进行的司法审查只能是有限的、部分的。这个范围宜以"外部具体法定行政程序"为限。[1]"行政相对人不服内部程序不能提出司法审查的请求，如内部程序确有违法或不当，只能通过上级行政机关来解决。"[2]

司法实践的做法也印证了学者的判断。何海波以《人民法院案例选》上刊载的行政案例为样本，进行了有关指标的统计：在614个案例中，撤销判决有297个。在撤销判决中援引"违反法定程序"作为判决依据的有97个，以"违反法定程序"作为唯一判决依据的则有36个，占到撤销判决的33%。在以"违反法定程序"为由的撤销判决中，被违反的"法定程序"通常为法律、法规、规章及行政规定中要求的事前告知、听取陈述申辩、举行听证等行政程序要求。[3]甚至在不少案件中，违反的"法定程序"还拓展到法律、法规、规章、行政规定并未规定，但由正当程序理念及其原则所生发出来的程序要求。例如，在"田某诉北京科技大学拒绝颁发毕业双证案""于某茹诉北京大学撤销学位案"中，法院认为学校对学生作出勒令退学、撤销学位等的不利处分前，应当听取学生的陈述与申辩；[4]在"张某银诉徐州市政府房屋登记行政复议决定案"中，复议机关作出事关第三人张成银利益的决定前，应当通知其参与复议。[5]此外，还有的学者以最高人民法院公布的典型案例为样本，梳理了1985—2018年共28个案例中"违反法定程序"的情形，违法的程

---

[1] 章剑生：《论行政程序违法及其司法审查》，载《行政法学研究》1996年第1期。

[2] 章剑生：《行政程序法学原理》，中国政法大学出版社1994年版，第22页。

[3] 参见何海波：《司法判决中的正当程序原则》，载《法学研究》2009年第1期。该文中整理的案件时间跨度为1989—2005年。

[4] 北京市第一中级人民法院（1999）一中行终字第73号行政判决书、北京市第一中级人民法院（2017）京01行终277号。

[5]《最高人民法院公报》2015年第3期。

序类型大致与何海波梳理的范围一致。[1]无论是"法定"的行政程序，还是从司法实践中生发出来的"正当程序"，都是有当事人参与的外部行政程序，这是它们的共同特征。

这些外部行政程序之所以得到了法院的高度关注，是因为未遵守这些程序一般会对原告的权利产生实际影响或是影响到了实体决定的正确性，因此，法院以此为由作出撤销判决也底气十足。然而，行政机关在作出一个外部行为的过程中，不可避免地会经历若干个内部程序环节。例如，国务院在发放《音像制品出版许可证》前，需经由所在地省级政府出版行政主管部门审核同意后，报国务院相应部门审批；[2]旅游行政管理部门在作出吊销旅行社经营许可证的行政处罚前，处理意见应当经过行政机关负责人的集体讨论。[3]市、县政府在审批房屋征收部门报批的征收补偿方案时，应当组织对报批方案进行论证。[4]下级机关的审核（初审）、行政机关负责人的集体讨论、行政机关的审核等这些内部行政程序是串联起外部行政程序的重要环节。有学者感叹："一个行政行为的作出可以没有相对人的参与，但不可能没有内部的运作。"[5]"行政的结果不但取决于相关的法律和事实，也取决于谁来调查、谁做决定等内部程序。"[6]"所以，'内部'程序不应是程序的黑箱，更不是拒绝司法审查的理由。"[7]

对于涉及内部行政程序的问题，不少法院采取不予审查或附条件审查的做法。他们认为诸如行政机关负责人批准、行政机关负责

---

〔1〕　参见章剑生：《对违反法定程序的司法审查——以最高人民法院公布的典型案件（1985—2008）为例》，载《法学研究》2009年第2期；章剑生：《再论对违反法定程序程序的司法审查——基于最高人民法院公布的判例（2009—2018）》，载《中外法学》2019年第3期。

〔2〕　《音像制品管理条例》（2020年）第9条。

〔3〕　《旅游行政处罚办法》（2013年）第50条。

〔4〕　《国有土地上房屋征收与补偿条例》（2011年）第10条。

〔5〕　何海波：《内部行政程序的法律规制》（上），载《交大法学》2012年第1期。

〔6〕　何海波：《内部行政程序的法律规制》（上），载《交大法学》2012年第1期。

〔7〕　何海波：《行政诉讼法》（第2版），法律出版社2016年版，第385页。

人集体讨论等这类程序，属于行政机关内部的工作程序，仅对行政主体内部组织行为发生作用，并不影响行政相对人的合法权益（见表2）。因此，它并不属于行政诉讼应当审查的"法定程序"范畴。

但"法定程序"仅指外部行政程序吗？一则公安行政处罚案件所引发的关于内部行政程序是否违反法定程序的争论，反映了人们对于既有做法所产生的分歧。在这个案件中，当事人因与他人发生争执造成对方轻微伤，公安机关未经行政机关负责人集体讨论即作出对其行政拘留的处罚决定。而按照《行政处罚法》（1996年）的要求，"对情节复杂或者重大违法行为给予较重的行政处罚，行政机关的负责人应当集体讨论决定。"行政相对人认为程序违法，以此请求法院判决撤销该行政处罚决定。法院在处理的过程中，三种观点彼此交锋。无论认为拘留决定未经行政机关负责人集体讨论的程序属于"程序合法，应予支持"，还是"只是轻微违反法定程序，不应撤销"，抑或是"程序违法，应予撤销"，[1]从三种处理意见来看，法院均将这一内部行政程序纳入了审查。

从支持对行政处罚的内部程序进行审查的观点来看，其一，认为法院审查内部程序本质上是在审查行政处罚"调查"与"决定"制度和职能分离是否得到实现，而这种分离将有助于保障行政机关作出行政行为时更为审慎与公正。[2]其二，有的支持者虽然对内部行政程序的界分存有分歧，但认为法庭要弄清楚行政机关实施调查、检查和作出行政处罚决定的真实理由及根据，首先恰恰需要审查行政机关负责人的审批、决定程序及相应的行政文书。因为这些文书最好地反映了行政行为启动和运作的各种具体情况。法院审查内部程序既有助于查清案件，也能很好地促进行政行为理性目标的达成。[3]

---

〔1〕 参见蒋新建：《谈〈行政处罚法〉第38条2款的适用——一则公安行政处罚案引发的思考》，载《行政与法制》2002年第6期。

〔2〕 参见杨利敏：《行政处罚内部程序应受司法审查》，载《人民法院报》2005年4月18日，第B1版。

〔3〕 姜明安：《行政处罚程序无内外之分》，载《人民法院报》2005年4月18日，第B1版。

这意味着即使在"抑客扬主"的诉讼目标定位下，法院在对"法定程序"审查中也不应完全排除内部行政程序。从支持理由来看，内部程序有助于确保行政机关作出行政行为的正确性，法院介入对行政内部职能分离是否得以实现、行政行为的启动与运作的内部程序审查，其目的在于查清案件事实，作出正确裁判，保障当事人合法权益。

　　另外，司法实践中一些法院更进一步，将间接对外界人员发生影响的内部行政规则也视为"法定程序"之"法"。这样的内部行政程序规则是指行政机关对其公务员或者下级机关所发布的法律规范。虽不具有直接对外效力，但有些内部行政规则却会间接地对外界人员发生影响。这样的内部行政规则中的程序要求在实务上如果产生了惯例效果，将形成私人信赖保护利益，如不遵守，则会损害当事人平等保护与信赖利益保护。[1]综上，将内部行政程序纳入法院审查的"法定程序"范畴确有必要，但具体的范围可以有所限定。对这一类程序的审查具有多重功能价值，且与我国行政诉讼的目的定位相容。

　　但法院审查行政机关的内部程序时并非没有界限，这关涉到司法与行政的分工问题。若法院处理不当将不利于保障行政管理效率，[2]也会影响到行政机关及其首长对工作人员的监督，不利于行政机关负责制的实现。[3]以行政机关负责人集体讨论这一程序为例。在"陈某诉淮安市淮阴区运输管理所行政处罚案"中，被告针对原告无证运输危险货物的违法行为作出了 3 万元罚款的行政处罚。按照《行政处罚法》（2009 年）的要求，这属于较重的行政处罚，行政机关负责人应当集体讨论决定。法院审查这一行政处罚决定作出的过程中，当然需要对被告是否履行负责人集体讨论的程序义务进行审查。但与此同时，原告又提出对这一集体讨论程序的讨论方式、讨

---

　　〔1〕　参见于立深：《违反行政程序司法审查中的争点问题》，载《中国法学》2010年第 5 期。

　　〔2〕　参见马怀德主编：《行政诉讼原理》（第 2 版），法律出版社 2009 年版，第 169 页。

　　〔3〕　参见姜明安：《行政诉讼法》（第 3 版），北京大学出版社 2016 年版，第 168 页。

论过程以及讨论时间长度等内容的异议。在本案中，法院以"原告虽然质疑其工作效率，但无证据证明，其主张无法采信"为由，驳回原告对负责人集体讨论程序效率的异议。[1]

事实上，行政机关负责人集体讨论程序由谁负责启动、集体讨论持续多长时间、案件材料如何准备、发言顺序如何安排、如何设计议事规则、出现意见分歧如何处理等具体操作环节的事宜，[2]在很大程度上取决于领导的风格，属于领导艺术的范畴。集体讨论环节中很多过程与环节属于高度的人性化判断，有时候技术性很强，由法院来进行判断并不适宜。这些内容应该交由内部行政法（内部行政规则）来进行规范，由它来担保行政行为的合法性。[3]

（二）纳入司法审查的内部行政程序标准

从前文论述可知，法院之所以得以例外地对行政内部活动展开有限的司法审查，是凭借《行政诉讼法》中关于"法定程序"条款的安排。而各地的法院之所以在涉及内部行政程序的审查时出现了截然不同的审查态度，很大部分是因为对"法定程序"中"法"的理解存有不同。事实上，学理上对"法定程序"的讨论就从未中断过。[4]因此，我们有必要对纳入司法审查的内部行政程序标准进行统一。

第一，这一内部行政程序是由法律、法规、规章所规定的。《行政诉讼法》第 63 条提供了相应的法条依据，即法院审理行政案件，以法律、法规为依据，并参照适用规章。此外，"法定程序"的"法"包括这三类形式也在学界形成了基本共识。因此，法院在审查一个行政行为合法性的过程中，若是涉及《行政处罚法》中规定的"行政机关负责人集体讨论程序"，《行政许可法》中规定的"下级

---

[1] 江苏省淮安市中级人民法院（2014）淮中行终字第 0125 号。

[2] 参见焦勇：《完善案件集体讨论制度需要重点把握的几个环节》，载《中国工商管理研究》2009 年第 5 期。

[3] 参见章剑生：《作为担保行政行为合法性的内部行政法》，载《法学家》2018年第 6 期。

[4] 参见章剑生：《对违反法定程序的司法审查——以最高人民法院公布的典型案件（1985—2008）为例》，载《法学研究》2009 年第 2 期。

机关的初审程序"，《行政强制法》中规定的"行政机关负责人批准程序"，《高等教育法》《核安全法》等规定的"论证""评议"程序，《国有土地上房屋征收与补偿条例》中规定的"社会稳定风险评估"等内部行政程序，[1]法院不应当以该程序为内部程序不影响相对人的权益为由，拒绝审查或者附条件进行审查。

第二，合法有效的其他规范性文件[2]中规定的内部行政程序要求。2018年《行诉法解释》第100条第2款规定，法院在审理行政案件时可以在裁判文书中引用合法有效的其他规范性文件。这也就意味着其他规范性文件同样可以附条件地作为"法定程序"中的法渊源。那么，什么样的规范性文件才满足合法有效的要求呢？一方面，它不得与上位法的规定相抵触；另一方面，它应当是行政机关自我约束性的规定，可以为自身设定义务，但不得为自身增设权力，不得限制或剥夺公民、法人及其他组织的合法权益。例如，原建设部制定的《城市房屋拆迁行政裁决工作规程》，该规范性文件要求房屋拆迁管理部门受理房屋拆迁裁决申请后，经调解达不成一致意见的，房屋拆迁管理部门应当作出书面裁决，书面裁决必须经房屋拆迁管理部门领导班子集体讨论决定。[3]而作为这一规程制定依据的《城市房屋拆迁管理条例》中并未对房屋拆迁管理部门裁决提出须经领导班子集体讨论的程序要求。[4]除了部委外，地方政府也制定了大量的其他规范性文件，如苏州市政府的《苏州市国有土地上房屋征收与补偿暂行办法》。该办法规定，该市的房屋征收部门和征收项目所

---

〔1〕《行政处罚法》（2021年）第57条第2款，《行政许可法》（2019年）第35条，《行政强制法》（2012年）第18~20、25、32条，《高等教育法》（2018年）第29条，《核安全法》（2018年）第28条，《国有土地上房屋征收与补偿条例》（2011年）第12条。

〔2〕对于"其他规范性文件"这一概念的理解，《国务院办公厅关于加强行政规范性文件制定和监督管理工作的通知》（国办发〔2018〕37号）序言中作了如下定义：行政规范性文件是除国务院的行政法规、决定、命令及部门规章和地方政府规章外，由行政机关或者经法律、法规授权的具有管理公共事务职能的组织依照法定权限、程序制定并公开发布，涉及公民、法人和其他组织权利义务，具有普遍约束力，在一定期限内反复适用的公文。

〔3〕《城市房屋拆迁行政裁决工作规程》（建住房〔2003〕252号）第10条。

〔4〕《城市房屋拆迁管理条例》（2001年，已失效）第16条。

在地政府共同负责实施征收项目的社会稳定风险评估工作。[1]而作为这一办法制定依据的《国有土地上房屋征收与补偿条例》则规定，只须市、县政府负责进行这一程序即可。[2]行政机关以规范性文件的形式给自己设定的内部程序义务也应当被纳入司法审查的法定程序事项。

第三，行政主体在其职权范围内制定的内部行政规则（我国台湾地区称之为"行政规则"[3]、法国称之为"内部行政措施"[4]）中所规定的内部行政程序。当产生影响外部人员的效果时，这些内部行政程序也应当成为司法审查中"法定程序"的内容。内部行政规则一般规范的是上级机关对下级机关、行政机关对其内设机构、行政机关对其公务员有关组织、事务、业务处理、人事管理等事项。例如，多地政府在设立行政复议委员会后，配套制定的委员会工作规则、委员守则、会议议事规则、案件审理会议议事规则等。[5]由于内部行政规则的"立法"目的在于维护内部秩序的稳定及保障内部行政的运作，因而它一般不具有对外的效力。基于司法审查的有限性，内部行政规则中规定的内部行政程序要求本不应被纳入司法审查的"法定程序"之"法"，但在例外情况下，当这些内部行政规则间接影响到外部人员时，它"可以产生行政实务上的惯例效果，形成私人的信赖保护利益，如果不遵守内部行政规则，则违反了平等原则和信赖保护原则"[6]。此时内部行政规则也可以作为法定程

---

〔1〕《苏州市国有土地上房屋征收与补偿暂行办法》（苏府规字〔2011〕3号）第14条。

〔2〕《国有土地上房屋征收与补偿条例》（2011年）第12条。

〔3〕参见陈敏：《行政法总论》，作者自版2013年版，第66~67页。

〔4〕参见王名扬：《王名扬全集2：法国行政法》，北京大学出版社2016年版，第138~143页。

〔5〕如《北京市人民政府行政复议委员会工作规则》《北京市人民政府行政复议委员会全体会议议事规则》《北京市人民政府行政复议委员会行政复议案件审理会议议事规则》《北京市人民政府行政复议委员会委员守则》（京政复议委〔2007〕1~4号）；《凉山州人民政府行政复议委员会案例评析规定》《凉山州人民政府行政复议委员会委员案件研审工作报酬支付暂行规定》。

〔6〕于立深：《违反行政程序司法审查中的争点问题》，载《中国法学》2010年第5期。

序中的"法"。

经由以上的讨论，我们可以引申出这样的一个思考：行政机关之间通过授权委托的形式所确立的内部行政程序，是否应为司法审查的"法定程序"呢？在"车某英不服徐州市郊区规划管理处颁发建设工程规划许可证案"中便涉及这一问题。[1]按照当时《江苏省实施〈中华人民共和国城市规划法〉办法》第29条第2款的规定，居民私人住房建设工程规划许可证"也可以由其委托的区或镇人民政府核发……"，徐州市规划局根据这一实施办法及后续请示的函复精神，对徐州市郊区规划处进行了相应的授权委托。授权委托书有如下表述：云龙山保护区范围内改建和翻建居民私有住房建设工程规划许可证，必须报徐州市规划局审定同意后核发。授权委托书中设立了报上级机关审定同意的内部行政程序要求，而该管理处却并未按照要求履行这一程序。一审法院将这一行为认定为"越权"，最终以"超越职权"为由撤销这一行为。法院撤销判决中虽未出现"违反法定程序"的理由，但事实上，未履行内部行政程序是导致该行政行为违法的根本性原因。因此，授权委托书中确立的"必须报经市局审定同意后核发"便成了不可违反的"法定程序"。

在简政放权、权力下放的行政体制改革大背景下，行政委托的应用领域不断扩张，几乎遍布各个行政活动领域。[2]委托主体为了实现对受托主体代为行使职权的过程把控与监督，在授权委托行使行政职权的同时，一并设置一定的内部行政程序要求来予以保障。这种通过授权委托书形式确立的内部行政程序，本质上与内部行政规则的效力类似，仅具有对内效力。同样地，当它产生外部的影响力时，也应当被纳入司法审查。

第四，行政程序中具有重要性地位的程序可以作为以上三点位阶标准的补充。学界在讨论"何谓法定程序"的命题时，还有一种

〔1〕中国高级法官培训中心、中国人民大学法学院编：《中国审判案例要览》（1994年综合本），中国人民公安大学出版社1995年版，第1482~1486页。

〔2〕有研究者整理了法律、行政法规、部门规章层面涉及行政委托的相关规范，参见黄娟：《行政委托制度研究》，北京大学出版社2017年版，第170~206页。

代表性的观点——"重要程序说"，在视角与逻辑上与前述的法规范位阶论截然不同。它主张法定程序应当切断与法规范的位阶之间的关系，从程序的价值与作用出发判断行政程序的重要性，凡是"重要程序"就应当被纳入"法定程序"。[1]但这一标准却有着明显的缺陷，已有学者指出，"在个案处理中，有时'重要程序'之解释倒可能成为法院基于某种考虑'灵活'作出判决的理由。"[2]例如，已被明确列入《行政处罚法》规定的行政机关负责人集体讨论决定程序，按照位阶论的观点，自当属于法院应当审查的"法定程序"，但按照"重要程序说"的主张，它是否为"法定程序"则仍有较大的开阔讨论空间。因此，为了克服"重要程序说"的不足，让内部行政程序的审查标准更具有可操作性，更为适宜的做法还是将之作为位阶标准的补强。

此外，按照"重要程序说"的主张，行政程序中具有重要性地位的程序并不只局限于已经予以法律化的程序，像正当程序原则这类未予以法律化的程序同样也是"重要程序"。正当程序原则通过学界与法院的共同努力，已发展成为司法审查依据中"法定程序"的应有之义。[3]那么，是否有必要以"正当程序原则"的标尺来审查内部行政程序呢？何海波指出，内部程序一般不直接涉及公民权利，到目前为止并不存在针对内部程序普适性的正当程序要求，因此法院一般不应以正当程序原则去审查内部程序。[4]既然内部程序领域尚未达成对正当程序要求的共识，贸然以此为标准，法院审查中法官高度个人化的认识与判断将容易引发裁判不统一的问题。

（三）内部行政程序违法的判定

1989 年《行政诉讼法》确立了只要被诉行政行为违反法定程序

---

〔1〕 参见杨小君：《行政诉讼问题研究及制度改革》，中国人民公安大学出版社 2007 年版，第 483~484 页。

〔2〕 章剑生：《对违反法定程序的司法审查——以最高人民法院公布的典型案件（1985—2008）为例》，载《法学研究》2009 年第 2 期。

〔3〕 何海波：《司法判决中的正当程序原则》，载《法学研究》2009 年第 1 期。

〔4〕 何海波：《内部行政程序的法律规制》（下），载《交大法学》2012 年第 2 期。

就可以被撤销的"一元标准",但这一绝对的标准不利于当事人权利的保护,也有损行政效率的实现。虽然此后的修法仍然坚持了这一表述,但通过司法实践的推动,对违反的"法定程序"的理解已经有所拓展。法院在大量的判决中将"违反法定程序"中的"行政程序"区分为主要程序与次要程序:违反主要程序的,法院可以判决撤销或确认违法;违反次要程序的,法院则可以作出驳回原告诉讼请求的判决。[1]

修正后的《行政诉讼法》新增了行政行为"程序轻微违法,但对原告权利不产生实际影响"适用确认判决的规定。最高人民法院曾在多种场合表达了对这一条的理解。

一种观点便是将之与主要程序关联起来。该观点认为:"轻微违反法定程序,是指行政机关的行政行为虽然违反了法律、法规或者规章中的法定程序,但这种程序并不是作出行政行为时的主要程序或者是关键程序,也不会对相对人实体权益造成影响,只是造成了行政行为在程序上的某种缺陷。"[2]从司法实践中发展起来并进而得到最高人民法院认可的主、次程序的划分,成为认定程序违法类型的重要判断依据。但最高人民法院的官方解释却一直未对主次程序如何区分作进一步的解释。

另一种观点则是司法解释对这一条款进行的示例式解释。最高人民法院从司法实践中整理出应属于"程序轻微违法,但对原告权利不产生实际影响"的若干情形。从司法解释的内容来看,原告的权利是指原告依法享有的听证、陈述、申辩等重要程序性权利,轻微程序违法是指处理期限、通知、送达等方面的轻微违法。[3]最高人民法院的梁凤云法官在解释这条时,认为可以从程序设立的目的

---

〔1〕　参见梁君瑜:《行政程序瑕疵的三分法与司法审查》,载《法学家》2017年第3期。

〔2〕　参见江必新主编:《中华人民共和国行政诉讼法及司法解释条文理解与适用》,人民法院出版社2015年版,第472页。

〔3〕　2018年《行诉法解释》第96条规定,有下列情形之一,且对原告依法享有的听证、陈述、申辩等重要程序性权利不产生实质损害的,属于《行政诉讼法》第74条第1款第2项规定的"程序轻微违法":①处理期限轻微违法;②通知、送达等程序轻微违法;③其他程序轻微违法的情形。

来进行程序违法类型的判断。那些违反了以保障当事人合法权益为目的的程序，如听证、陈述与申辩，将直接影响到原告的合法权益；而违反了提高行政效率、规范行政管理流程的程序，如行政决定书超一天送达，并不会影响到当事人的实体权益。因此，前者程序违法应予撤销，而后者则属于程序轻微违法，确认违法即可。[1]

以最高人民法院为视角对上述内容进行体系解释的话，此处程序设立的目的可以作为其判断程序主次的一个方面。然而，最高人民法院一直未对主次程序的区分提出明确的划分标准，这直接影响了法院对被诉行政行为程序违法的妥适裁判。

理论上，对主次程序的划分以行政程序对相对人合法权益是否产生实质影响为标准。[2]但实操起来，确定行政相对人合法权益受影响的程度却非常复杂，即某种程序在影响行政相对人合法权益到什么程度时，才可被归入主要程序。以对被诉行政行为程序违法妥适裁判为目标，应该如何对程序的主次进行区分呢？笔者认为需要关注以下三点：

第一，程序设立的目的。"行政程序由于环节众多，有的程序是为了保障当事人合法权益的，有的程序是为了提高行政效率的，有的程序是为了规范行政管理流程的，其设立的目的并不相同。"[3]违反不同设立目的的程序，其背后侵害的对象也各有不同。我国的行政诉讼以保护公民、法人和其他组织的合法权益为主要目的，与此同时兼顾对行政机关的监督。违反了以保障当事人合法权益为目的的程序，一般影响了当事人的权益，这一类设立目的的程序被视为主要程序；而以维护行政秩序为目的的程序，一般不会直接影响当事人权益，则被视为次要程序。

第二，程序的价值。法理学上关于程序价值的讨论，围绕程序

---

〔1〕 参见梁凤云：《行政诉讼法司法解释讲义》，人民法院出版社 2018 年版，第262 页。

〔2〕 参见姜明安主编：《行政法与行政诉讼法》（第 7 版），北京大学出版社、高等教育出版社 2019 年版，第 326 页

〔3〕 梁凤云：《行政诉讼法司法解释讲义》，人民法院出版社 2018 年版，第 262 页。

的外在价值的工具主义与基于固有内在价值的程序本位主义来展开。在抽象的程序价值讨论中，任何一种"主义"占上风的做法都会受到批评与反思。[1]但具体到行政程序上，特别是某一具体的行政程序环节中，这样的"主义"的区分就显得格外有意义。在强调准确、效率为价值追求的程序中，如行政程序中关于办案期限、文书送达方式等的规定，体现了程序的工具主义价值，此时的程序只是辅助实现实体正义的手段，属于次要程序。而以公正、可接受性为价值目标的程序，如陈述申辩、听证，这类程序具有追求好的结果效能的独立价值，属于主要程序。

第三，程序作用的行政行为内容。行政行为作用的内容可分为损益性与授益性两大类。这一认识来自行政行为分类的启示。行政行为有一种分类是分为不利行政行为与授益行政行为。[2]不利行政行为作出的内容通常剥夺或限制了行政相对人的合法权益，法律因此对行政行为作出的过程有着严格的程序要求；而授益性行政行为则恰恰与之相反，由行政机关提供相应的给付内容，在这一行为中更为受到关注的是最终结果，而对如何作出的过程则无严格的要求。针对这一点，也有学者直接以此行政程序分类为标准，提出在这样的分类框架下，相同情形的违法，如行政机关超过法定期限5天之后作出的行政行为，对于损益性行政行为来说可能构成"违反法定程序"，而对于授益性行政行为来说则可能被认定为"程序轻微违法"。[3]只是从行为性质上判断具有一定的合理性，但无论是不利行政行为还是授益行政行为，均有可能由于不满足相应的条件，而被行政机关作出反方向的评价。例如，认为违法事实不成立，不给予行政处罚。此时，关注行政行为的内容则更为适宜，通过行为的

---

〔1〕　参见雷磊：《法律程序为什么重要？反思现代社会中程序与法治的关系》，载《中外法学》2014年第2期。

〔2〕　参见应松年主编：《当代中国行政法》（第3卷），人民法院出版社2018年版，第784~785页。

〔3〕　参见章剑生：《再论对违反法定程序的司法审查——基于最高人民法院公布的判例（2009—2018）》，载《中外法学》2019年第3期。

最终内容来反推对程序的要求。例如，行政许可虽为授益性行政行为，但当未按照规定的期限或方式送达不予许可的决定书时，有可能构成"程序违法"。此时，这一程序就应该被视为主要程序。

以行政机关负责人批准这一内部程序为例，这一程序要求常见于行政处罚、行政强制等执法领域，它要求行政机关在案件的启闭、方式的择定、结论的走向、时限延长等环节履行经行政机关负责人批准的程序。[1]尽管同样是要求相应的环节应经行政机关负责人的批准，但其程序属性有些时候却并不完全一致。例如，行政强制措施启动之前须向行政机关负责人报告并经批准，法律之所以这样规定，是因为行政强制措施直接关系到公民的人身权、财产权，出于保护相对人合法权益的考虑，设置了这样的内部程序要求。[2]与这一机理类似的还有行政处罚案件中的传唤、先行登记保存等环节中要求经过行政机关负责人的批准。而案件审理期限的延长，之所以要经过行政机关负责人的批准，是因为期限设定的目的在于保障行政效率。未能在法定的期限内处理完毕需要延长的案件，是否基于正当的事由则需要由行政机关负责人进一步把关。另外，有些部门规章要求在行政处罚案件中，办案机构在案件调查终结，认为无须处罚时，应报行政机关负责人批准。[3]这一要求是基于规范行政管理流程要求而设，并不会对当事人的合法权益产生实际影响。

因此，违反前一类目的的程序要求，有可能影响到实体的裁决，甚至是当事人的权益，法院可视具体情况作出撤销或确认违法的判决。[4]而对于违反后两类基于保证行政效率、规范行政管理流程而

---

〔1〕 参见《行政强制法》（2012 年）第 18、19、25、32 条；《行政处罚法》（2021 年）第 56、57 条；《治安管理处罚法》（2012 年）第 82 条。

〔2〕 乔晓阳主编：《中华人民共和国行政强制法解读》，中国法制出版社 2011 年版，第 66 页。

〔3〕 参见《公安机关办理行政案件程序规定》（2020 年）第 259 条。

〔4〕 具体到实践中的情况更为复杂。例如，"陆某林诉杭州市公安局江干区分局彭埠派出所等行政处罚案"，浙江省高级人民法院（2018）浙行再 3 号行政判决书，行政机关以传唤审批程序已在公安内网上经负责人批准为由，不向法院提交已履行相关内部行政程序的证据；"李某宏诉沂源县人口和计划生育局计划生育行政征收案"，山东省淄博市中级人民法院（2015）淄行终字第 18 号行政裁定书，计生局超过举证期限后补交了负责

设定的批准要求，由于未遵守此类程序并不会造成当事人权益的实际损失，因此，此时法院可对行政机关程序提出指正，并驳回原告诉讼请求。

小结：法院审查内部行政程序的基本思路

尽管学理上对于"内部行政程序"的理解争论不休，但法院已经通过行政审判的方式表明了其对"内部行政程序"的认识。内部行政程序不再局限于内部行政行为的程序要求，而是扩展到了外部行政行为作出过程中的内部程序要求。当事人采取将行政机关的内部程序视为外部行政行为过程中的一个环节的诉讼策略，可以顺利地将行政机关的内部活动纳入法院的审查。然而，由于法院对"法定程序"的范畴有着不同理解，对程序违法判定标准并无统一认识，因此，法院对是否审查内部行政程序、内部行政程序违法的法律后果在判定上存在分歧。本部分认为，对内部行政程序的审查应当回归到行政诉讼的目的。在"抑客扬主"的诉讼目标定位之下，"法定程序"的范围囊括了内部行政程序；基于对涉诉内部行政程序设置目的、程序价值、程序作用的行政行为内容的考量，综合判断违反的内部行政程序是否会影响实体结果、当事人的权益等因素，基于不同违法程度作出相应处理。违反内部行政程序，同样也有可能成为撤销或确认违法判决的理由。

人批准作出执法决定的证据。两个案件同样地都没有在法定举证期限内提交相应履行内部行政程序的证据，按规定应视为没有相应的证据。对于前一个案件，法院勇敢地确认了传唤行为违法，并以判决存在明显不当为由，撤销了一、二审判决。而对于后一个案件的做法，则是大多数法院的惯常做法，即使行政机关超期后补交证据，也认可了其已履行相应的程序，但考虑到内部行政程序对当事人权利不产生实际影响，继而驳回原告诉讼请求，并未确认违法。这一做法其实并不妥当。

行政机关负责人批准程序的
适用研究

在行政管理活动中，行政机关负责人的"批示"与"批准"看起来是一组高度近似的概念。它们都包含着机关负责人在其法定职权范围内，针对某个事情或事项表明个人态度、意见的行为，通常以书面的形式呈现。在既往或当下的实践中，两者混用的情况也较为常见。例如，不同的行政管理部门在针对行政处罚案件是否立案的问题上，有的部委规定"报部门主管领导批示"，[1]而有的则规定"主管部门负责人批准"。[2]在行政复议案件中，有的规定案件受理[3]、复议审理报告[4]、决定听证[5]、结案报告[6]等环节须经"领导批示"；面对同样的程序环节，有的规定则要求须经相关负责人的"批准"。[7]无论是"批示"，还是"批准"，都起到了串联起整

---

〔1〕《药品监督行政处罚程序规定》（已失效，2012年）第14条。因多轮国务院机构改革的缘故，该《规定》现已被《市场监督管理行政处罚程序规定》取代。

〔2〕《旅游行政处罚办法》（2013年）第21条。

〔3〕《广播电影电视行政复议法律文书使用与管理规定》（1993年）第8条。

〔4〕《国家食品药品监督管理局行政复议案件审查办理办法》（已失效，国食药监法〔2012〕352号）第23条。后因国务院机构改革的缘故，国家市场监督管理总局废止该规范性文件。

〔5〕《银川市行政复议听证程序规定》（银府法〔2014〕26号）。

〔6〕《江苏省水利厅行政复议办案程序规定》（苏水规〔2013〕7号）第39条。

〔7〕《上海市食品药品监督管理局行政复议工作规则》（沪食药监法〔2018〕237号）第7、12条；《浙江省食品药品监督管理局行政复议实施办法》（浙食药监法〔2014〕9号）第14条。

个行政过程的作用，都是行政权行使的一种重要方式。

既然如此，为何还需要对行政机关负责人"批示"与"批准"的使用进行区分呢？以上例子揭示的是"批示"一个方面的使用，这层意义上的"批示"更多地起到程序衔接的作用，此时与"批准"混用似乎并不会带来使用上的困惑。

事实上，"批示"的使用场景更为多元丰富，除了上面提到的这点，它还发挥着指导、督办催办、协调会签、纠偏导向、求索探研、表达情感等功能。[1]批示的影响力也因此有了较广的辐射。例如，批示的获取数量成了政府部门和智库用以衡量机构影响力的标志；学者的研究成果以获得批示作为课题结项，甚至未来获取更多资源的重要依据。[2]因此，有学者指出："从法律规范来看，行政批示也非法律用语，它是行政机关负责人权力运行的一种行政习惯……是一种'非正式法律制度'。"[3]所以到了司法审查，批示也因为被视为行政机关的内部行为或过程性行为、没有对外设定具体的权利义务关系、没有产生外化的法律效果、不具强制力的指导行为等原因，并没有被纳入其中。[4]

而行政机关负责人"批准"的要求则大量地存在于行政执法内部行政程序的各个环节之中，并且具有法律规范作为依据。因此，行政机关负责人批准的程序要求也打开了法院审查行政决定内部程序的管道。虽然法院在实践中还很少把它作为一个独立的、唯一的理由，但行政决定应当经过行政机关负责人批准而没有经过其批准，很可能是法院撤销行政行为的理由之一。[5]

从以上的比较来看，"批示"与"批准"虽只有一字之差，但却在各自的定位、法律效果上存在着截然不同的差别。尽管在适用

---

〔1〕 参见王中山：《领导批示要科学化规范化》，载《中国行政管理》1999年第5期；秦小建、陈明辉：《论行政法上的批示》，载《政治与法律》2013年第10期。

〔2〕 参见孟庆国、陈思丞：《中国政治运行中的批示：定义、性质与制度约束》，载《政治学研究》2016年第5期。

〔3〕 王学辉：《行政法秩序下行政批示行为研究》，载《政治与法律》2018年第5期。

〔4〕 参见邓炜辉：《行政批示可诉性：司法图景与标准判定——基于我国法院相关裁判文书的规范考察》，载《政治与法律》2019年第1期。

〔5〕 何海波：《内部行政程序的法律规制》（上），载《交大法学》2012年第1期。

与功能上有一定的重叠性，但各自的内涵与外延都仍需进一步明晰，以便更好地规范相应的制度。但现有的研究都没能很好地揭示出"批示"与"批准"这两个制度之间的关系。实践中不少以"批示"为名、实质为"批准"性质的程序要求则更是容易逃逸出司法审查的监督。因此，本部分从目前研究关注较少的行政机关负责人制度入手，率先厘清行政机关负责人批准制度的适用；在此基础上，尝试探析"批准"与"批示"之间的关系。

一、行政机关负责人批准的适用场域

行政机关负责人的"批准"与"批示"之间的最根本区别在于，"批示"是一种非制度化的控制手段，通常被视为一种行政惯例；而"批准"一般由法律、法规、规章以及规范性文件予以规定，是一种正式的、制度化的控制方式。[1]因此，"批准"是由行政机关正职、副职领导人、分管负责人以及机关职能部门的负责人，对行政管理活动过程中某些特定事项履行的法定审批权。这些"特定事项"都有哪些？这些内容即构成行政机关负责人批准制度适用的场域。

通过对法律、法规、规章及规范性文件的整理[2]可以发现，"批准"无处不在，贯穿行政活动始终。它的主要适用场域集中在行政执法的过程中，遍布在立案、处理、决定及执行、结案等各个环节之中（见表4）。此外，对行政应诉工作[3]、执法信息与政府信息公开[4]

---

〔1〕 参见张晓：《行政执法中的行政控制研究——以工商行政执法为例》，载《求索》2012年第2期。

〔2〕 在威科先行·法律信息数据库（https://law.wkinfo.com.cn/）上，以"机关负责人+批准/审核/审批/同意""主管/分管领导+批准/审核/审批/同意"为关键词进行全文精确搜索，逐一阅读并分类整理了"主题分类"栏目中的"行政法与行政诉讼法"中所显示的法律文本。最后一次检索日期为2023年8月10日。

〔3〕 例如，《内蒙古自治区行政应诉规定》（内蒙古自治区人民政府令第224号）第17条，《福州市行政机关应诉暂行办法》（榕政综〔2016〕332号）第5、9、16条。

〔4〕 例如，《福州市行政执法公示办法》（榕政综〔2018〕173号）第23条、《重庆市南川区行政执法全过程记录规则（试行）》（南川府办发〔2015〕115号）第22条、《上海市公安局静安分局政府信息公开实施细则》（沪公静〔2011〕274号）第24条、《郑州市审计局政府信息公开实施细则》（2011年）第11条、《张家口市政府信息公开保密审查制度（试行）》（张政办〔2009〕39号）第7条等。

的要求中，也穿插着对行政机关负责人批准的要求。

表 4　行政机关负责人批准程序的主要适用场域

适用场域	事　项	法条列举
立　案	立案与立项审批	《农业行政处罚程序规定》（2021 年）第 29 条；《烟草专卖行政处罚程序规定》（2023 年）第 36 条；《通信行政处罚程序规定》（2001 年）第 17 条。
	管　辖	《上海市地名管理行政处罚程序规定》（沪规划资源规〔2020〕7 号）第 9 条。
案件处理	回　避	《市场监督管理行政处罚程序规定》（2022 年）第 4 条；《山东省行政处罚听证程序实施办法》（1997 年）第 10 条。
	传唤与约束措施	《治安管理处罚法》（2012 年）第 82 条；《人民警察法》（2012 年）第 14 条。
	检　查	《食品安全法实施条例》（2019 年）第 32 条；《海关办理行政处罚案件程序规定》（2021 年）第 45 条。
	检测与鉴定	《禁毒法》（2007 年）第 32 条；《公安机关办理行政案件程序规定》（2020 年）第 87、94、97 条；《出版管理行政处罚实施办法》（1997 年）第 29 条。
	证据调取与保全	①证据的调取：《公安机关办理行政案件程序规定》（2020 年）第 28 条；②抽样取证：《公安机关办理行政案件程序规定》（2020 年）第 109 条；③查封、扣押、扣留、冻结等涉及对财产权限制的行政强制措施：《行政强制法》第 18 条；④证据的先行登记保存或先行处置：《行政处罚法》（2021 年）第 56 条，《市场监督管理行政处罚程序规定》（2022 年）第 41 条；⑤调查中止与终止等的程序进程：《市场监督管理行政处罚程序规定》（2022 年）第 46、47 条。
	听　证	《司法行政机关行政处罚听证程序规定》（1998 年）第 34 条；《中国证券监督管理委员会行政处罚听证规则》（2015 年）第 10、17 条。

适用场域	事　项	法条列举
案件决定	法制机构的审核	《市场监督管理行政处罚程序规定》（2022年）第56条。
	作出决定	《行政处罚法》（2021年）第57条；《行政复议法》（2017年）第28条。
	期限延长	《行政许可法》（2019年）第42条；《行政复议法》（2017年）第31条；《防治船舶污染海洋环境管理条例》（2018年）第26条。
案件执行	延期或分期缴纳罚款	《行政处罚法》（2021年）第66条。
	涉案财物的管理与处理	《生态环境行政处罚办法》（2023年）第75条；《烟草专卖行政处罚程序规定》（2023年）第10条。
	行政强制执行的程序进程	《行政强制法》（2011年）第55条。
结　案	结案审批	《市场监督管理行政处罚程序规定》（2022年）第77条；《旅游行政处罚办法》（2013年）第68条。

从表中的整理可以发现，行政机关负责人批准程序所发挥的作用，根据程序安排的不同环节、事项，均有所差别，大致可以归纳为以下四类：

第一，负责人批准程序在行政管理中起到了"承上启下"的作用。立案、结案须经机关负责人批准的程序属于此类。一般而言，立案意味着案件处理程序的启动，接下来行政机关要进一步展开调查取证工作并在此基础上作出行政决定。在立项环节设立行政机关负责人审批的目的是，便于让负责人了解并认可办案人员对于案件情况的初步判断，以便启动调查程序。在案件已经完成立案、调查取证、作出决定及执行的阶段后，办案人员需要将案件办理的有关情况与材料整理汇总后报结。报结后的案件，意味着彻底终结了对案件的处理。接下来一般按照机关档案管理规范的要求还需要进行归档整理。因此，在结案环节设置负责人审批的要求，目的在于让行政机关负责人知晓并确认案件的最终情况，以便接下来与归档处理的流程衔接。类似功能的程序，还有要求听证结束后，办案机关应将听证报告、笔录、案件材料一并报经负责人批准，以便让机关负责人了解案情作出进一步的决定。

第二，负责人批准程序起到了为确保行政决定最终的合法性而对行政管理流程诸节点进行审慎把关的作用。在案件的处理阶段，行政机关为查清案件事实，调查取证的过程中采用传唤、检查、鉴定、证据的调取与保全等措施时，可能影响或限制公民的基本权利的，均需要得到行政机关负责人的批准。为确保所获证据的合法性，这类情形需要执法机关更为审慎地对待。[1]在案件决定阶段中，要求法制机构对执法决定的审核意见、办案人员根据调查得出初步执法意见报负责人批准，亦属于此类情形。法制审核是由法制部门对业务部门提出的执法决定方案的合法性及有效性进行审查。审查的内容涉及执法主体、管辖权限、执法程序、事实认定、法律依据、裁量权运用是否适当等事项，[2]并出具审核意见供负责人参考。虽然法制部门审核出具的意见并非终局性意见，在负责人批准的过程中有可能被推翻，但这也正好反映了法制审核环节中设置负责人批准程序的目的在于为最终作出的执法决定把好"闸口"，以确保行政决定的正确性。

---

〔1〕　例如，《反有组织犯罪法》（2021 年）第 27 条第 1 款规定，公安机关核查有组织犯罪线索，经县级以上公安机关负责人批准，可以查询嫌疑人员的存款、汇款、债券、股票、基金份额等财产信息。《反恐怖主义法》（2018 年）第 53 条第 1 款规定，公安机关调查恐怖活动嫌疑，经县级以上公安机关负责人批准，可以根据其危险程度，责令恐怖活动嫌疑人员遵守下列一项或者多项约束措施：①未经公安机关批准不得离开所居住的市、县或者指定的处所；②不得参加大型群众性活动或者从事特定的活动；③未经公安机关批准不得乘坐公共交通工具或者进入特定的场所；④不得与特定的人员会见或者通信；⑤定期向公安机关报告活动情况；⑥将护照等出入境证件、身份证件、驾驶证件交公安机关保存。《邮政行政处罚程序规定》（国邮发〔2020〕43 号）第 32 条规定，办案人员对信件以外的涉嫌夹带禁止或限制寄递物品的邮件、快件开拆检查前，应当经过邮政管理部门负责人批准。

〔2〕　参见《国务院办公厅关于全面推行行政执法公示制度执法全过程记录制度重大执法决定法制审核制度的指导意见》（国办发〔2018〕118 号）。

第三，负责人批准程序还起到决定行政管理活动进程与走向的作用。管辖权的移送环节设置的机关负责人批准属于此类。移送管辖的案件或不属于本机关管辖，或涉及犯罪，经批准后本机关便终止了对这个案件的处理。与之类似，行政执法活动中调查的中止、终止，行政机关向法院申请强制执行程序的开启、回避等的程序进程性事项，直接关系到行政执法活动的走向，同样也设置了负责人审批的程序。

第四，负责人批准程序客观上还达成了对行政管理流程中选用非常规行为方式进行确认的效果。行政处罚中涉及罚款时，原则上罚款须按期全款缴纳。但当事人确有经济困难，经行政机关批准后，则可选用延期或分期缴纳的方式缴纳罚款属于此类。

二、违反负责人批准程序的法律后果

从前述对机关负责人批准适用场域的梳理来看，"批准"规定更多地以一种法定程序要求的形式遍布在各类法律文件之中。行政机关将对行政执法活动的控制拆成了一个个节点，通过这种正式化、制度化的形式予以实现。但遗憾的是，这些法律文件之中均未提及程序被违反时的法律后果。从第二、三章的介绍与讨论来看，违反行政机关负责人批准程序所引发的法律后果，主要通过行政诉讼制度被动地予以激活，具体的法律后果则取决于程序的违法程度。

对于程序违法程度的判断，需要率先弄清违反负责人批准程序构成了哪一类程序瑕疵。实践中五花八门的做法，反映了这一程序瑕疵问题认定上的复杂性。[1]有学者旗帜鲜明地指出："将不影响

---

[1] 违反负责人批准程序可能引发多种法律后果：第一，可能构成法院撤销行政行为的理由之一，但这一理由并非独立、唯一的理由，还伴随着其他的违法事由。在"梁某业、翁某剑诉恩施市国土资源局行政处罚案"，恩施市人民法院（2016）鄂2801行初字第73号行政判决书中，除了事实认定不清的问题外，法院认为被告作出行政处罚超过法定期限未经机关负责人的批准程序违法，撤销了该行政处罚。第二，确认有关行为违法。如"马某章诉毕节市七星关区公安局行政处罚案"，贵州省毕节市中级人民法院（2015）黔毕中行终字第109号行政判决书。第三，认定未被遵守的程序认定为"程序瑕疵"，但不

权利、不影响实体处理结果普适于所有程序类型，无疑会忽略和扼杀不同程序装置的制度价值。为此，应当区分不同的程序制度，充分考虑程序违法情形是否妨碍不同程序制度价值的实现，分别设置不同的瑕疵认定标准，因为不同程序制度'司职'不同价值目标。"[1]尽管这位学者的观点强调不应简单、教条，不加区分不同程序装置类型而直接判断程序瑕疵类型，[2]但作为一类程序装置的负责人批准程序，即使是同样的程序制度构成，在不同的适用场域，其设置的目的也并非完全相同，所要实现的价值、发挥的作用也有所差异。因此，同样地也不能直接得出适用哪种法律后果的结论，需要结合程序的设置目的、程序价值、行为性质、程序的可补正性等多种因素进行综合分析。

（一）考察负责人批准程序的设置目的

行政行为对程序的违反是否达到了程序构建目的无法实现的程度，是司法实践中判断是否"违反法定程序"的通行认定标准。[3]而程序建构的目的又与程序的价值追求有关。从程序价值的"工具主义"与"本位主义"出发，可以导出程序设立的两大基本目的：一是为了实现罗伯特·S. 萨默斯（Robert S. Summers）所称的"好结果效能"[4]，即程序是为了确保实体处理的正确性、作出正确行政决定而设；程序为确保实体正义的实现，还可引申出程序保障当事

影响对行政行为效力的判断。如"王某洋诉郑州市工商局二七分局等行政决定案"，河南省郑州市中级人民法院（2015）郑行终字第386号行政判决书。第四，认定未被遵守的程序不违法。如"宣某诉沈阳市公安局铁西分局行政处罚案"，辽宁省沈阳市中级人民法院（2015）沈中行终字第164号行政判决书。

〔1〕 柳砚涛：《认真对待行政程序"瑕疵"——基于当下行政判决的实证考察》，载《理论学刊》2015年第8期。

〔2〕 日本行政法学家芝池义一提出了作为装置的行政程序与作为过程的行政程序的分类。前者是指某个具体的制度构造，如听证、说明理由等；后者则并不顾及这些具体的制度构造，而是关注行为活动的整体流程。例如，行政程序的正当化是通过听证、说明理由等作为装置的行政程序实现的。转引自朱芒：《行政程序中正当化装置的基本构成——关于日本行政程序法中意见陈述程序的考察》，载《比较法研究》2007年第1期。

〔3〕 参见陈振宇：《"不予撤销的程序违反行为"的司法认定》，载《上海政法学院学报（法治论丛）》2012年第3期。

〔4〕 转引自陈瑞华：《通过法律实现程序正义——萨默斯"程序价值"理论评析》，载强世功、李光昱主编：《北大法律评论》（第1卷第1辑），法律出版社1998年版。

人实体利益的设立目的。二是为保障当事人重要程序性权利的实现而设。除此之外，有的程序是为了提升行政效率而设，有的则是出于规范行政管理流程目标而设。[1]一般认为，违反的程序影响到实体结果处理的正确性或影响当事人实体利益、重要程序性权利时，行政行为会被撤销；而违反的程序只是影响了提高行政效率、规范行政管理流程目标的达成时，行政行为并不会被撤销，至多给予该行为确认违法的否定性判决。

具体到对行政机关负责人批准程序而言，在行政执法活动中负责人批准程序的要求贯穿于立案、处理、决定、执行及结案的各个环节之中。不同环节中设置的负责人批准程序的目的并不相同，可归结为以下四类：

第一类是为了确保实体决定的正确性而设。负责人对办案人员提交的初步执法决定意见的审批，目的是确保行政决定的正确性。业务部门负责具体案件的办理，执法人员在办理案件的过程中也最为了解案件的情况，本来由他们作出处理意见也最为合适。然而，对外作出的行政决定通常以行政机关为名，在行政首长负责制下行政机关负责人需要直接承担责任。负责人虽不直接办理案件，但通过审批的形式，可以掌握案件情况与办理过程，审慎地判断业务部门提供的初步处理意见，对作出的行政决定把关，以防止个别工作人员徇私枉法，确保行政行为的合法性与有效性。

第二类是为了防止不当的行政措施影响当事人的实体利益而设。执法活动中调查取证与执行环节的诸多手段与措施有可能限制甚至损害当事人的人身权、财产权等合法权益，因此，在行为前设置负责人批准程序的目的在于通过负责人的审慎把关，尽可能地降低对当事人权益的影响。例如，为了查清案件情况，需要传唤当事人到指定的地点配合调查；针对恐怖活动嫌疑人、精神病人等特殊群体的调查，可以将其送到指定场所并对其采取约束措施；当场盘问无

---

[1] 参见梁凤云：《行政诉讼法司法解释讲义》，人民法院出版社2018年版，第262页。

法排除违法嫌疑的，可以将其带至公安机关留置盘问。[1]无论是传唤、约束性措施还是留置盘问，均暂时性地限制了当事人的人身自由。而特定情况下允许对邮件、快件的开拆检查，则可能影响当事人的通信自由。[2]一些行政领域允许查询涉案人员在金融机构存款的手段，则涉及个人隐私的问题。[3]在证据可能灭失或者难以取得的情况下，对证据的先行登记保存，对物品实施的查封、扣押、冻结等行政强制措施，进入营业场所进行的现场检查，公安机关的抽样取证，执行阶段对涉案财物的管理与处置，[4]则都有可能涉及对当事人财产权的限制或损害。因此，在实施前述措施时，为了审慎起见，均设置了须负责人最后把关拍板的批准程序要求。

第三类是为了提升行政效率而设。一般认为有关期限、行为方式的规定属于这一设置目的。行政执法活动中的调查、办案都有法定期限的限制，期限设置的目的就在于敦促行政机关提高行政效率，尽快完成有关任务。原则上行政机关应当在法定期限内处理完毕，但遇到特殊情况无法在法定期限内办结时，须经机关负责人批准后方可延长，同样地也是出于提升行政效率的目的。[5]另外，负责人批准原则上应当采用书面形式，但在边远、水上和交通不便的地区，例外地允许负责人采用通讯或口头的方式批准。[6]允许负责人审批采用灵活的形式也是基于提升行政效率的考量。

第四类是为了规范行政管理流程而设。行政机关负责人批准程序作为典型的内部行政程序类型之一，它设置的目的在于规范行政机关内部成员在行政活动过程中的行为规范。贯穿于行政执法活动

---

〔1〕　参见《反恐怖主义法》（2018年）第53条；《人民警察法》（2012年）第14条；《公安机关办理行政案件程序规定》（2020年）第57条。

〔2〕　参见《邮政行政处罚程序规定》（国邮发〔2020〕43号）第32条。

〔3〕　参见《海关办理行政处罚案件程序规定》（2021年）第45条。

〔4〕　参见《行政处罚法》（2021年）第56条；《行政强制法》（2011年）第18条；《公安机关办理行政案件程序规定》（2020年）第109条；《市场监督管理行政处罚程序规定》（2022年）第33、36、38条等。

〔5〕　参见《市场监督管理行政处罚程序规定》（2022年）第18、64条。

〔6〕　参见《农业行政处罚程序规定》（2021年）第81条。

始终的负责人批准程序，如结案审批，对案件中止、终止等程序进程的审批，其设置的目的在于规范行政管理流程。

基于以上对程序目的的分析，并结合司法实践中认定"违反法定程序"的通行标准，可见对于违反了第一、二类程序设立目的的负责人批准程序，应当予以撤销。法院应当勇敢大胆地以"违反法定程序"作为唯一理由作出撤销判决。因为尽管行政执法中的内部程序在关系形式上仍是内部行政关系，调整行政系统中不同层级的行政机关、行政机关内部成员之间的关系，但它的权利义务客体却是行政相对人的权利义务。[1]"当一个行政执法行为在设定权利与义务时，其可能在行政系统内部经过诸如讨论、批准、备案等内部程序环节，但该程序的标的物始终是一个，即承受行政行为的行政相对人的权利义务。这一点是非常关键的，因为它决定了行政执法中的内部程序虽具有内部运作的外形，但却是一个外部的法律行为，至少是能够产生外部社会效果的法律行为。"[2]因此，在行政执法的一些环节中违反负责人批准程序，有可能影响到当事人的实体权利。而对于违反以提升行政效率、规范行政管理流程为目的而设立的负责人批准程序，由于既不会影响实体处理的正确性，也不会损害当事人的实体权益与重要程序性权利，因而并不适用撤销判决，但为了平衡程序经济与依法行政之间的关系，违反这两类目的的程序违法，是适用确认违法还是"忽略不计"的驳回诉讼请求，则取决于负责人批准程序能否进行事后有意义的补正。

（二）考察负责人批准程序所作用的基础性行政行为的性质

考察负责人批准程序所作用的基础性行政行为的性质可以作为考察程序设立目的的补充。有研究者从法院审查行政行为所应遵循的法定程序之法律价值出发，思考行政行为程序违法是否应当撤销的问题。该学者认为该法律价值体现为公平与效率的统一，但首先应强

---

[1] 参见张淑芳：《论行政执法中内部程序的地位》，载《吉林大学社会科学学报》2008年第1期。

[2] 参见张淑芳：《论行政执法中内部程序的地位》，载《吉林大学社会科学学报》2008年第1期。

调公平。基于公平的价值取向，在考察行为是否应当撤销时，一要考虑是否损害了行政相对人的合法权益，二要考虑是否产生了有利于行政相对人的法律后果。[1]第一点结合前述讨论的程序设立目的可以得出判断；第二点则是强调即使是行政行为发生了程序违法的情况，但实际上却产生了有利于行政相对人的法律后果。此时，保留这一后果并不违反法律法规，不损害国家、社会和其他人的合法权益，也可以不撤销程序存在违法的行政行为。[2]这一点则与 2014 年《行政诉讼法》中新增的"不对原告权利产生实际影响的程序轻微违法"适用确认违法的判决，逻辑上存在着相似性，笔者赞成这样的观点。因为这样的做法更有利于保护当事人的合法权益，也有利于行政诉讼实质性化解纠纷。既然法律上能够"容忍"行政行为中存在着不影响原告权利的程序轻微违法，并且保留行政法律关系的效力状态，那么按照"举重以明轻"的原则，程序的违法却产生了有利于相对人的法律后果且这一法律后果并不损及国家、社会及其他人合法权益的前提下，同样应当保留原行政法律关系的效力状态，不予适用撤销。[3]

而对于第二点的判断，需要结合行政行为对相对人的法律效果来进行，这又与行政行为性质联系起来。行政行为根据不同的标准可以作不同的分类，[4]其中以行政行为对相对人利益的不同影响，可划分为授益行政行为与负担行政行为。在负担行政行为中，行政主体课予相对人义务或限制、剥夺权利。违反的法定程序，即使只

---

〔1〕 参见章剑生：《论行政程序违法及其司法审查》，载《行政法学研究》1996 年第 1 期。

〔2〕 参见章剑生：《论行政程序违法及其司法审查》，载《行政法学研究》1996 年第 1 期。

〔3〕 持有类似观点的学者还提出了更为精细的判断依据，该学者认为要满足六个条件：第一，该行政行为是给当事人带来利益的行政行为，即属于授益行政行为；第二，在这个行政程序中，没有其他对立于当事人的其他利害关系人的利益；第三，该行政行为的程序违法受益当事人没有过错，只是行政机关的过错造成的；第四，当事人的利益不是法律禁止的非法利益；第五，违反法定程序的行政如果被撤销，会给受益当事人造成合法权益的损失；第六，该行政行为除程序违法外，再没有其他违法情形的存在。参见应松年、杨小君：《法定行政程序实证研究——从司法审查角度的分析》，国家行政学院出版社 2005 年版，第 374 页。

〔4〕 参见姜明安：《行政法》，北京大学出版社 2017 年版，第 237~242 页。

是用来规范行政机关内部活动的负责人批准程序，也有可能因为影响到当事人权利，应当被撤销。例如，在行政处罚的调查环节中，执法人员采取对涉案物品的查封、扣押或冻结等行政强制措施未经机关负责人的批准，该强制措施暂时限制了当事人的财产权，法院可以以此为由撤销该处罚。但在授益行政行为中，如行政许可、行政给付，行政主体依法给行政相对人设定权利或免除义务，即使存在违反负责人批准程序的程序要求，但基于信赖保护原则，只要不损害第三人或社会公共利益，该程序瑕疵应当得到"容忍"。

（三）考察事后经机关负责人的追认能否构成有意义的"补正"

行政机关在法院判决前主动采取措施补正程序之不足，且该补正有意义，则该程序瑕疵得以治愈，法院可"忽略不计"，判决驳回原告诉讼请求即可。需要指出的是，此处讨论可补正的程序瑕疵程度限于"轻微"。具体到负责人批准程序，未经行政机关负责人同意或批准的行为，事后经机关负责人追认，是否可以视为此处有意义的"补正"呢？

有学者提出："未经行政机关负责人同意或批准的行为，经行政机关负责人事后追认，一般可以视为合法。因为行政机关负责人的批准主要在于贯彻行政首长负责制，事后追认也是一种负责形式。"[1]按照这位学者的思路，行政机关负责人事后的追认，同样达到了事前经同意或批准的效果，事后的追认应当属于此处讨论的有意义的"补正"。但这种不区分负责人批准程序适用对象而一律认为补正有意义的做法稍欠妥当。

行政执法活动中诸多节点上设置的事前须经负责人批准的程序所欲达成的目的并不相同，应当分开来看。在以规范行政管理流程为目标导向的批准程序中，在流程的衔接、非常规行政方式的选择上本应经行政机关负责人事前批准而未经批准，事后经负责人追认，也实现了规范行政管理流程的程序目的；对于决定行政执法进程与走向、影响行政决定合法性流程中设置的负责人批准程序，则是希

---

〔1〕 何海波：《内部行政程序的法律规制》（上），载《交大法学》2012年第1期。

望借由行政机关负责人的把关来规范整个行政管理活动。同样地，事后经负责人追认，同样也实现了程序设置目的。此时的追认确实属于有意义的"补正"。但有些负责人批准程序设置的目的在于提升行政效率，例如，行政机关未能在法定期限内完成调查或作出行政决定的，应当经机关负责人批准后才能相应地延长法定期限。期限设立的目的是促进行政机关尽快处理行政事务。而未经批准擅自延长期限，属于延迟作为，事后即使得到了负责人的追认，补正了程序之不足，但程序规定的特殊保护目的已经无法实现，此处的补正难以再被视为"有意义"了。此处区别补正有无意义的关键在于，补正之后批准程序设置的目的是否仍然能够实现。

三、兼谈行政机关负责人批准与"个案批示"的关系

除了前文曾提到的，一些规范中存在着同一事项"批准"与"批示"的混用现象外，还有一些规范中还出现了"批准"与"批示"交替使用的情况。例如，《国家人口和计划生育行政许可工作制度》（2004 年）规定，许可机关不能在规定的期限内作出决定的，经许可机关负责人批准，可延长决定期限。[1]许可机关负责人批示后，许可机关应当向申请人发送延期决定的通知书并说明理由。有学者将这个层面上具体使用的"批示"称为"个案批示"。[2]当然"个案批示"的内容并不止于这一决定行政执法程序的启动以及行政

---

[1]　在既往的规定中，这种做法也较为常见，类似的规定有《民用航空行政处罚实施办法》（已失效，1997 年）第 37 条第 1 款规定："符合立案条件的违法案件，应当填写《民用航空行政案件立案呈批表》，经民航行政机关、受委托组织领导或其授权的人批准后立案。"而在该《实施办法》后附的《呈批表》中，领导人的意见栏表达为"主管领导批示"。2021 年修正后的该《实施办法》中删除了以上规定。此外，《药品监督行政处罚程序规定》（已失效，2012 年）第 14 条第 2 款规定："决定立案的，应当填写《立案申请表》，报部门主管领导批示，批准立案的应当确定 2 名以上药品监督执法人员为案件承办人。"该规定后也因多轮机构改革由《市场监督管理行政处罚程序规定》（2022 年）取代，《市场监督管理行政处罚程序规定》（2022 年）中已无相关表述。

[2]　该学者将在具体执法中，针对特定的人、特定事项的批示，界定为"个案批示"。将之与针对不特定多数人的批示相区别。参见王学辉：《行政法秩序下行政批示行为研究》，载《政治与法律》2018 年第 5 期。

执法最终走向的事项，还包括：执法个案中，机关负责人主动或根据办案人员的请求，作出的具有定调意义的批示；对个案中针对办案可使用的策略方法或应注意的事项的批示；根据个案中暴露出来的问题作出的具有指导意义的批示等。[1]因此，这位学者认为机关负责人批准是"个案批示"的下位概念。[2]

这位学者对行政批示内容进行细化的尝试值得肯定，对"个案批示"可诉性的探索也将颠覆对"批示"不具可诉性的传统认识。[3]但将行政执法文书上签批意见的"批准"等同于"批示"的认识，放任了实践中法规文本上粗糙式立法的做法。这无助于明晰对"批示"的认识，反倒是加剧模糊了"批准"与"批示"间的界限，也容易引发司法审查上的混乱。因此，我们有必要厘清两者之间的关系。

（一）"批准"与"个案批示"的异同

无论是行政机关负责人的"批准"还是"个案批示"，虽然其正当性均来自我国《宪法》及组织法所规定的行政首长负责制，[4]但两者无论是在规范的形式上还是在适用对象上，都存在着根本性的差异：首先，"批准"有法律、法规作为客观存在的依据，是一种制度化控制手段。换言之，每一行政执法流程中如无特别例外均应当遵守相应的内部审批程序。行政机关负责人可以通过这一制度化的内部审批制度实现对行政执法活动过程与结果的控制。与此同时，作为一种法定的内部行政程序要求，它也是法院审查行政行为合法性不可忽视的要件之一。而"批示"虽然也是基于职务而来的权力行为，但并非法律用语，《党政机关公文处理工作条例》中并无这一公文类型。然而，"批示"却早已是行政机关文件中通行的行政术

---

〔1〕 参见王学辉、林金咏：《行政执法中"个案批示"行为研究》，载《江苏行政学院学报》2018年第5期。

〔2〕 参见王学辉、林金咏：《行政机关负责人批准行为研究——以现行法律规范文本为对象的分析》，载《四川师范大学学报（社会科学版）》2018年第5期。

〔3〕 参见王学辉：《行政批示的行为法意蕴》，载《行政法学研究》2018年第3期。

〔4〕 参见《宪法》（2018年）第86条第2款、第105条第2款；《国务院组织法》（1982年）第2条第2款；《地方各级人民代表大会和地方各级人民政府组织法》（2022年）第6、77条。

语。由于"批示"在处理各种问题上"具有决定性的影响",因此,它也是一种行政活动中重要的控制手段,但因缺少制度性的规定,只能作为一种非制度化的控制方式。

"批示"作为一种非制度化的控制方式存在,缺少如"批准"这样明确的"事项清单",它并不对所有的行政执法以及事项进行控制,而是有所选择。"个案批示"是否介入执法个案、在哪一阶段介入,由行政机关负责人酌情考虑后决定。一般会将行为的典型性、性质与危害的严重性、行为处理的特殊性等因素纳入其中进行考量。"批示"由特殊个案的介入延伸到同类或类似行为的普遍性关注,从而使得个案具有典型的特质。这是"批示"介入行政执法的正当理由。[1]有研究者对工商行政管理领域的"批示"事项进行了梳理,我们可以将之与"批准"的事项进行如下比较(见表5):[2]

表5 批准与个案批示的比较

事 项	批 准	批 示
程 序	(1) 立案审批。行政机关负责人对于是否准予开启行政执法程序步骤的控制。 (2) 管辖变更审批。立案审查环节中发现了管辖错误,是否需要变更管辖须经行政机关负责人批准。 (3) 回避审批。回避涉及行政执法处理的公正性。行政机关负责人对有可能影响到案件公正处理的有关人员是否回避作出决定。 (4) 调查取证环节中实施若干措施前的审批。为了配合调查取证而采取的传	(1) 执法主体的选择。行政机关负责人一般以批示的形式给执法主体安排任务。例如,由哪一级或哪个部门单独完成,或是几个部门共同完成行政执法;以一个部门为主,其他部门配合完成;由哪一级执法机构为主,联合下级执法部门完成。 (2) 是否启动行政执法。"请某某部门予以查处"这类的批示是对立案的直接指示,被指示的部门则会以此为案件来源进行立案调查。 (3) 与行政执法期限相关。一

---

[1] 参见张晓:《工商行政执法有效性研究》,武汉大学 2012 年博士学位论文,第 106 页。

[2] 参见张晓:《工商行政执法有效性研究》,武汉大学 2012 年博士学位论文,第 104~105 页。

事　项	批　准	批　示
程　序	唤、检查、查封、扣押、冻结以及证据保全等措施，由于可能会造成对当事人权利的暂时性限制，因此在采取这些措施前，要得到行政机关负责人的批准。 （5）影响行政执法活动进程性事项的审批。为了规范行政管理流程，在涉及调查中止或终止、结案等环节上，需要得到行政机关负责人的批准。 （6）期限延长的审批。为了提升行政效率，行政执法活动设置了法定期限。因特殊原因须延长法定期限的，应得到行政机关负责人的批准。 （7）执行环节的审批。采用非常规的执行手段须经行政机关负责人批准。	般情况下，因为事项的特殊性习惯于加快行政执法的办理期限。如"从速办理""及时办理"，甚至直接指示办结日期等。特殊情况下，如涉及群体性事件的执法，行政机关负责人批示"妥善处理"，此时就可能蕴含着放慢执法速度是一种"稳妥"的方式。
实　体	（1）与行政处理相关的批准。办案机构将行政处理建议与法制机构的审核意见报送行政机关负责人，由行政机关负责人最终作出行政处理决定。 （2）对涉案财物的管理与处理。诸如销毁没收物品、拍卖变卖非法财物、收缴或追缴财物、变卖特殊物品、无主涉案物品上缴国库等涉案财物的处置方式，一般与行政决定一并作出。但考虑到这些处置行为直接涉及对他人财物的处分，因此，一般都规定了经机关负责人批准的程序要求。	（1）与行政处理相关的批示。行政机关负责人通常会根据相关材料所反映的情况进行判断，提出"从重处理""从严处理""从轻处理""妥善处理"等意见或指示。这类批示对行为的性质与自由裁量作出了限制。 （2）与行政强制相关的领导批示。在是否采取、采取何种强制措施的问题上，如相关材料引发关注，批示则有可能介入。行政机关负责人考虑到企业的正常经营对确保就业与稳定税收的作用，有可能会对该案件作出"根据企业实际情况稳妥处置为宜"等这样的批示。

从以上比较来看，一方面，在"批准"中，行政机关负责人的意见通常签署在固定化的表格之中。对审批事项的意见一般采取肯定或否定的态度，也是一种较为固定的意见表达方式。相较之下，"批示"的内容则丰富很多，除了对报批的建议表示"同意"或"不同意"外，还有"请从速查处""请从严查处"这类直接、明确的意见表达方式，以及"稳妥处理""请酌情处理"等这类间接、模糊的表达方式。

另一方面，"批准"的事项基本上贯穿了行政管理活动的整个流程，而"批示"的事项只是零星出现在行政执法活动中的某个节点上。既然已经有了"全覆盖"的制度化内部审批制度，为何"批示"仍然能够在行政管理活动中"大行其道"？这需要回溯到行政机关内部层级制度的安排上来进行解读。

行政机关负责人批准制度具有一定的封闭性。最终呈交行政机关负责人批准的建议或意见，通常由案件主办人率先提出，并层报办案机构负责人审核批准；经批准后，办案人员的处理建议升格为办案机构的处理建议，然后再报办案机关负责人决定。机构和机关的负责人可以通过这种内部审批的方式实现对行政执法过程和结果的控制。但更多的时候，由于职责分工的缘故，上级并不能通过这种内部审批的方式对行政执法活动进行直接的控制，但上级又想实现对行政执法活动的控制，"批示"因此便得以"大行其道"。从"批示"的事项内容上看，由于缺乏制度化的约束，行政机关负责人在使用"批示"上存在随意性与选择性。

（二）明确"个案批示"的地位与适用范围

上一部分对"批准"与"个案批示"异同的讨论中，行政机关负责人的"批准"作为一种正式制度而存在。对于"批准"，下级应当是绝对地服从并予以执行。法律、法规及规章中所设定的"批准"事项绝非随意设置，而是在充分考虑了行政控制的精密度与行政执法的效率，并综合行政相对人实体权利保障的基础上而设。相较之下，作为非正式制度的"个案批示"，更多的时候是为了弥补封闭式层级监督之不足。当"领导"在无法使用"批准"这一正式制度直接对行政进行控制而又需要控制时，"批示"便得以"大行其道"。"批示"的内容不再如同"批准"这样简单，负责人的批准通过签署"同意"或"不同意"来表明态度。根据批示事项的不同，批示态度有明确与模糊之分。

"批示"之所以能在我国的行政管理活动中"大行其道"，是因为"批示"本身可以有效地弥补科层制僵化，顺应行政权扩张的现实需求并且满足行政权力灵活性的要求。[1]从实务中大量运用"个案批示"的事项来看，它并没有严格的限定：一方面，它既包括了"批准"中的大部分事项；另一方面，它还有与"批准"完全不同的内容，可细分为实体与程序。具体而言，实体内容如"机关负责人在大案要案中对具体办案人作出的书面安排，在执法裁量中对办案人员无法协调的分歧意见作出的评断性答复，亦或由其主动作出'应予严惩不贷'的批示等"[2]的决策性内容；还有机关负责人在个案中针对办案可使用的策略方法或应注意的事项提出的建议等技术性内容；此外，还有针对不特定相对人或是行政机关内部，由机关负责人针对所暴露出来的问题作出具有指导意义的批示内容。程序则包括了步骤衔接、执法期限、执法主体等内容。内容的丰富多元也带来了"个案批示"的效力光谱的两极化：一极为效力最弱的参考作用；另一极则为效力最强的绝对服从、予以执行。这也体现了"个案批示"的灵活性。

此外，由于缺少相应的法律法规对批示的形式和程序进行规范，批示在实践中更是乱象丛生。"批而无示""越权批示""信手批示""多头批示""批示落空""无批示不作为"等现象时有发生。与此同时，"批准"与"个案批示"在救济上（法律后果）也完全不同："批准"因为属于法定行政程序的一环，成为司法审查的对象；而"批

---

〔1〕 参见秦小建、陈明辉：《论行政法上的批示》，载《政治与法律》2013年第10期。

〔2〕 王学辉、林金咏：《行政执法中"个案批示"行为研究》，载《江苏行政学院学报》2018年第5期。

示"的不可诉则是普遍的做法。[1]

因此，基于"个案批示"内容的丰富性、态度的多样性、行为的不可救济性、使用上的灵活性与欠规范性等特征，从保护行政相对人的权利出发，"个案批示"应当定位于作为"批准"这一正式制度的补充而存在。"个案批示"的内容中应当剔除"批准"中已经涵盖的事项内容，不应将"审批性批示"与"批准"混为一谈。"批准"在封闭的内部行政层级内逐级得以实现；"批准"的事项法定、"批准"采纳的形式相对固定、法律对"批准"也有明确的救济方式。法律已经对"批准"的有关制度予以明确。而"批示"尤其是"个案批示"，则缺少法律规制，传统上也无对应的救济。虽然"批示"同样基于行政科层制得以实现其效力，但已无逐级的限制。行政系统内部具有领导职务的负责人有权对下级的执法工作进行批示，批示的事项与内容也取决于负责人的偏好，它展现了领导在一段时间内的注意力。这种"随意性"与权威性并存的批示行为，应当在特定的范围内使用，而不应与以"批准"为代表的内部审批制度相混淆。

"个案批示"的适用范围应当为以下三类：

第一类是决策性或执行性内容。这类批示的内容针对个案中具体问题的解决而作出，内容涉及个案执法的方方面面，如案源、执法主体的确定，执法方式、执法策略的选择，办案期限长短、自由裁量权范围内案件处理程度等。需要强调的是，"个案批示"的内容中不应包括行政机关负责人批准的法定事项。

第二类是程序性内容。这类内容的批示通常为了衔接行政执法活动的程序，将某些执法步骤引导至有权决定的主体之处。例如，批示者无权或认为不在自己的职权范围内，需要向上级请示或转送有权决定的领导；批示者认为事情复杂或重大，需要交付集体讨论决定。[2]

---

〔1〕　邓炜辉：《行政批示可诉性：司法图景与标准判定——基于我国法院相关裁判文书的规范考察》，载《政治与法律》2019年第1期。

〔2〕　参见秦小建、陈明辉：《论行政法上的批示》，载《政治与法律》2013年第10期。

第三类是情感性内容。这类批示的内容通常在执法个案办理结束之后，领导针对个案中暴露出来的问题，进行有针对性的指导，为了总结、推广个案经验，或是表达对下级机关及其工作人员的表彰或批评而作出批示。

小结：批准与批示不宜交替、混同使用

"批准"是由法律、法规等法律文件所正式确立的一种制度化的行政活动控制方式。"批准"的要求遍布在行政活动，尤其是执法活动的各个环节之中，批准事项的设置兼顾了行政控制的精密度、行政执法的效率、行政相对人实体权利保障的考量。违反"批准"这一法定程序，可通过行政诉讼得以救济。而"批示"，特别是个案批示，虽同为具有权威性的行政活动的控制方式，但由于其适用缺少明确的法定"清单"，更多取决于负责人的偏好，它展现了领导在一段时间内的注意力。尽管"批示"缺少有效的救济手段，但它的功能在于弥补封闭式层级监督的不足，有效地缓解科层制僵化问题。因此，宜将"个案批示"定位为"批准"的补充，通过划定"个案批示"的范围来确定其适用空间。

第五章

行政机关负责人集体讨论
程序适用研究

　　行政机关负责人"集体讨论"的程序要求最早见诸 1996 年《行政处罚法》中。该法规定"对情节复杂或者重大违法行为给予较重的行政处罚，行政机关的负责人应当集体讨论决定"。"集体讨论"体现了民主集中制的要求，被誉为"把民主集中制优势转化为行政治理效能的制度设计"。[1] 这一程序安排，一方面，能够集思广益，防止独断专行；另一方面，行政机关领导人享有最终的决定权。它的优势是明显的，因此，"集体讨论"这一程序要求迅速地扩展到其他领域之中。无论是在行政复议、行政立法及规范性文件的制定、行政决策、行政裁决、行政许可等外部行政行为，[2] 还是在行政处分、执法过错责任追究等内部行政行为中，[3] 均可觅得其踪。2015年，中共中央、国务院印发的《法治政府建设实施纲要（2015—2020年）》中更是明确地要求在规范性文件制定、重大行政决策、

---

〔1〕　叶必丰：《集体讨论制度从组织法到行为法的发展》，载《法学》2022 年第 6 期。

〔2〕　参见《行政复议法》（2017 年）第 28 条第 1 款；《中国民用航空总局规章制定程序规定》（2007 年）第 19 条；《税收规范性文件制定管理办法》（2019 年）第 26、44条；《重大行政决策程序暂行条例》（2019 年）第 30 条；《统计法实施条例》（2017 年）第 7 条第 1 款；《全国社会保障基金条例》（2016 年）第 7 条；《城市房屋拆迁行政裁决工作规程》（建住房〔2003〕252 号）第 10 条；《民用航空行政许可工作规则》（2006 年）第 45 条；等等。

〔3〕　参见《行政机关公务员处分条例》（2007 年）第 39 条第 1 款第 5 项；《公职人员政务处分暂行规定》（国监发〔2018〕2 号）第 5 条；《公安机关人民警察辞退办法》（公发〔1996〕15 号）第 7 条；《税务监察暂行规定》（国税发〔1995〕117 号）第 21 条；等等。

行政执法程序中，落实、坚持与完善"集体讨论决定"。

与行政实践的热热闹闹相比，理论界对于"集体讨论"的关注显得格外冷清。[1]学者们对于"集体讨论"的研究虽然还停留在制度精细化打磨的阶段，但研究者们却达成了一个基本共识："集体讨论"对于行政权内部秩序的运转有着深刻的决定性影响，并最终作用于行政决定本身。那么，当行政机关不遵守集体讨论程序时，对它进行必要的监督与救济便显得十分迫切。而目前对这一问题的系统研究尚属空白，只有零星的几篇文献中顺带有所提及。[2]

从对"集体讨论"的几种监督方式来看，行政执法监督是由上级机关或专门的监督机关通过对行政机关所承办案件的案卷审查，以赋分的方式，对执法程序各个环节进行监督检查；行政复议则是通过机关内部的层级监督来实现对被复议机关执法活动的监督。但囿于这两类监督方式在获取实证资料上的困难，本章并不对其展开讨论。而司法审查的方式，相较于前两者，属于外部的监督，也更为严格、正式与规范。"集体讨论"作为行政执法活动中的法定程序的一环，法院审查"集体讨论"程序便有了正当理由。得益于裁判文书上网，检索与获取大量实证素材已成为可能，为研究的展开奠定了基础。与此同时，司法实践中确实也存在着法院对"集体讨论"程序裁判上的困惑且始终悬而未决。例如，行政机关负责人集体讨论程序到底在什么情形下适用？[3]如何判断是否经过集体讨论决定程序？[4]行政执法过程中的集体讨论程序的适用时机是怎样的？[5]

---

〔1〕 学界对"集体讨论"程序的研究概况参见前文导论中"二、研究现状"。

〔2〕 参见何海波：《内部行政程序的法律规制》（上），载《交大法学》2012年第1期；于立深：《违反行政程序司法审查中的争点问题》，载《中国法学》2010年第5期。

〔3〕 参见耿宝建：《行政处罚案件司法审查的数据变化与疑难问题》，载《行政法学研究》2017年第3期。

〔4〕 参见吕长城：《行政处罚集体讨论决定程序的反思与建构》，载《人民司法》2022年第25期。

〔5〕 实践中遇到的关于集体讨论时机适用问题的争议有"行政机关是否可以在告知之前进行集体讨论？""在告知之前就进行了集体讨论，告知之后是否还要再次进行集体讨论？"参见吕长城：《行政处罚听证程序前，负责人可以集体讨论吗？》，载微信公众号

应经而未经集体讨论的行政决定是否应予撤销？[1]此外，在一些案件中，当事人还提出了对集体讨论进行过程中的异议等问题，法院是否进行审查？[2]因此，面对司法审查这一监督方式所面临的问题，本部分将聚焦于梳理"集体讨论"的适用问题。

相较于其他行政行为法中对"集体讨论"的要求，《行政处罚法》的规定较为明确，[3]相应涉诉的案件数量也更大，因此本书的观察与讨论将聚焦于这一领域的案件来展开。[4]

一、法院审查集体讨论程序的依据与理由

按照《行政诉讼法》的规定，"违反法定程序"是撤销行政行为的法定事由之一。尽管学理上对"法定程序"存有不同的理解，[5]但并不妨碍集体讨论程序是"法定程序"的认识。因为集体讨论程序要求被明确地写入《行政处罚法》《行政复议法》之中，行政法规

"江苏高院"2022年2月16日，https://mp.weixin.qq.com/s/W8zSOrnOWlPh7wWYRoN9DA，最后访问日期：2022年5月23日。

　〔1〕　参见焦炜华、陈希国：《应经而未经集体讨论的行政处罚决定应予撤销》，载《人民司法》2016年第5期。

　〔2〕　参见"陈某诉淮安市淮阴区运输管理所行政处罚案"，（2014）淮中行终字第0125号。

　〔3〕　例如，《行政复议法》第28条第1款规定，拟作出的复议决定经过法制部门的审核后，复议决定经行政机关负责人同意或者集体讨论通过后作出。对于采用复议机关负责人同意还是集体讨论的方式则无明确的条件限定。而《行政处罚法》（2021年）第57条第2款则规定了明确适用集体讨论程序的情形，"对情节复杂或者重大违法行为给予行政处罚，行政机关负责人应当集体讨论决定。"

　〔4〕　以"未经/未提交/没有经过集体讨论"为关键词，在把手科技（http://www.lawsdata.com/）案例数据库进行全文检索，并依次将案件类型限定在行政诉讼，案由限定为行政处罚，满足条件的案件共有998个。最后一次检索日期为2023年8月21日。

　〔5〕　关于"法定程序"中的"法"范围的划定有四种学说，分别为：①法律法规规定说；②法律、法规和规章规定说；③法律、法规、规章和宪法规定以及行政规定补充说；④重要程序说。此后于立深教授一文中通过对348个行政程序"典型案例"的分析补强并证成了第三种学说已成为通说。与此同时也得到了最高人民法院的认可。参见章剑生：《对违反法定程序的司法审查——以最高人民法院公布的典型案件（1985—2008）为例》，载《法学研究》2009年第2期；于立深：《违反行政程序司法审查中的争点问题》，载《中国法学》2010年第5期；章剑生：《再论对违反法定程序程序的司法审查——基于最高人民法院公布的判例（2009—2018）》，载《中外法学》2019年第3期。

及规章、规范性文件中也有相应的要求，所以它毫无疑问应当属于法院审查行政行为程序合法性的事项之一。尽管看起来法院审查集体讨论程序已经有了明确的依据，但事实上不少法院对这一点仍然存有疑虑。

具体表现为，在案件中，法院对当事人明确提出的行政决定未经集体讨论的程序异议不进行有针对性的回应，或笼统地认定行政处罚"基本符合法定程序"；或直接以"分量更重"的理由替代了未经集体讨论违反法定程序的评价及其说理。对于前者，在"杨某泉诉宿迁市城市管理执法局行政处罚案"中，上诉人杨某泉在二审中再次提出对行政处罚程序的质疑，理由包括处罚前未经集体讨论等。然而，法院在判决中未专门针对集体讨论的异议予以回应，而是分别对行政处罚的调查、告知、决定作出等其他程序的合法性进行了评价，并指出了执法程序中部分涉及内部环节的程序瑕疵，但总体上依旧认为"程序基本合法"。[1] 针对后者，在"麦某义诉三亚市天涯区综合行政执法局等行政处罚案"中，行政机关以麦某义的房屋系违法建筑为由，作出拆除违章建筑的行政处罚。麦某义则认为行政机关的处罚存在事实认定不清、告知方式不当、未经集体

---

〔1〕 参见江苏省宿迁市中级人民法院（2013）宿中行终字第0031号行政判决书。类似的案子还有"常某芳诉新乡市公安局平原新区分局行政处罚案"，河南省新乡市中级人民法院（2012）新行终字第33号行政判决书；"叶某青诉惠州市公安局边防支队行政处罚案"，广东省惠州市惠城区人民法院（2014）惠城法行初字第59号行政判决书；"周某莲诉莆田市公安局荔城分局行政处罚案"，福建省莆田市荔城区人民法院（2015）荔行初字第24号行政判决书；"朱某宇诉温州市公安局鹿城区分局行政处罚案"，浙江省温州市鹿城区人民法院（2015）温鹿行初字第270号行政判决书；"李某斌诉武邑县公安局行政处罚案"，河北省衡水市桃城区人民法院（2015）衡桃行初字第50号一审判决书；"李某丽诉武冈市公安局行政处罚案"，湖南省邵阳市中级人民法院（2017）湘05行终264号行政判决书；"鞠某秋诉扬州市公安局广陵分局行政处罚案"，江苏省扬州市中级人民法院（2017）苏10行终146号行政判决书；"孟某顺诉锦州市公安局凌河分局行政处罚案"，辽宁省锦州市中级人民法院（2018）辽07行终67号行政判决书；"田某江诉长春市公安局宽城区分局行政处罚案"，吉林省长春市宽城区人民法院（2018）吉0103行初26号行政判决书；"安吉县盛源竹木工艺厂诉安吉县综合行政执法局行政处罚案"，浙江省湖州市中级人民法院（2018）浙05行终70号行政判决书；"冷某英诉昌吉市城市管理局行政处罚案"，新疆维吾尔自治区昌吉回族自治州中级人民法院（2019）新23行终9号行政判决书等。

讨论、适用法律错误等问题，要求撤销该处罚。而法院在最终的判决中只对事实认定不清的问题予以了回应，并以这一理由作为唯一理由撤销行政处罚决定，但并未对其他异议分别予以回应。[1]

法院在判决中不对当事人争议的集体讨论程序直接予以回应，无论最终是笼统地认定整个行政处罚程序基本合法，还是以其他分量更重的理由直接撤销行政处罚，实际上法院并没有对集体讨论程序本身的合法性进行评价。这也从侧面反映了法院对于集体讨论程序是否审查的问题还没有完全形成共识。

法院到底是如何理解《行政诉讼法》所规定的"法定程序"呢？有的学者以最高人民法院公布的典型案例为样本，梳理了1985—2018年共28个案例中"违反法定程序"的情形，被违反的"法定程序"类型包括未按照法律、法规、规章、行政规定中要求的外部行政行为的顺序步骤进行，未事先举行听证，未事先告知陈述权、申辩权，未尽程序通知义务，未送达相关法律文书等。甚至违反尚未列入法条之中的"正当程序"理念，对这一理念与原则生发出来的正当程序要求的违反，同样也是法院认定"程序违法"的理由之一。[2]可见，无论是"法定"的行政程序，还是从司法实践中生发出来的"正当程序"，它们的共同特征在于都是有当事人参与的外部行政程序。这些外部行政程序之所以得到了法院的高度关注，是因为未遵守这些程序一般会对原告的权利产生实际影响，法院以此为由撤销

---

〔1〕　海南省三亚市中级人民法院（2019）琼02行终29号行政判决书。类似的案子还有"熊某红诉永安市交通综合行政执法大队行政处罚案"，福建省永安市人民法院（2014）永行初字第8号行政判决书；"北京苏稻食品工业公司诉北京市规划和国土资源管理委员会行政处罚案"，北京市通州区人民法院（2018）京0112行初51号行政判决书；"唐某平、唐某东诉永州市冷水滩区城市管理行政执法局行政处罚案"，湖南省永州市零陵区（芝山区）人民法院（2019）湘1102行初15号行政判决书；"张某波诉榆林市公安局榆阳分局行政处罚案"，河南省南阳市中级人民法院（2015）南行终字第00126号行政判决书等。

〔2〕　参见章剑生：《对违反法定程序的司法审查——以最高人民法院公布的典型案件（1985—2008）为例》，载《法学研究》2009年第2期；章剑生：《再论对违反法定程序的司法审查——基于最高人民法院公布的判例（2009—2018）》，载《中外法学》2019年第3期。

判决也底气十足。

但"法定程序"不只有外部行政程序，也有内部行政程序。例如，此处讨论的集体讨论程序，还有行政机关负责人的批准、法制机构的审核，上下级机关之间的审查、批准、备案等。内部行政程序通常无当事人的参与，它一般与行政系统内部由谁负责案件的启动、调查、讨论、拟作出决定及拍板等事项相关。碍于司法审查的有限性，这些程序较易被法院忽视。事实上，行政决定的结果不只取决于相关的事实和法律，也与谁来调查、谁作决定这些内部程序密切相关。从《行政处罚法》第 57 条的规定来看，原则上行政机关作出行政处罚决定采用"独任制"，但在情节复杂或者重大违法行为给予行政处罚时，应经行政机关负责人的集体讨论，采用"合议制"。[1]集体讨论程序设置的目的在于防止个人专断、滥施处罚情况的发生。[2]可见，内部行政程序作为行政系统内部的权力分配方式，深刻影响乃至直接决定当事人的利益。[3]与此同时，行政诉讼的目的，除了保护公民、法人及其他组织的合法权益外，监督行政机关依法行政也是不可偏废的目的之一。对集体讨论程序的审查，还起到了监督行政的作用。法院不应忽视对内部行政程序的关注，尤其是不能忽视对于法定内部程序的审查。

二、法院如何审查集体讨论程序：以内容为视角

在明确了法院应当就集体讨论这类法定程序进行审查后，法院首要面临的任务便是如何展开审查的问题。这具体又可细分为内容与证据两个视角，以下分别展开。

在审查的内容上，司法实践中暴露的问题集中在以下两个方面：

---

〔1〕 2021 年修订的《行政处罚法》将作出行政处罚决定适用集体讨论程序的条件进行了修正，删掉了给予"较重的"行政处罚的这一限定条件。原规定为："对情节复杂或者重大违法行为给予较重的行政处罚，行政机关的负责人应当集体讨论决定。"

〔2〕 参见肖泃、朱维究：《行政处罚法实用问答》，中国社会出版社 1996 年版，第 157 页。

〔3〕 参见何海波：《内部行政程序的法律规制》（上），载《交大法学》2012 年第 1 期。

一方面，《行政处罚法》对适用集体讨论程序的条件界定模糊抽象，诸如"情节复杂""重大违法行为""较重的行政处罚"[1]这类不确定的法律概念，不仅带来了不同部门、不同地区、不同层级的行政机关在适用上的困惑，也造成了不同司法裁判中对同一行政决定是否需要进行集体讨论不一的判断标准。随之也引发了批评，认为"在司法实践中，很多法院对于未经集体讨论的违法行为都采取了宽容的态度"[2]。有法官指出："解决此类争议最佳的方式是，法律规范明确确定案件范围。"[3]但在目前细化的法律规范尚且缺位的情况下，法院又不得因此拒绝手头上的裁判。那么，法院该以何为据进行判断呢？

另一方面，集体讨论过程往往涉及行政机关内部如何决策的问题，按照司法与行政的分工，法院不应当对此"指手画脚"。但这是否意味着法院应当对行政机关提交的证明集体讨论的材料照单全收呢？答案当然也是否定的。那么，法院应当审查集体讨论过程的哪些事项呢？

（一）法院对案件是否适用集体讨论程序的判断

司法实践中，由于法律对集体讨论的程序适用条件不甚明确，导致了法院对案件是否适用集体讨论程序的判断上出现了多种做法，大致有以下几种：

1. 法院参照规章进行判断

在这一类案件中，由于所涉行政管理领域有规章对集体讨论程序的适用条件予以细化，因此，在这类案件中法院参照规章规定进行判断。例如，在"陈某虎诉内江市安全生产监督管理局行政处罚案"中，陈某虎作为刘家湾煤业公司控股人未按照国家规定报告采

---

〔1〕　本书中涉及集体讨论程序的案例覆盖了新、旧《行政处罚法》的适用，分析适用的法条以行为时为准。

〔2〕　章琼麟：《行政处罚中的行政机关负责人集体讨论程序研究》，华东政法大学2018年硕士学位论文。

〔3〕　耿宝建：《行政处罚案件司法审查的数据变化与疑难问题》，载《行政法学研究》2017年第3期。

煤工作面情况，被安全生产监督局处以个人 3 万元的罚款。在诉讼中，陈某虎提出对该处罚属于较重处罚未经集体讨论程序的质疑。法院认为，《安全生产违法行为行政处罚办法》第 29 条的规定划定了对严重安全生产违法应当进行集体讨论的范围，[1]并据此判定该处罚无须经集体讨论。[2]

　　规章除了细化对集体讨论程序适用条件的规定外，同时还有创设集体讨论程序的适用情形的内容。创设属于行政机关给自身增加的程序负担与义务，并不违反《立法法》对于规章内容的限制，[3]法院同样也可参照这类规章规定进行判断。例如，在"南京金中建幕墙装饰公司诉苏州市吴江区市场监督管理局行政处罚案"中，金中建公司由于在施工过程中涉及商标侵权被处罚。在诉讼中，该公司提出对较重的处罚、延长案件办理期限未经集体讨论的程序质疑。二审法院在判决中参照《工商行政管理机关行政处罚程序规定》第55、57 条的规定，[4]纠正了一审法院对于未经集体讨论程序也不违反强制性规定的判断；并认为"涉案行政处罚因案情复杂适用延期程序，且适用对重大违法行为给予较重的行政处罚，以上情节表明涉案行政处罚程序属于对情节复杂或者重大违法行为给予较重的行政处罚，应当由行政机关的负责人集体讨论决定的情形"，未经这一

---

〔1〕《安全生产违法行为行政处罚办法》（2015 年）第 29 条第 3 款规定：对严重安全生产违法行为给予责令停产停业整顿、责令停产停业、责令停止建设、责令停止施工、吊销有关许可证、撤销有关执业资格或者岗位证书、5 万元以上罚款、没收违法所得、没收非法开采的煤炭产品或者采掘设备价值 5 万元以上的行政处罚的，应当由安全监管监察部门的负责人集体讨论决定。

〔2〕 四川省内江市市中区人民法院（2018）川 1002 行初 16 号行政判决书。

〔3〕 参见《立法法》（2023 年）第 93 条第 6 款规定：没有法律、行政法规、地方性法规的依据，地方政府规章不得设定减损公民、法人和其他组织权利或者增加其义务的规范。

〔4〕《工商行政管理机关行政处罚程序规定》（2011 年，已失效）第 55 条第 1 款规定：工商行政管理机关对重大、复杂案件，或者重大违法行为给予较重处罚的案件，应当提交工商行政管理机关有关会议集体讨论决定。第 57 条第 1 款规定：适用一般程序处理的案件应当自立案之日起 90 日内作出处理决定；案情复杂，不能在规定期限内作出处理决定的，经工商行政管理机关负责人批准，可以延长 30 日；案情特别复杂，经延期仍不能作出处理决定的，应当由工商行政管理机关有关会议集体讨论决定是否继续延期。

程序属于程序违法。[1]

2. 除明显不合理或违法外，法院不再判断，尊重行政机关的决定

在"董某凤诉兴化市公安局行政处罚案"中，董某凤因捏造事实诬告陷害他人被公安机关处以拘留 3 日的行政处罚，她在一、二审中均提出了对拘留 3 日的行政处罚未经集体讨论的程序质疑。而行政机关在二审答辩中解释道："本案中上诉人虽然受到行政拘留处罚，但是本案情节并不复杂，也不能称之为重大违法行为，不需要负责人集体讨论，但考虑到被侵害人是公安民警，我局多名局领导进行了会商并形成了一致意见，最后由分管局领导在审批表上签署了意见。"法院则认为，由于缺少"对情节复杂或者重大违法行为给予较重的行政处罚"的明确判断标准，法律在一定程度上赋予了行政机关自由裁量权。除有明显不合理乃至不合法之处外，基于司法谦抑原则，应当对行政机关的裁量予以尊重。[2]类似的还有"吴某桦诉北海市公安局行政处罚案"，法院认为行政机关是否选择集体讨论的方式，由其根据法律，结合案情作出决定，属于行政机关自由裁量范畴的，只要不属明显不当，司法不必干预。[3]

3. 法院进行自由裁量判断，并完整地交代理由

例如，在"周某英诉聊城市公安局经济技术开发区分局行政处罚案"中，周某英因殴打的被害人系 60 周岁以上老人，公安机关对其进行了加重处罚，处以行政拘留 15 日并处 500 元罚款。周某英在诉讼中提出了对较重的处罚未经集体讨论的程序质疑。一、二审法院均认为该处罚不适用集体讨论程序。但在说明不予适用的理由上，一审法院认可了行政机关的理由并直接呈现在判决中，而二审法院则在判决中进行了详细的阐释说理。法院首先对《行政处罚法》中

〔1〕　江苏省苏州市中级人民法院（2015）苏中知行终字第 00002 号行政判决书。
〔2〕　江苏省泰州市中级人民法院（2018）苏 12 行终 119 号行政判决书。
〔3〕　广西壮族自治区北海市中级人民法院（2017）桂 05 行终 76 号行政判决书。类似的案子还有"杨某胜诉中国证券监督管理委员会行政处罚案"，北京市高级人民法院（2019）京行终 747 号行政判决书；"柳某尚诉宝丰县公安局行政处罚案"，河南省平顶山市湛河区人民法院（2015）湛行初字第 7 号行政判决书等。

适用集体讨论的条件进行了解释，较重的处罚必须满足"情节复杂"或者"重大违法"其中一种或两种情形，才适用集体讨论程序（暂且不论这一理论是否正确）。接着分别就本案是否满足相应的条件逐一进行了分析。法院认为，虽然行政机关作出了较重的处罚，但案件事实清楚、情节并不复杂，不满足"情节复杂"的条件；而"重大违法"需要结合案件具体情况、情节严重程度等综合考量。法院认为，本案中较重的处罚结果是行政机关基于违法事实依法裁量的结果，并不能从中推出因邻里琐事所引起的本案纠纷属于"重大违法"。〔1〕

4. 法院进行自由裁量判断，但并未说明理由

例如，在"谭某居诉柳江县公安局行政处罚案"中，谭某居因殴打他人被公安机关作出了行政拘留 15 日并罚款 500 元的行政处罚。在案件办理过程中，公安机关曾以"案情重大复杂"为由申请将案件办理期限延长。原告认为申请案件延期的理由表明了本案属重大复杂，因此对该处罚未经集体讨论提出程序质疑。而一审法院并未作任何解释而直接认定该案情并不复杂，无须适用集体讨论。〔2〕在"宿松县城北网吧诉宿松县公安局行政处罚案"中，网吧因未按照规定核验上网人员身份证信息而被公安机关处以顶格的 15 000 元罚款。网吧在诉讼中提出对较重的处罚未经过集体讨论的争议，而法院并未对该争议予以回应，而直接判定"执法程序上并无不当"。〔3〕

法院的第一种做法揭示了当低位阶的法中对集体讨论程序有更为细致的规定时，法院对集体讨论程序是否适用的判断方法。按照《行政诉讼法》的规定，法院审理行政案件，以法律法规为依据，并参照规章。法院在判断争议行政行为是否应经"集体讨论"程序时，首先以法律法规为准绳。但由于《行政处罚法》中对集体讨论程序

---

〔1〕 山东省聊城市中级人民法院（2015）聊行终字第 29 号行政判决书。

〔2〕 广西壮族自治区柳州市中级人民法院（2012）柳市行终字第 40 号行政判决书。

〔3〕 安徽省安庆市中级人民法院（2014）宜行终字第 00040 号行政判决书。

的规定较为模糊，行政法规对此又几乎没有涉及，[1]因此，所涉行政管理领域对这一程序的适用有规章规定的，法院在适用时一般会"参照规章"。[2]

规章在多大程度上提供了法院在判断时的依据呢？我们以在行政处罚领域中，涉及"集体讨论"规定、已经生效的规章为例展开分析，其中部门规章 31 部、省级政府规章 24 部、设区的市政府规章 28 部。[3]从规章规定的内容、规章覆盖的地域与行政管理领域两个维度展开。

第一，就规章规定的内容而言，按照《立法法》的有关规定，规章规定的事项一般为执行法律、法规的内容，它通常是对法律、法规的细化性与具有可操作性的规定。[4]实际上，部门规章中有将近一半的规定，地方规章中也有近三分之一的规定，属于原封不动地照搬《行政处罚法》中的规定，或者进行了个别字词的调整。因这样的规章与法律规定完全一致，它们未能给法院带来理解与适用上的帮助。此外，在既往或当下的实践中，还有一些规章对集体讨

---

〔1〕　行政处罚领域涉及"集体讨论"规定的行政法规只有《海关行政处罚实施条例》这一部。

〔2〕　"规章"在行政诉讼审理中只具有"参照"的地位，这意味着法院不能直接将之作为审理依据。法院在"参照"时，需要率先对规章的合法有效性进行判断。那么，法院判断规章"合法有效"该坚持什么样的标准呢？何海波提出标准可以参照《立法法》(2015 年) 第 96 条中涉及的有权机关应当予以改变或撤销规章的情形来进行判断。主要涉及三点："超越权限""下位法违反上位法规定的""规章之间对同一事项的规定不一致，经裁决应当改变或者撤销一方的规定的"。而对于"规章的规定被认为不适当，应予以改变或撤销的""违反法定程序"这两点，该学者认为前者涉及政策判断，超出法院的审查能力；而后者规章违背立法程序的情形又相当罕见，可暂不考虑。参见何海波：《行政诉讼法》(第 3 版)，法律出版社 2022 年版，第 99~102 页。也有的研究者在综合了最高人民法院的司法解释、有关答复精神及司法实践的经验的基础上提出了五点判断标准，除了涵盖前述学者提到的前两点外，还看"规章是否违背了制定规章的基本原则和精神""规章是否遵循了《规章制定程序条例》的规定""规章是否生效或者已经失效"。参见江必新、梁凤云：《行政诉讼法理论与实务》(下)，法律出版社 2016 年版，第 1490~1496 页。总的来看，合法有效的规章必须满足以下条件：第一，制定的内容在法律法规授权的范围内，且不得与法律法规相抵触，这一点也最为核心；第二，制定的程序合法；第三，在效力上，规章已生效。

〔3〕　具体规章名称与具体条目详见附表。

〔4〕　参见《立法法》(2023 年) 第 91、93 条。

论程序的适用条件进行了限缩。例如，《广播电影电视行政处罚程序暂行规定》将集体讨论程序适用的条件范围限定为"情节复杂或重大的违法行为，需给予较重的行政处罚的"。[1]原本只需"情节复杂"，案件就达到了须经集体讨论决定的要求，而该规章中却将之限缩为"情节复杂"且"给予较重的行政处罚"。换言之，即使情节复杂，但只要给予了较轻的处罚，就不属于集体讨论决定的适用范围，明显限缩了法律的规定。这样的规定不得作为法院判断的根据。

除了前面提到的对判断无用或不能作为判断根据的内容类型外，规章中对集体讨论程序的规定还有丰富集体讨论制度的内容，以及细化、扩大、创设集体讨论的适用情形的内容。丰富制度的内容并不涉及是否适用，而细化、扩大及创设适用情形则可以作为法院判断的根据。

细化适用通常为对"情节复杂""重大违法行为给予较重的处罚"的情形予以具体化。对于"情节复杂"适用的细化，规章从事实与证据的认定、社会影响、行为危害性、法律适用等方面展开；[2]对于"重大违法行为给予较重的处罚"适用的细化，规章从处罚金额与处罚类型等方面展开。[3]

扩大适用，意味着集体讨论程序不再限于"情节复杂""重大

---

〔1〕《广播电影电视行政处罚程序暂行规定》（1996年，已失效）第28条第2款。该规定现由《广播电视行政处罚程序规定》取代，但该范围限定仍被保留。

〔2〕 例如，在《交通运输行政执法程序规定》（2021年）中把"情节复杂"细化为"认定事实和证据争议较大的，适用的法律、法规和规章有较大异议的，违法行为较恶劣或者危害较大的，或者复杂、疑难案件的执法管辖区域不明确或有争议的"；《市场监督管理行政处罚程序暂行规定》（2018年）中则将之细化为"涉及重大安全问题或者有重大社会影响的案件""调查处理意见与审核意见存在重大分歧的案件"。2021年国家市场监督管理总局对《市场监督管理行政处罚程序暂行规定》进行修正，规章名称变更为《市场监督管理行政处罚程序规定》，把"情节复杂或者重大违法行为给予行政处罚"的行政处罚案件细化为"涉及重大公共利益的"，"直接关系当事人或者第三人重大权益，经过听证程序的"，"案件情况疑难复杂、涉及多个法律关系的"，"法律、法规规定应当进行法制审核的其他情形"。须集体讨论的案件适用情形与适用法制审核程序的案件类型一致。

〔3〕 例如，《安全生产违法行为行政处罚办法》（2015年）中则将"没收违法所得、没收非法开采的煤炭产品或者采掘设备价值5万元以上的行政处罚"视为"较重的行政处罚"。

违法行为给予（较重的）处罚"这两种法定情形，有的规章中还要求实施听证的案件须经集体讨论[1]、减轻处罚或不予处罚须经集体讨论[2]、由行政机关根据实际情况自行决定适用集体讨论程序[3]。这些规章中对适用的扩大条件较为明确，能够直接适用。但还有一类扩大，它是对"情节复杂""重大违法行为给予较重的处罚"限定条件的扩大。例如，《烟草专卖行政处罚程序规定》（2023年）将适用条件表述为"案情重大、复杂"，类似的还有"其他较重大的行政处罚"等表述。[4]这类扩大实际上用其他不确定的法律概念来替代了《行政处罚法》对条件的限定表述。虽然从语义的理解上扩大了适用范围，增加了行政机关的程序义务，但对法院判断是否适用这点而言，并无助益。

创设适用，集体讨论程序不只在情节复杂或重大违法（给予较重的）处罚时适用，规章的规定还创设了行政处罚案件在办理过程

---

〔1〕 例如，《北京市实施行政处罚程序若干规定》（2018年）第15、16条；《新疆维吾尔自治区实施行政处罚程序规定》（1997年）第19、20条；《成都市规范行政执法自由裁量权实施办法》（2014年）第20条第1款第3项；等等。

〔2〕 例如，《安全生产行政处罚自由裁量适用规则（试行）》（2010年）第18条第3款规定：对安全生产违法行为给予从轻或者从重处罚的自由裁量结果，应当由安全监管执法机关的负责人集体讨论决定。《深圳市规范行政处罚裁量权若干规定》（2009年）第18条第1款第4项规定的"依法不予处罚或者减轻处罚的"都需要由行政机关的负责人集体讨论后作出决定。甚至还有些规章中要求，所有的案件都须经集体讨论。例如，《商务部行政处罚实施办法》（2018年）第18条中并没有对适用集体讨论程序的案件情形进行区分，无论是重大、还是一般，甚至是不予处罚的案件，均须经过集体讨论程序。2022年修正后的《商务部行政处罚实施办法》将适用集体讨论的情形限定为"对情节复杂或者重大违法行为给予行政处罚"。

〔3〕 例如，《成都市规范行政执法自由裁量权实施办法》（2014年）第20条第1款第4项；《长春市规范行政处罚自由裁量权实施办法》（2020年）第17条第1款第5项；《沈阳市规范行政处罚自由裁量权实施办法》（2011年）第17条第1款第5项；《深圳市规范行政处罚裁量权若干规定》（2008年）第18条第1款第6项等。

〔4〕 新修改后的《烟草专卖行政处罚程序规定》（2023年）第52条第2款规定："对情节复杂或者重大违法行为给予行政处罚，烟草专卖局负责人应当集体讨论决定。"前述规定中适用行政机关负责人集体讨论的程序要求与《行政处罚法》（2021年）第57条第2款的表述完全相同。类似的有《出版管理行政处罚实施办法》（1997年）第46条第2款中规定为"其他较重大的行政处罚"；《安全生产行政处罚自由裁量适用规则（试行）》（2010年）第18条第3款和《甘肃省规范行政处罚自由裁量权规定》（2012年）第12、16条中规定为"从重处罚"。

中，回避、延长办案期限、特定情形下的强制措施、更改原行政决定、变通罚款缴纳方式等环节中须经集体讨论的要求。[1]

第二，从规章覆盖的地域而言，在 31 个省级行政区中、282 个设区的市中，只有 16 个省、21 个设区的市的规章中对集体讨论进行了"有益"的规定。从行政管理领域来看，涉及了"集体讨论"内容规定的规章覆盖了 20 余个行政管理领域。从行业数量上而言，它涵盖了《最高人民法院关于规范行政案件案由的通知》（法发〔2004〕2 号）中所提及的一半以上的行政管理范围。法院在审理涉及"集体讨论"程序适用的纠纷时，表面看起来规章所提供的依据已经相当"丰富"了。实际上，剔除掉前文中从内容规定上无助于审判的规章规定，剩下的只有交通、旅游、文化、统计、卫生、司法、林业、市场监督、安全生产、新闻出版等约 10 个行政管理领域，相较于上述《通知》中罗列的 42 个行政管理范围，只占不到 1/4 的比重。由此可见，规章覆盖的行政管理领域与地域非常有限。

以公安机关为例，公安机关每年办理着数量巨大的行政处罚案件，但《公安机关办理行政案件程序规定》中却并不涉及集体讨论的内容要求，这也常常在诉讼中引发争议。公安机关开出多高的罚单属于"较重的处罚"？[2] 公安机关以"案情复杂"为由申请延期的案件，最终作出的处罚是否符合适用集体讨论程序"情节复杂"

---

　　〔1〕　例如，在《市场监督管理行政处罚程序规定》（2022 年）、《黑龙江省行政执法程序规定》（2019 年）、《蚌埠市行政程序规定》（2017 年）等 10 部规章中规定，部门负责人的回避须由集体讨论决定。在《邮政行政处罚程序规定》（2020 年）、《卫生行政处罚程序》（2006 年）等规章中规定了案件特别复杂经延期后须再延期或是省级机关延长办案期限的，须由集体讨论决定。此外，《林业行政处罚程序规定》（1996 年）第 36 条第 2 款要求部门负责人认为作出的行政处罚决定确有错误的，有权提请集体讨论，决定是否重新处理。与之类似，《杭州市市场监督管理行政处罚程序规定》（2017 年）第 81 条要求原行政处理决定重新审查的，审查结论一般应当经集体讨论决定。该规定在 2021 年进行了修正，把该条内容删除。

　　〔2〕　"宿松县只见缘网吧诉宿松县公安局行政处罚案"，安徽省安庆市中级人民法院（2014）宜行终字第 00039 号行政判决书；"宿松县城北网吧诉宿松县公安局行政处罚案"，安徽省安庆市中级人民法院（2014）宜行终字第 00040 号行政判决书。在这两个案件中，公安机关依据《互联网上网服务营业场所管理条例》第 31 条对当事人作出顶格的 15 000 元罚款，但未经过集体讨论程序。

的条件?〔1〕公安机关作出行政拘留的处罚决定是否属于较重的行政处罚,这一问题就曾引发过激烈的讨论。〔2〕由于缺少具体化、具有可操作性的规定,因此,实践中就出现了如前文所整理的第二种至第四种做法,只能由法院来进行自由裁量。

第二种至第四种做法都有其合理性所在,但由于不同法官考虑问题的出发点与侧重点各有不同,造成了被法官诟病的不同司法裁判中对同一行政决定是否都需要进行集体讨论标准不一的问题。〔3〕要从根本上解决这一问题,当然仰赖于国家立法的完善。但在现阶段,法院也绝非毫无应对之策。最高人民法院可以通过发布司法解释与指导性案例相结合的形式来规范、统一各地法院对适用集体讨论程序的判断标准。因为"在目前中国的司法解释中,最高法院的规范解释起着与法律同等重要的作用,是中国法院和法官每天办案的直接依据"〔4〕。指导性案例在适用上又具有"法源化"的趋势。〔5〕这两种形式可以作为统一法院裁量尺度的权宜之计。

---

〔1〕 "谭某居诉柳江县公安局行政处罚案",广西壮族自治区柳州市中级人民法院(2012)柳市行终字第 40 号行政判决书;"吴某桦诉北海市公安局行政处罚案",广西壮族自治区北海市中级人民法院(2017)桂 05 行终 76 号行政判决书。在该案中,公安机关以"案情复杂"为由延长了办案时间,但又以"情节不复杂,违法行为并非重大,公安机关对违法行为人实施的处罚也不重"为由,认为不符合适用集体讨论程序的前提。

〔2〕 在"吕某海诉柘城县公安局行政处罚案",河南省商丘市中级人民法院(2015)商行终字第 95 号行政判决书;"柳某尚诉宝丰县公安局行政处罚案",福建省高级人民法院(2015)莆行终字第 11 号行政判决书;"徐某诉淮安市公安局青浦分局行政处罚案",江苏省淮安市中级人民法院(2016)苏 08 行终 72 号行政判决书;"董某凤诉兴化市公安局行政处罚案",江苏省泰州市中级人民法院(2018)苏 12 行终 119 号行政判决书等多个案件中,公安机关对当事人作出行政拘留的处罚决定,但均认为案情简单,拘留的天数也属于法定刑幅度内较轻的区间构不成"较重的处罚"。法院在判决中也认可了公安机关的理由与做法。但在"司某立诉山东省东明县公安局行政拘留案",山东省菏泽市中级人民法院(2014)菏行终字第 43 号行政判决书中,法院则认为行政拘留应当属于"较重的行政处罚",应当经集体讨论程序,具体的理由参见办案法官所撰写的文章。焦炜华、陈希国:《应经而未经集体讨论的行政处罚决定应予撤销》,载《人民司法》2016 年第 5 期。

〔3〕 耿宝建:《行政处罚案件司法审查的数据变化与疑难问题》,载《行政法学研究》2017 年第 3 期。

〔4〕 陈春龙:《中国司法解释的地位与功能》,载《中国法学》2003 年第 1 期。

〔5〕 参见马燕:《论我国一元多层级案例指导制度的构建——基于指导性案例司法应用困境的反思》,载《法学》2019 年第 1 期。

（1）司法解释。按照《全国人民代表大会常务委员会关于加强法律解释工作的决议》及《最高人民法院关于司法解释工作的规定》（法发〔2021〕20 号）的要求，最高人民法院可以就法院在审判工作中具体应用法律的问题作出司法解释。司法解释的形式又可以细分为"解释""规定""批复""决定"四类。其中，"批复"是针对下级法院审判工作中具体应用法律问题的请示而作出的司法解释。批复的问题具有一般性的，效力并不只及于请示法院，而是全国范围内均有效。最高人民法院曾以"批复"的形式对行政机关作出较大数额的没收财产是否应予听证的问题进行过答复。[1] 从答复的内容来看，一方面，确认了行政机关作出没收较大数额财产的行政处罚前，未按照规定举行听证的，属于违反法定程序；另一方面，确立了对较大数额的认定标准。这一批复对行政处罚听证程序的发展具有重要的影响。关于集体讨论程序的适用问题，同样也可以采用这样的形式来予以确认与统一。

此外，最高人民法院还可以采用"解释"的形式对《行政处罚法》《行政复议法》中适用集体讨论程序的情形予以统一。虽然司法解释与法律同等重要，但司法解释却无权增设行政机关的实体与程序义务，因此，规章中对集体讨论扩大、创设与丰富的适用规定并不适宜出现在司法解释之中。而对集体讨论程序适用的细化内容，则可以作为制定司法解释的内容参考。

（2）指导性案例。指导性案例制度作为我国司法改革的一项重要举措而推出。按照《最高人民法院关于案例指导工作的规定》的内容，开展指导案例工作的目的之一在于"总结审判经验，统一法律适用"。指导性案例得以发挥出统一法律适用功能的机理在于，各级人民法院在审判类似案件时应当参照最高人民法院发布的指导性案例。[2] 类似案件是指在基本案情与法律适用方面与指导性案例相

---

〔1〕《最高人民法院关于没收财产是否应进行听证及没收经营药品行为等有关法律问题的答复》，〔2004〕行他字第 1 号。

〔2〕《参见最高人民法院关于案例指导工作的规定》（法发〔2010〕51 号）第 1、7 条。

似，这类案件在裁判时应当参照、引述指导性案例的裁判要点与裁判理由。[1]

案件得以入选指导性案例，需要满足特定的条件。案例需要具有"社会广泛关注的""法律规定比较原则的""具有典型性的""疑难复杂或者新类型的"等特征。[2]例如，指导性案例第6号。该案提炼的裁判要点为："行政机关作出没收较大数额涉案财产的行政处罚决定时，未告知当事人有要求举行听证的权利或者未依法举行听证的，人民法院应当依法认定该行政处罚违反法定程序。"从裁判要点来看，法院对《行政处罚法》第42条（现为第63条）规定的适用听证程序的处罚类型中规定的"等"字进行了解释。该案得以入选，很重要的理由在于，法院通过相关因素的考量，将法律规范意义的边缘意义进行挖掘和适用，对法律规定比较原则的部分进行解释，具备了相当的参考意义。[3]与之类似，《行政处罚法》中适用集体讨论程序规定的条件也较为原则。不同的行政管理领域、不同的地区对"情节复杂""重大违法给予（较重的）处罚"都有完全不同的理解。[4]例如，公安机关作出拘留的行政处罚是否属于该法中规定的"重大违法行为给予较重的行政处罚"便存在争议。类似这样的案件，最高人民法院可以通过法定程序将之上升到指导性案例，统一各地法院对同一问题的认识。

（二）法院对集体讨论的过程审查

在确定了行政处罚应当经过集体讨论决定而作出的基础上，法院需要根据进一步判断行政机关是否已按照要求履行了集体讨论的程序义务。这就涉及对集体讨论证据效力的判断，法院不可避免地

---

〔1〕　参见《〈最高人民法院关于案例指导工作的规定〉实施细则》（法〔2015〕130号）第9条。

〔2〕　参见《最高人民法院关于案例指导工作的规定》（法发〔2010〕51号）第2条。

〔3〕　参见孙光宁：《法律规范的意义边缘及其解释方法——以指导性案例6号为例》，载《法制与社会发展》2013年第4期。

〔4〕　例如，在"杨某胜诉中国证券监督管理委员会行政处罚案"，北京市高级人民法院（2019）京行终747号行政判决书中，证监会对杨某胜处以3万元罚款，相较于证券领域动辄上千万的罚款，3万元的罚款确实算不上"较重的行政处罚"。

要介入对集体讨论的过程审查。而在过程审查中，法院有权审查哪些内容呢？

对集体讨论程序过程进行审查的目的，是为了判断行政机关是否按照规定履行了集体讨论程序，而非集体讨论如何进行、怎样得出结果、得出怎样的结果。法院对过程的审查是一种有限的审查。因此，对这一问题的判断就可以转化为对集体讨论证明材料是否有效的判断。规章中对丰富制度内容的规定以及规范性文件中对集体讨论的要求，为法院的判断提供了依据。大致有以下几点：

1. 集体讨论的启动节点

集体讨论应当在何时启动，实务中存在着较大的分歧。"有的行政机关在处罚告知前便组织集体讨论，有的行政机关在听证结束后并不开展集体讨论，也有的在听证前集体讨论处罚内容，甚至在一案中多次开展集体讨论。"[1]以含有听证程序的重大行政处罚为例，有的认为集体讨论应当在办案机关提出拟处罚建议之前进行；有的认为应当在案件调查终结之后，处罚事先告知书发出之前进行；有的认为应当在事先告知书发出之后，行政相对人陈述、申辩和听证完毕，最终的处罚决定作出之前进行。[2]从《行政处罚法》对应条款的立法目的来看，集体讨论的程序设置目的是发挥集体的智慧，并让行政机关负责人审慎决定，为作出最佳的决定提供支撑、辅助与监督。因此，集体讨论启动的前提是执法人员已经查清了案件事实，对案件如何处理已经有了基本的判断。而在案件调查环节启动的集体讨论并未达到《行政处罚法》立法条款的目的，自然不能认为该讨论是有效的。

此外，《行政处罚法》在 2017 年的修订中新增了一款关于行政

---

〔1〕 徐冬然、王伏刚：《行政机关负责人集体讨论程序的正当时机》，载《人民法院报》2021 年 9 月 30 日，第 6 版。

〔2〕 参见郑琦：《行政法中"集体讨论制度"的叙述与解读——以 70 部法律规范文本为对象的"具体化"路径探索》，收录于《第十三届全国公法学博士生论坛报告论文集（2018）》，第 141 页。

机关负责人作出决定前，应当进行法制审核的规定。[1]法律并未对这一程序与集体讨论的先后顺序予以规定。但从法制审核的目的来看，法制机构通过对执法主体的资格、执法人员的资格、执法权限、执法程序、案件事实认定、法律法规适用等内容的审核，来确保作出的重大执法决定合法有效。[2]承办机构要对审核机构提出的存在问题的审核意见进行研究，作出相应处理后再次报送法制审核。法制审核程序的定位为对行政机关作出重大处罚或重大决策进行论证参考并提出审核意见，起到了过滤器的作用，因此，集体讨论的启动节点一般在法制审核之后。部门规章与一些地方的规范性文件中也对这一启动顺序予以了确认。[3]

2. 集体讨论的形式要求

集体讨论多采用会议的形式，在既往或当下的实践中，不少部门规章与地方的规范性文件中更是明确要求以会议形式进行。例如，《建设行政处罚程序暂行规定》（1999 年，已失效）第 18 条规定："执法机关法制工作机构与执法人员就有关问题达不成一致意见

---

〔1〕《行政处罚法》（2017 年）第 38 条第 3 款规定，在行政机关负责人作出决定之前，应当由从事行政处罚决定审核的人员进行审核。行政机关中初次从事行政处罚决定审核的人员，应当通过国家统一法律职业资格考试取得法律职业资格。2021 年《行政处罚法》进行修订时，第 58 条第 1 款明确了法制审核的适用条件与适用情形。第 58 条第 1 款规定，有下列情形之一，在行政机关负责人作出行政处罚的决定之前，应当由从事行政处罚决定法制审核的人员进行法制审核；未经法制审核或者审核未通过的，不得作出决定：①涉及重大公共利益的；②直接关系当事人或者第三人重大权益，经过听证程序的；③案件情况疑难复杂、涉及多个法律关系的；④法律、法规规定应当进行法制审核的其他情形。

〔2〕《国务院办公厅关于全面推行行政执法公示制度执法全过程记录重大执法决定法制审核制度的指导意见》（国发发〔2018〕118 号）。

〔3〕例如，《商务部行政处罚实施办法》（2022 年）第 13 条第 1 款规定，有本款规定情形之一的，在提请商务部负责人审查或集体讨论前，承办机构应将《案件调查报告》提交法制机构进行法制审核；未经法制审核或者审核未通过的，不得作出处罚决定。一些地方的规范性文件中规定了法制审核与集体讨论的启动顺序。例如，汕尾市人民政府《汕尾市重大行政执法决定法制审核和集体讨论决定制度》（汕府函〔2016〕532 号）第 2 条第 3 款规定，重大行政执法决定经法制机构审核通过后，才能提交行政执法主体负责人进行集体讨论。《白山市重大行政执法决定集体讨论暂行规定》（白山政办发〔2017〕18 号）第 3 条规定，承办机构拟作出的重大行政执法决定经法制审核后提请行政执法机关集体讨论。

时……；给予较重处罚的，报请本机关负责人集体讨论决定或者本机关分管负责人召集的办公会议讨论决定。"湖南省新晃自治县人民政府《新晃侗族自治县重大行政执法案件法制审查和集体讨论决定实施办法》第 11 条规定，采用政府常务会议、局（委、办）务会议、乡镇党政联席会议等对重大执法案件进行集体讨论。[1]吉林省白山市人民政府《白山市重大行政执法决定集体讨论暂行规定》第 4 条规定，集体讨论重大行政执法决定事项应当召开案件审理会议。[2]行政实务中还有以文件会签、传阅、征求意见、投票等代替集体讨论会议的情形。文件会签代替集体讨论的形式甚至还得到了法院的认可。[3]但事实上，在实务中这一问题并非没有争议，行政处罚中的审批与集体讨论之间的关系就存在着不同的认识。[4]可见，行政处罚的审批是否能够当然地作为集体讨论的形式还有待商榷。

3. 集体讨论的人员构成

司法实践中关于集体讨论证据有效性的争论，主要集中到了由谁参与的问题上。对于行政机关负责人的集体讨论程序，顾名思义，行政机关的负责人当然应当参与其中。"行政机关的负责人"划定在多大的范围内，在司法实践中还是容易引发争议。例如，在"厦门湖里高殿门诊部诉厦门市湖里区卫生局行政处罚案"中，原告提出集体讨论材料上的签字人并非机关的法定代表人，而是分管的副局长，应视为没有经过集体讨论这一法定程序。[5]在我国的行政体制中，行政机关负责人并不仅仅指行政机关的法定代表人，还包括了

---

〔1〕 湖南省新晃自治县人民政府《新晃侗族自治县重大行政执法案件法制审查和集体讨论决定实施办法》（晃政发〔2016〕2 号）。

〔2〕 吉林省白山市人民政府《白山市重大行政执法决定集体讨论暂行规定》（白山政办发〔2017〕18 号）。

〔3〕 参见"李某英诉平度市公安局行政处罚案"，青岛市中级人民法院（2015）青行终字第 396 号行政判决书；"周某莲诉莆田市公安局荔城分局行政处罚案"，福建省莆田市中级人民法院（2015）荔行初字第 24 号行政判决书。

〔4〕 参见《案件集体讨论后，是否要制作处罚决定审批表？》，载新浪网，https://cj.sina.com.cn/articles/view/1480190601/5839ea89019005ssr，最后访问日期：2022 年 12 月 20 日。

〔5〕 福建省厦门市中级人民法院（2010）厦行终字第 9 号行政判决书。

分管相应工作的副职领导人，甚至是各职能部门负责人。[1]关于这一点理解，2018 年《行诉法解释》第 128 条也同样可以印证：出庭应诉的行政机关负责人包括行政机关的正职、副职负责人以及其他参与分管的负责人。因此，行政机关负责人不能局限于行政机关的法定代表人这一狭义的理解。

一些地方的规范性文件中对集体讨论参与人员的构成进行了明确的规定。[2]一般而言，行政执法机关主要由负责人主持会议，其他负责人、法制机构人员、案件承办机构人员等参加会议。必要时可以邀请相关专家参与。在司法实践中，法院审查参会人员情况，是反映集体讨论是否合法的重要事项之一。例如，在"龙某庆、罗某诉贵州省凯里市自然资源局行政处罚案"中，根据当时《土地违法案件查处办法》关于集体讨论人员构成的规定，[3]集体讨论程序虽由单位副职主持，但集体讨论会议的其他人员构成为部分科室副职干部和工作人员。法院认定集体讨论的人员构成并不符合《行政诉讼法》相关司法解释中划定的"负责人"范围。法院判定被告参与集体会审人员不属于土地行政管理机关的负责人或领导，其作出的行政处罚决定，不符合法律规定，属程序违法。[4]再如，在"周某丁、陈某珊诉厦门市思明区城市管理行政执法局行政处罚案"中，法院在审查集体讨论程序的有效性时，根据在案证据认定本案已由该区执法局局长主持会议进行集体讨论评议，参加的人员中还包括了副局长等在内共 13 人，认为本案已经过集体讨论程序。[5]

---

〔1〕　参见何海波：《内部行政程序的法律规制研究》，载《交大法学》2012 年第 1 期。

〔2〕　例如，长沙市人民政府法制办公室《长沙市重大行政执法决定集体讨论办法（试行）》（长政法〔2015〕32 号）第 4 条规定：会议由行政执法机关主要负责人或者其委托的负责人主持，行政执法机关其他负责人，法制机构、案件具体承办机构和其他有关机构的负责人等参加。

〔3〕　参见原土地管理局《土地违法案件查处办法》（〔1995〕第 3 号）第 27 条规定：土地违法案件应当由土地管理部门领导集体审议，但实行行政首长负责制。审议应当制作笔录，由参加审议的成员签名。审议中的不同意见，应当如实记入笔录，并将笔录归入案卷。

〔4〕　贵州省黔东南苗族侗族自治州中级人民法院（2020）黔 26 行终 2 号行政判决书。

〔5〕　福建省厦门市中级人民法院（2018）闽 02 行终 154 号行政判决书。

此外，为了保证案件讨论时的公正性，一般还要求与所讨论案件有利害关系的人员进行回避。

4. 集体讨论的记录要求

记录要求分为形式与内容两方面。在记录形式上，一般要求集体讨论要形成会议记录，并纳入行政案卷卷宗进行归档保管。例如，《互联网信息内容管理行政执法程序规定》（2017 年）要求集体讨论决定的过程应当有书面记录；[1]《旅游行政处罚办法》（2013 年）要求集体讨论的材料须设立副卷。[2]

在记录内容上，一些规范性文件还提出了 68 对书面记录事项的明确要求。例如，《汕尾市重大行政执法决定法制审核和集体讨论决定制度》第 21 条要求会议记录的内容包括案由，讨论时间、地点，主持人和记录人姓名，出席人员、列席人员的姓名、职务，集体讨论情况，对案件的处理意见和法律根据等。[3]

在对参加讨论人员的签名上，记录形式不同，要求也不完全相同。例如，在集体讨论记录中，一般会要求由各个发言人或者到会人员签字确认，甚至有的要求有不同意见的应当记录在案。

司法实践中关于集体讨论证据有效性的争论还表现在由谁签字的问题上，即行政机关负责人是否签字？参会人员是否签字？法院在对签字问题的认识上并不一致。例如，在"河南大家牧业公司诉获嘉县国土资源局行政处罚案"中，原告提出对集体讨论记录只有 3 名人员的发言记录而无行政机关负责人参加内容，因此提出程序违法的质疑。法院则直接以行政机关没有告知处罚理由，严重影响了当事人行使陈述、申辩权为由，认定该行为程序违法。在该案中，

---

〔1〕 参见国家互联网信息办公室《互联网信息内容管理行政执法程序规定》（2017 年）第 38 条。

〔2〕 原国家旅游局《旅游行政处罚办法》（2013 年）第 70 条。类似的还有广东省人民政府《广东省规范行政处罚自由裁量权规定》（2011 年）第 17 条：行政处罚实施机关应当建立重大行政处罚集体讨论制度。对集体讨论情况应当予以记录，并立卷归档。

〔3〕 《汕尾市人民政府关于印发〈汕尾市重大行政执法决定法制审核和集体讨论决定制度〉的通知》（汕府函〔2016〕532 号）。

法院用其他分量的理由取代了对集体讨论程序的回应。[1]但在"黄某桂与常宁市国土资源局非诉执行案"中，法院就直接以违法案件审理记录缺少参加人员的签名，应属于违反法定程序的情形为由，裁定不予执行。[2]

5. 集体讨论的其他要求

不少地方的规范性文件专门对集体讨论进行了规范，内容除了涉及前面提到的四点以外，还包括了集体讨论的流程、集体讨论意见与最终决定的取舍、未按照要求履行集体讨论的责任追究。[3]但司法实践中，还有人提出了都不在以上规定内的其他理由。例如，在"陈某诉淮安市淮阴区运输管理所行政处罚案"中，原告还提出对集体讨论持续时长的质疑，认为行政机关在 30 分钟内完成了集体讨论程序并作出处罚决定，存在证据后补的嫌疑。[4]法院以重大案件集体讨论是被告行政处罚的内部程序，其讨论方式、过程及时间等并无具体规定为由，认为原告虽然质疑其工作效率，但无证据证明，故其主张无法采信。法院的做法是妥当的。因为对于案件集体讨论持续时长的问题，应该由行政机关根据案件的复杂程度、现场讨论情况等综合决定，除非明显的不合理构成违法，否则法院应当尊重行政机关的安排。

三、法院如何审查集体讨论程序：以证据认定为视角

在明确了作出行政处罚决定应当适用集体讨论程序的前提下，我们接下来展开对证据方面的讨论。它涉及由谁举证、何时举证、如何举证这三方面的问题。法院对提交证据的认定也将影响最终裁

---

〔1〕 "河南大家牧业公司诉嘉县国土资源局行政处罚案"，河南省辉县市人民法院（2009）辉行初字第 39 号行政判决书。

〔2〕 湖南省常宁市人民法院（2018）湘 0482 行审 157 号行政裁定书。

〔3〕 参见《汕尾市人民政府关于印发〈汕尾市重大行政执法决定法制审核和集体讨论决定制度〉的通知》（汕府函〔2016〕532 号）第 20、22~24 条；湖南省新晃自治县人民政府《新晃侗族自治县重大行政执法案件法制审查和集体讨论决定实施办法》（晃政发〔2016〕2 号）第 17 条；等等。

〔4〕 淮安市中级人民法院（2014）淮中行终字第 0125 号行政判决书。

判的走向。

（一）举证责任分配

由谁举证，涉及举证责任分配的问题。按照《行政诉讼法》第34条的规定，被告对作出的行政行为负有举证责任，应当提供作出该行政行为的证据和所依据的规范性文件。"行政行为的证据"包括了行政行为作出过程中已履行相应法定程序的证明材料。而原告的举证责任则仅限于证明自身符合起诉条件、起诉不作为案件曾在行政程序中提出过申请、行政赔偿案中对行政行为造成损害的事实这三类。[1]因此，对于情节复杂或者重大违法给予（较重的）行政处罚应当经过行政机关负责人集体讨论决定的举证责任，毫无疑问应当由行为方，即行政机关来承担。

但在我们收集整理的案件中，存在着个别法院颠倒、混淆举证责任的问题。例如，"熊某红诉永安市交通综合行政执法大队行政处罚案"中，当事人对重大案件未经集体讨论程序提出了质疑。而法院却认为，当法律、法规等规范性文件并未明确"情节复杂""重大违法行为""较重的行政处罚"的具体评判标准时，原告并没有提供被处罚事项属于情节复杂、重大违法行为给予较重的行政处罚的证据。据此，法院不能认定行政机关作出行政处罚决定时未经集体讨论违法。[2]在这个案件中，法院把是否应予适用集体讨论的证明责任转嫁到了行政行为的相对人一方。实际上，这一事项应当由行政机关举证说明。

而在"谭某生诉浏阳市城市管理和行政执法局行政处罚案"中，上诉人谭某生在上诉的理由中提到"本案属处罚较重，没有经过被上诉人负责人集体讨论"，而法院在判决中回应道，"上诉人还提出被上诉人作出涉案行政处罚决定没有经过集体讨论，没有案件终结报告，且系选择性执法问题，但上诉人对此均未向本院提供证据加以证明。本院审查后认为，上诉人上述意见没有事实依据，均不能

---

〔1〕 参见《最高人民法院关于行政诉讼证据若干问题的规定》（法释〔2002〕21号）第4、5条。

〔2〕 福建省永安市人民法院（2014）永行初字第8号行政判决书。

成立，本院均不予采纳。"[1]在这个案件中，法院把证明是否经过集体讨论程序的责任转嫁到了行政行为的相对人一方，这一做法明显是错误的。

还有一类案件，涉及法院是否应当依职权调取集体讨论证据的问题。例如，在"兰州金达康汽车销售服务公司诉兰州市安宁区城市管理行政执法局等行政处罚案"中，当事人双方在诉讼中并未对行政处罚中的集体讨论程序存有争议。但法院在依职权全面审查的过程中，认为行政处罚应当经过集体讨论，而行政机关并未提交相应的程序证据，法院直接以"程序违法"为由，撤销了处罚决定。行政机关作为上诉方，在上诉理由中提到"一审法院并未依职权调取相关证据"。[2]在这一类案件中，法院应当依职权调取集体讨论的证据吗？答案当然是否定的。《行政诉讼法》第40条明确规定了法院可以依职权调取证据，但不得为证明行政行为的合法性调取被告作出行政行为时未收集的证据。行政处罚中经过行政机关负责人集体讨论决定的证据，属于证明行政行为合法性的证据，应由行政机关提交，法院不得调取。

（二）举证时间

何时举证，被告的举证期限涉及证据效力的问题，并最终影响到判决结果。《最高人民法院关于行政诉讼证据若干问题的规定》（法释〔2002〕21号）第1条第1款规定，被告应当在收到起诉状副本之日起10日内，提供据以作出被诉行政行为的全部证据和所依据的规范性文件。被告不提供或者无正当理由逾期提交的，视为被诉行政行为没有相应的证据。换言之，行政机关没有在法定的举证期限内提交已经过集体讨论的证明材料，应视为未履行这一程序。

虽然在不少案件中，已有法院仅仅因为行政机关对集体讨论举

---

〔1〕 湖南省长沙市中级人民法院（2018）湘01行终425号行政判决书。
〔2〕 兰州铁路运输中级法院（2018）甘71行终202号行政判决书。

证不利，而让其尝到了败诉的滋味。[1]但与此同时，还有相当数量的法院对于行政机关无正当理由逾期提交证明材料的做法，抱持着较为宽容的态度，这种做法值得警惕。例如，在"深圳市快播科技公司诉深圳市市场监督管理局行政处罚案"中，快播公司在一、二审中均提出了行政机关作出处罚无调查、复核报告，未经集体讨论等的程序违法质疑，但行政机关在一审庭审结束后才向法院提交了以上证据。按照规定已属于逾期应视为没有相应的证据，最终却得到了法院的认可。法院给出的理由是，"市场监管局补充提交的上述证据，均系其在作出涉案行政处罚行为时已经收集的证据，又因本案涉及公共利益，法院有权要求市场监管局补充该组证据。"[2]但按照2018年《行诉法解释》第37条的规定，法院有权要求当事人补充证据，但补充的内容仅限于"当事人无争议，但涉及国家利益、公共利益或者他人合法权益的事实"。本案中，快播公司一直对是否经过集体讨论存有争议，因此，即使行政机关一审庭审结束后按照法院要求补充提交了证据，法院也不应据此认定行政机关已履行了集体讨论程序。

此外，法院对集体讨论程序重要性认识的不同，直接影响着法院对该证据逾期举证行为的最终评价。例如，在"湖北九州国际旅行社诉武汉市旅游局行政处罚案"中，一审法院认为："逾期提交证据视为被诉具体行政行为没有相应的证据，被告市旅游局未在举证期限内向本院提交相关证据证明其在本案处罚决定前经过负责人集体讨论决定，视为行政程序违法。"而到了二审，从判决的措辞来看，"即便按照原审判决推定市旅游局对九州国际旅行社作出行政处罚决定未经集体讨论程序，该内部行政程序对被诉行为是否合法所

〔1〕 例如，"关闭海南发展银行清算组诉万宁市政府行政处罚案"，海南省第一中级人民法院（2015）海南一中环行初字第2号行政判决书；"黎平县龙翔木业公司诉黎平县环境保护局行政处罚案"，贵州省黔南布依族苗族自治州中级人民法院（2016）黔27行终81号行政判决书。

〔2〕 广东省高级人民法院（2016）粤行终492号行政判决书。

具有的价值也要在综合考量的情况下作出判断。"[1]"即便"一字便隐藏着法院欲言又止的想法——假设按照一审法院逾期提交集体讨论证据视为无证据,也不必然得出行政决定违法的判断。更何况法院对逾期提交这类内部行政程序的证据可能还有其他的判断。法院对集体讨论程序截然不同的认识,影响了法院对逾期提交证据行为性质的判断,并最终导致对行政机关逾期提交证据应当承担的法律后果作出完全不同的裁判。[2]

（三）举证的内容

如何举证,则关涉证据证明的内容。行政机关提交何种内容的证明材料才足以完成它对行政决定经过集体讨论程序的举证责任,是司法实践中容易引起争议的一个话题。行政机关提交的证明材料内容通常可以分为两类:

一类是行政机关通过提交行政处罚的审批表来证明自己履行了集体讨论程序。例如,在"李某英诉平度市公安局行政处罚案""周某莲诉莆田市公安局荔城分局行政处罚案"等案中,行政机关便认为,提交的行政处罚审批表,证明了处罚决定已经过承办人和分管领导的层层审批,属于经过集体讨论研究决定。法院也认可了行政机关提交的证据内容。[3]有的法院甚至直截了当地表明了只要有审批表即可,无须提交集体讨论内容的证明材料。[4]实际上,这样

---

〔1〕 湖北省武汉市中级人民法院（2015）鄂武汉中行终字第00384号行政判决书。

〔2〕 类似的案子还有"上海克里斯汀食品公司诉宁波市江东区食品药品监督管理局行政处罚案",宁波市江东区人民法院（2013）甬东行初字第20号行政判决书,法院认为:"本案被告虽然在行政处罚程序中经过了集体讨论,但没有在法定期限内向本院提交相关证据,考虑到该讨论决定属于行政机关内部程序,对当事人的权益未产生不利影响,本院在此作为瑕疵向被告予以指正。""潍坊博文置业有限公司诉潍坊市国土资源局行政处罚案",山东省潍坊市中级人民法院（2014）潍行终字第91号行政判决书。

〔3〕 山东省青岛市中级人民法院（2015）青行终字第396号行政判决书、福建省高级人民法院（2015）闽行申字第353号行政判决书。

〔4〕 "胡某翠诉嘉兴市道路运输管理局行政处罚案",浙江省嘉兴市中级人民法院（2017）浙04行终75号行政判决书。法院在判决中指出:"行政行为作出前经行政机关负责人集体讨论时行政机关负责人的意见属于行政机关内部决策过程性内容,如果向行政相对人公开,则不利于保证行政决策的民主性,该集体讨论的过程性内容不属于行政机关应当向法院提交证明被诉行政行为合法的证据。"

的做法并不妥当。审批表最大程度上只能证明行政处罚过程中的若干环节得到了行政机关负责人的同意。即使负责人在审批表中表达了同意集体讨论决定这类意思的内容，但事实上行政机关是否按照要求进行了集体讨论，还需要进一步证据证明。

另一类则是通过提交集体讨论的会议（讨论）记录[1]、会议纪要[2]、案件审议笔录[3]、违法案件审理记录[4]等材料来证明已按照要求履行了集体讨论程序。与第一种间接证据不同，这类证据形式多样，有对过程进行提炼加工的纪要，也有真实呈现原过程的记录，它们都共同反映了集体讨论的过程及其内容，能够较好地证明行政机关已履行相关程序。但像这类直接呈现集体讨论过程的证明材料，法院并无直接审查讨论过程是否合理的权力。因此，争论通常都落到了一些形式问题上，特别是人员签名问题成了争论证据证明效力的焦点。它通常涉及由参会人员是否签名等问题。

法院在这一问题上的认识并不一致。例如，在"谢某诉福州市高新技术产业开发局区综合执法局行政处罚案"中，当事人提出对集体讨论参会人数及与会人员签字真实性的质疑时，法院在判决中并未对这一争议予以回应，而是直接以其他程序违法为由作出了确认违法的判决。[5]但在"李某辉与河间市国土资源局非诉执行案"中，法院则以与会人员不齐、到场人员有人未签字为由，否认了该证据的证明效力。[6]

---

〔1〕 "临沂市兰山区路程运输公司诉仪征市安全生产监督局行政处罚案"，扬州市中级人民法院（2018）苏10行终202号行政判决书。

〔2〕 "广州市荔湾区综合行政执法局非诉执行审查行政裁定案"，广州铁路运输中级法院（2018）粤71行审复4号行政裁定书。

〔3〕 "河间市国土资源局非诉执行审查行政裁定案"，河北省河间市人民法院（2018）冀0984行审135号行政裁定书。

〔4〕 "常宁市国土资源局非诉执行审查行政裁定案"，湖南省常宁市人民法院（2018）湘0482行审157号行政裁定书。

〔5〕 福建省福州市中级人民法院（2019）闽01行终114号行政判决书。

〔6〕 "河间市国土资源局非诉执行审查行政裁定案"，河北省河间市人民法院（2018）冀0984行审135号行政裁定书。

在上述基于签名问题而引发的关于集体讨论证据证明力的问题上，与会人员的签字问题，有规定的从其规定，无规定的也应当慎重对待，结合行政机关公文处理规范及行政惯例等，综合判断该证据的效力。例如，在前述"李某辉与河间市国土资源局非诉执行案"中，《河北省国土资源违法案件查处程序规定》第 35 条第 2 款明确要求审议笔录须有参与人员的签名。而在该案中，行政机关提交的这一证据中缺少部分参与人的签字，而未到会的参与人的名字又出现在了审议笔录中，因此，这份原本要证明经过集体讨论的证据并没有得到法院的认可。法院的处理是妥当的。而对于会议纪要，它在内容上一般有所侧重地反映了集体讨论的主要情况，而非面面俱到，在表达上具有提要性的特征，一般也无须与会人员签字。因此，法院就不能光凭该材料无签字而认定未经集体讨论。[1]

四、违反集体讨论程序的法律后果

按照《行政诉讼法》的规定，"违反法定程序"是撤销行政行为的理由之一；"程序轻微违法，但对原告权利不产生实际影响的"则确认违法。根据官方解释，程序违法，只要对原告权利产生实际影响，无论违法程度的轻重，一律适用撤销判决。[2]与此同时，还有一种经由司法实践生成的"程序瑕疵，驳回原告诉讼请求"的做法，仍然被广泛地适用。针对"情节复杂或者重大违法给予较重的行政处罚"未经集体讨论程序而作出的行政处罚，构成了哪一种程序瑕疵类型？法院是如何进行裁判的？法院又该怎样进行裁判？

（一）法院裁判情况的实证考察

我们通过对案例的梳理可以发现，法院对行政处罚应经而未经过集体讨论程序案件的裁判，做法大致可以归为以下两类：第一，法院对于行政处罚应经而未经过集体讨论程序，构成"违反法定程

---

〔1〕　参见杨明生主编：《公文处理规范与实务》，中国金融出版社 2003 年版，第 174~178 页。

〔2〕　参见信春鹰主编：《中华人民共和国行政诉讼法释义》，法律出版社 2014 年版，第 188、196、197 页。

序"。但以此为由作出撤销行政处罚的判决，并无十足的信心。第二，还有相当一部分法院认为集体讨论属于行政机关内部行政程序，违反这一程序并不会影响到当事人的权利，通常用"指正并驳回原告诉讼请求"的方式裁判。

针对第一点发现，具体来说：

第一，法院以违反法定程序作为唯一理由，作出撤销判决的案件数量，屈指可数。[1] 在收集到的案件中，只有一件，为"兰州金达康汽车销售服务公司诉兰州市安宁区城市管理行政执法局等行政处罚案"。[2] 在该案中，一、二审法院均认为，城市管理执法局作出限期拆除的处罚决定，属于"重大违法行为给予较重的行政处罚"情形，应当经过集体讨论决定。而城市管理执法局未能提供证据证明经过了集体讨论程序。法院认定属于程序违法，并以此为由作出了撤销行政处罚决定的判决。

第二，在更多的案件中，法院除了以行政处罚未经集体讨论违反法定程序作为撤销判决的一个理由外，同时还加上了其他"分量更重"的理由，以此来增加撤销判决的底气。例如，在"河南大家牧业公司诉嘉县国土资源局行政处罚案"中，法院撤销行政处罚决定的理由，除了认为行政机关在作出处罚决定时未经集体讨论外，还有行政机关在违法事实的认定上缺乏根据，处罚前并未告知当事

---

[1] 渭南市华州区人民法院作出的一批关于行政执行的裁定书中，以"本案申请执行人责令被申请执行人拆除违法建筑物属于较重的行政处罚，依法应经申请执行人单位负责人集体讨论决定，但申请执行人未能提供相关证据，依法应视为该行政处罚没有经过集体讨论，属于行政程序违法"作为唯一理由，裁定不予执行。参见渭南市华州区人民法院（2018）陕 0503 行审 19 号行政裁定书、（2018）陕 0503 行审 20 号行政裁定书、（2018）陕 0503 行审 21 号行政裁定书、（2018）陕 0503 行审 22 号行政裁定书、（2018）陕 0503 行审 23 号行政裁定书、（2018）陕 0503 行审 25 号行政裁定书、（2018）陕 0503 行审 26 号行政裁定书、（2018）陕 0503 行审 27 号行政裁定书、（2018）陕 0503 行审 29 号行政裁定书、（2018）陕 0503 行审 30 号行政裁定书、（2018）陕 0503 行审 32 号行政裁定书、（2018）陕 0503 行审 33 号行政裁定书、（2018）陕 0503 行审 34 号行政裁定书、（2018）陕 0503 行审 35 号行政裁定书、（2018）陕 0503 行审 36 号行政裁定书、（2018）陕 0503 行审 72 号行政裁定书。
[2] 兰州铁路运输中级法院（2018）甘 71 行终 202 号行政判决书。

人处理的事实、理由及依据，法律适用也存有不当。[1]

　　即使只是以"违反法定程序"为由撤销行政处罚决定，不少法院除了说明集体讨论程序违法外，还会把其他程序违法的理由一并写上。例如，法院认为程序违法的表现不只未经集体讨论一项，还有收回土地处罚决定作出过程中未经上级机关批准这一程序；[2]行政处罚前未予告知[3]或告知方式不当[4]造成当事人重要程序性权利受损；行政处罚决定未加盖公章[5]等的内容。

---

　　[1]　河南省辉县市人民法院（2009）辉行初字第39号行政判决书。类似的案子还有"李某雄诉莆田市公安局城厢分局公安行政处罚案"，福建省莆田市城厢区人民法院（2010）城行初字第29号行政判决书；"李某诉莆田市公安局城厢分局行政处罚案"，福建省莆田市城厢区人民法院（2010）城行初字第30号行政判决书；"刘某华诉常宁市质量技术监督局行政处罚案"，湖南省衡阳市中级人民法院（2013）衡中法行终字第30号行政判决书；"陆某东诉嘉善县环境保护局行政处罚案"，浙江省嘉兴市嘉善县人民法院（2014）嘉善行初字第16号行政判决书；"苏州国通实业公司诉苏州工业园区国土房产局等行政处罚案"，江苏省苏州市姑苏区人民法院（2015）姑苏行初字第00137号；"杨某刚诉卫辉市公路管理局行政处罚案"，河南省新乡市中级人民法院（2016）豫07行终60号行政判决书；"滑县张源食品公司诉滑县食品药品监督管理局行政处罚案"，河南省安阳市汤阴县人民法院（2017）豫0523行初53号行政判决书；"廖某彬诉郭尔罗斯蒙古族自治县环境保护局行政处罚案"，吉林省前郭尔罗斯蒙古族自治县人民法院（2018）吉0721行初25号行政判决书；"李某萍诉金昌市金川区农牧局行政处罚案"，甘肃省高级人民法院（2018）甘行申206号行政判决书；"彭某诉宁城县林业局行政处罚案"，内蒙古自治区赤峰市宁城县人民法院（2018）内0429行初25号行政判决书；"内蒙古赤峰陈曲酒业公司诉巴林左旗环境保护局行政处罚案"，内蒙古自治区赤峰市中级人民法院（2019）内04行终61号行政判决书；"谢某诉福州高新技术产业开发区综合执法局行政处罚案"，福建省福州市中级人民法院（2019）闽01行终114号行政判决书；"城建投资开发公司诉乐东黎族自治县政府等行政处罚案"，海南省高级人民法院（2019）琼行终237号行政判决书。此外，还有多个省市的法院在裁定不予执行的案件中符合这一情形。参见江苏省淮安市淮阴区人民法院（2018）苏0804行审57号行政裁定书、陕西省渭南市华州区人民法院（2018）陕0503行审74号行政裁定书、河北省河间市人民法院（2018）冀0984行审443号行政裁定书等。

　　[2]　"关闭海南发展银行清算组诉万宁市政府行政处罚案"，海南省第一中级人民法院（2015）海南一中环行初字第2号行政判决书。

　　[3]　福建省龙岩市永定区人民法院执行裁定书、福建省永定县人民法院（2015）永执审字第310号行政裁定书。

　　[4]　"郑某平诉乐清市公安局等行政处罚案"，温州市鹿城区人民法院（2017）浙0302行初327号行政判决书。

　　[5]　黑龙江省鸡西市恒山区人民法院执行裁定书、黑龙江省鸡西市恒山区人民法院（2017）黑0303行再1号行政裁定书。

虽然法院以未经集体讨论程序作为唯一理由，作出撤销判决的案件数量非常有限，但多地法院在执行申请的裁定中，更为倾向于仅仅以此为由裁定不予执行。这反映了集体讨论程序的重要性渐渐得到了越来越多法院的认同。尽管更多的时候，法院为了增加撤销判决的底气，往往在这一理由之外，还加上了其他分量更重的理由作为撤销判决的支撑，但在这些裁判中，我们可以看到法院旗帜鲜明的态度，即"被告方没有经过集体讨论决定，违反了法定程序"或"程序违法"。[1]

对于第二点发现，部分法院对集体讨论程序的认识，则与第一点形成了鲜明的对比。例如，在"潍坊博文置业公司诉潍坊市国土资源局行政处罚案""湖北九州国际旅行社诉武汉市旅游局行政处罚案""桑某德诉内黄县公安局行政处罚案""胡某翠诉嘉兴市道路交通运输管理局行政处罚案"等案件中，法院均不约而同地认为集体讨论程序是行政机关的内部程序。而内部行政程序的主要价值在于促进行政机关内部公开和监督，防止个人主观随意和权力滥用。即使集体讨论程序在履行上存在问题甚至是不履行，既不会对行政相对人的知情权、陈述申辩权、申请听证权等权利构成损害，也不会

---

[1] "河南大家牧业公司诉嘉县国土资源局行政处罚案"，河南省辉县市人民法院（2009）辉行初字第39号行政判决书。裁判中类似的表述还出现在"李某雄诉莆田市公安局城厢分局公安行政处罚案"，福建省莆田市城厢区人民法院（2010）城行初字第29号行政判决书中："本案被告对原告拟作出拘留这种限制人身自由的行政处罚，属最为严厉的一种人身罚，依法应当经负责人集体讨论决定，但被告提供的证据均不能予以证明，其程序违法。"杨某刚与卫辉市公路管理局行政处罚二审行政判决书，河南省新乡市中级人民法院（2016）豫07行终60号行政判决书中："本院认为，本案中，卫辉市公路管理局依据杨某刚的超限事实，对其作出罚款5000元的行政处罚，没有经过集体讨论程序，违反了《中华人民共和国行政处罚法》第38条第2款'对情节复杂或者重大违法行为给予较重的行政处罚，行政机关的负责人应当集体讨论决定'的规定，属于行政行为违反法定程序的情形，应予撤销。"在"仇某诉镇江市公安局京口分局行政处罚案"，江苏省镇江市中级人民法院（2018）苏11行终241号行政判决书中，虽然二审法院认可了一审法院对治安拘留无须经集体讨论的判断，但二审法院却专门对一审法院的说理进行了指正。二审判决认为："需要指出的是……行政机关负责人集体讨论决定的规定，应当属于办理行政处罚案件的程序规定……因此，一审判决认为负责人集体研究系公安机关内部办理行政案件的工作方法属说理不当。"

对行政处罚决定的合法性、合理性产生实质性影响。[1]在他们看来，这一程序的缺失达不到"违反法定程序"的程度，只是程序瑕疵，指正即可，无须撤销或确认行政处罚违法。

不同的法院对待同样违反集体讨论程序的问题却得出了截然相反的两种评价。法院如何才能作出妥当的裁判，归根到底，与法院对集体讨论程序的认识关系密切。

（二）集体讨论程序的类型与违法的法律后果匹配

我国对行政行为程序违法采用多元的处理方式，除了撤销以外，还包括了确认违法、指正并驳回原告诉讼请求。而具体采用哪一种形式则取决于程序的违法程度。程序本身的属性则影响着对程序违法程度的判断。例如，对行为作出期限和方式的规定，其设置目的在于提高行政效率，违反这类属性的行政程序并不会影响到当事人的实体权益、结果正确性、程序建构目的的实现，因此，行政行为违反这类程序要求，不宜撤销。而以确保行政决定正确性为其价值的程序设置，则需要进一步区分适用的行为是裁量性的还是羁束性的而综合判断。一般认为，行政机关在羁束性行为的形成过程中，违反那些"确保行政决定正确性"的程序，不会影响实体结论，无须撤销；而对于裁量性行为，即使在认定事实与法律适用上是正确的，也无法完全排除得出的结论产生不利于当事人的影响的可能性，此时可适用撤销判决。[2]

从现有司法实践的做法来看，未被行政机关遵守的内部行政程序包括，为了确保行政行为正确性的价值而设置的行政机关负责人集体讨论、行政机关内部的合议论证等程序；为了控制作出行政行为后可能面临的风险而设置的社会稳定风险评估、行政机关法制机

---

〔1〕　山东省潍坊市中级人民法院（2014）潍行终字第91号行政判决书、湖北省武汉市中级人民法院（2015）鄂武汉中行终字第00384号行政判决书、河南省安阳市中级人民法院（2017）豫05行终136号行政判决书、浙江省嘉兴市中级人民法院（2017）浙04行终75号行政判决书。

〔2〕　陈振宇：《"不予撤销的程序违反行为"的司法认定》，载《上海政法学院学报（法治论丛）》2012年第3期。

构的审核等程序；为了确保慎重作出行政决定而设置的上级机关批准前由下级机关审核的程序；为落实行政机关首长负责制而设置的行政机关负责人同意、印章的使用管理等程序要求；为保障行政效率、规范行政管理流程而在一些执法环节过程中要求经过行政机关负责人的批准，等等。内部行政程序的属性具有多元性，但从法院处理方式来看，法院并没有考虑程序属性这一面向问题，而是几乎一致地认为这些"程序违法"并不会影响当事人的权利义务，继而认定属于"程序瑕疵"，以指正并驳回原告诉讼请求的方式进行裁判。这种不考虑相应内部行政程序属性，一律认为程序问题属于"程序瑕疵"的做法，并不妥当，它实质上放任了对内部行政活动的有限监督。

从已有的关于内部行政程序描绘式的研究，我们可以看到，内部行政程序的属性主要并不以提升行政效率为目标。恰恰与之相反，例如，行政行为作出程序中嵌入行政机关负责人集体讨论、行政机关内部法制机构的审核、行政机关负责人的批准、下级审核上级机关批准等内部程序，反而降低了行政决定的作出速度。它们更多的是以提升行政决定的理性与正当化为己任。因此，违反这一类为确保行政行为正确性、降低行政行为事后风险、保证行政机关慎重作出行为为属性的程序要求，有可能影响到实体决定，可以成为法院撤销行政行为的理由之一。

就行政机关负责人集体讨论这一内部程序而言，除了遍布在大量行政处罚法律规范中要求行政机关在涉及情节复杂或重大违法给予（较重的）行政处罚作出过程中遵守这一程序要求外，部门规章中还创设了不少集体讨论的适用。例如，创设了回避、延长办案期限、特定情形下的强制措施、更改原行政决定、变通罚款缴纳方式等环节中须经集体讨论的要求。司法实践中已经开始零星地出现了对创设的集体讨论程序的争议，[1]违反这些创设的集体讨论程序又

---

〔1〕 例如，"南京金中建幕墙装饰公司诉苏州市吴江区市场监督管理局行政处罚案"，江苏省苏州市中级人民法院（2015）苏中知行终字第00002号行政判决书。该案中南京金中建幕墙装饰公司提出了对行政机关案件处理延期决定未经负责人集体讨论的程序

该怎样进行裁判呢？

在既往或当下的实践中，从创设适用的情形来看，可以分为两类：一类与行政处罚决定作出前的集体讨论原理相似，例如，行政负责人认为作出的行政处罚决定确有错误的，是否重新处理须经集体讨论；对原行政处理决定重新审查的，审查结论一般应当经集体讨论决定。[1]另一类则纯粹属于为规范内部行政管理流程而设，例如，特定人员的回避、延长案件的办理期限、变通罚款缴纳方式须经行政机关负责人集体讨论决定。

1. 程序的设置目的

即使是同一程序，当它设置在同一行为的不同流程中时，设置的目的有所不同，程序主次也有所差别。以行政机关负责人集体讨论程序为例，设置在行政处罚决定作出前的这一程序，目的在确保执法质量的同时，更关乎当事人合法权益的保障，为主要程序。[2]另一类适用在特定人员的回避、延长案件的办理期限、变通罚款缴纳方式等场景的这一程序，其设置目的纯粹在于规范内部行政管理流程，为次要程序。

2. 程序的价值

就不同适用场景的集体讨论程序而言，行政处罚作出前的集体讨论程序具有独立的程序价值。它是以追求公正、可接受性为价值目标的程序，这一点可以从集体讨论参会人员的构成、形式、讨论的流程与内容事项推知。一般要求参加集体讨论的人员与案件有利害关系的，应当回避。在特定情况下，会议将邀请相关领域的专家

质疑，遗憾的是，法院认为《行政处罚法》并未规定此程序，即使没有经过集体讨论，也不违反法律的强制性规定。

〔1〕　参见《林业行政处罚程序规定》（1996 年）第 36 条第 2 款；《杭州市市场监督管理行政处罚程序规定》（2017 年，已失效）第 81 条。

〔2〕　不少专门针对这一程度制度的规范性文件中有所提及。例如，《汕尾市重大行政执法决定法制审核和集体讨论决定制度》（汕府函〔2016〕532 号）第 1 条中规定，为严格规范公正文明执法，促进依法行政，保障公民、法人和其他组织的合法权益；《湖州市卫生局重大行政处罚案件集体讨论制度》（湖卫〔2006〕185 号）第 1 条中规定，为规范行政处罚的实施，切实保护当事人的合法权益；等等。

参与。集体讨论以会议的形式进行，而非文件会签、传阅等书面形式。集体讨论会议的流程将率先由承办人员介绍案件基本情况，并提炼出问题的焦点，交代拟作出的处罚依据与理由，并提出处理意见；法制机构报告合法性审查的意见；接下来由参会人员就案件的管辖权、法律适用、事实认定、证据三性、程序合法性、决定内容等事项分别发表看法；最后由会议负责人综合讨论意见，得出集体讨论结论。有的地方还规定了集体讨论不能形成一致意见时，按照少数服从多数的原则作出最终行政执法决定的要求。[1] 从这些内容来看，利害关系人员的回避确保了人员的公正；专家等外部人员的参与则提升了讨论结果的可接受性。会议这一形式将有助于参会人员面对面地充分了解情况并发表意见。集体讨论的过程就案论案，不考虑案件以外的其他因素，这些都将有助于确保结果上的公正。此外，会议的负责人在综合各位参会人员的意见后得出最终的结论，有助于提升行政决定的可接受性。

而另一类适用场景中的集体讨论程序，只是作为工具价值而存在，更多的时候是为了提升行政效率，并不会以会议的形式进行，而是采用文件签批、传阅的方式替代集体讨论。集体讨论的结论也只是作为过程中的一个环节的阶段性内容，而非对外作出的行政行为的结论。因此，即使缺少了这一程序，也并不会影响到当事人的合法权益，属于次要的程序。那么，违反这一类程序，是适用确认违法判决还是驳回原告诉讼请求呢？

程序瑕疵（次要程序违法），驳回原告诉讼请求是旧法时期的做法，并一直延续到了新法时期，甚至在新法时期还在大量地被法院适用。而在新法时期，程序违法类型已经进行了明确区分。此时，因程序瑕疵而驳回诉讼请求的做法是否还有存在的必要呢？对这一问题形成了针锋相对的两派观点。

支持的观点认为，还存在着一种在"违反法定程序"与"程序

---

[1] 《汕尾市重大行政执法决定法制审核和集体讨论决定制度》（汕府函〔2016〕532号）第22条。

瑕疵轻微违法"之外的"程序轻微不当"类型，这一类程序瑕疵可以允许补正，并驳回原告诉讼请求。但为了防止驳回的方式被误用，支持者主张要对这一类范围进行审慎的限定，并建议交由法院通过审判实践来积累经验。从其示例的内容来看，可补正适用驳回诉讼请求的程序瑕疵为行政机关工作人员态度无礼、衣冠不整、办事拖沓等轻度且不损及相对人权利的行为。法院的指正主要是为了实现监督行政的目的。[1]

而反对者则认为在《行政诉讼法》修正的背景下，立法者已经对程序违法的问题作出了抉择，过去经由实践生成的"程序瑕疵，驳回原告诉讼请求"的处理方式的适用空间已经被大大压缩，甚至严格而言在立法层面已经不复存在了；[2]在《行政诉讼法》第69条之下，因程序瑕疵而驳回诉讼请求应该没有适用的合法空间了。[3]另外，"司法实践中大量的行政行为'问题适法'，动辄被以'瑕疵'评介，不仅纵容了行政行为的随意性，模糊合法性审查标准的边界，而且更为值得警惕的是导致'法律工具主义'的抬头，最终影响司法权威。"[4]

就反对者的观点而言，因程序瑕疵驳回原告诉讼请求已没有合法适用的空间。只要不是严重的程序违法的情形，或者即使是轻微的程序违法，但对当事人产生实际影响的情形，则应当一律适用确认违法的判决。此处毫无疑问就应当适用确认违法判决。即使从支持者的观点来看，虽然仍然有驳回诉讼请求的适用空间，但对应的行政程序瑕疵范围应有严格的限定。就示例的内容而言，违反纯粹

---

〔1〕 参见梁君瑜：《行政程序瑕疵的三分法与司法审查》，载《法学家》2017年第3期。

〔2〕 参见陈振宇：《行政程序轻微违法的识别与裁判》，载《法律适用》2018年第11期。

〔3〕 参见章剑生：《再论对违反法定程序的司法审查——基于最高人民法院公布的判例（2009—2018）》，载《中外法学》2019年第3期。

〔4〕 李欢如、李辉品：《认真对待瑕疵：论行政行为适用法律问题的司法审查》，载贺荣主编：《深化司法改革与行政审判实践研究——全国法院第28届学术讨论会获奖论文集》（下），人民法院出版社2017年版，第1579页。

是为了规范内部行政管理流程的集体讨论程序，并不属于驳回的范围。它同样也构成"程序轻微违法"，适用确认违法的判决。

3. 程序作用的行政行为内容

就程序作用的行政行为内容而言，《行政处罚法》中规定行政处罚适用集体讨论的条件为"情节复杂或重大违法给予（较重的）处罚"。毫无疑问，在这类情形中，程序作用的行为内容属于损益性内容。与此同时，在一些规章中还扩大、创设了集体讨论程序的适用情形。[1]在扩大的情形中有一类情形，行政机关拟作出减轻处罚或不予处罚决定须经集体讨论决定需要进行解释。虽然"不予处罚"看起来并没有给当事人带来损益性的内容，但需要指出的是，"不予处罚"决定与"不给予行政处罚"还是有本质区别的。根据《行政处罚法》的规定，"不予处罚"的情形包括违法行为轻微并及时纠正，没有造成危害后果；不满14周岁的人有违法行为；精神病人在不能辨认或者不能控制自己行为时有违法行为。而"违法事实不能成立的，不得给予行政处罚"。[2]由此可见，即使作出了不予处罚的决定，但还是以认定当事人违法为前提。当事人完全有理由认为行政机关对其行为性质的认定错误而进行复议或诉讼。因此，从行为的内容上而言，同样也是损益性的。由此可见，集体讨论程序适用在情节复杂或重大违法给予（较重的）行政处罚作出过程中应当属于必不可少并事关当事人权益的主要程序，这一程序可能会影响到最终决定的作出内容。违反这一程序，属于"违反法定程序"，应当作出撤销判决。

----

〔1〕 例如，《深圳市规范行政处罚裁量权若干规定》（2008年）第18条第1款第4项规定"依法不予处罚或者减轻处罚的"，需要由行政机关的负责人集体讨论后作出决定。甚至还有的规章中要求，所有的案件都须经集体讨论。例如，《商务部行政处罚实施办法》（2018年）第18条中并没有对适用集体讨论程序的案件情形进行区分，无论是重大、还是一般，甚至是不予处罚的案件，均须经过集体讨论程序。

〔2〕 参见《行政处罚法》（2017年）第38条。但2021年新修订的《行政处罚法》取消了这两者之间的表述差异。

小结：根据集体讨论程度不同设立目的 匹配司法审查的强度

何海波曾在其《内部行政程序的法律规制》一文的结尾中，发出了振聋发聩的提醒："当学界把视线聚集在当事人的参与制度，当无数的学者一窝蜂般地赶写'听证'的文章，我们忽略了中国法律实践中正在生发的制度，忽略了内部行政程序这一保障行政公正的重要机制，忽略了中国行政管理中值得珍视的本土资源。"[1]本部分所关注的集体讨论程序正是我国内部行政程序中重要的制度之一。该部分以行政处罚中的集体讨论程序为例，从如何监督这一程序的视角，以司法审查为切入点，论述了法院对这一内部行政程序进行审查的依据；从内容与证据两个维度，分别检视了法院应当如何就集体讨论程序展开审查的问题；最后在此基础上剖析了违反集体讨论程序的法律后果。

从我国目前司法实践的做法来看，由于对集体讨论的程序定位及重要性认识的不同，法院在对待这一程序是否审查、如何审查、违反是否应予撤销的问题上，做法五花八门，需要统一认识。本书认为，虽然集体讨论的设立目的有所不同，但不妨碍其属于法定程序的认定，法院都应予以审查。但可以根据其设立目的的差异，在审查强度上有所不同。一类是为了确保最终作出决定的正确性而设，例如，在情节复杂或重大违法且给予（较重的）行政处罚作出前应经集体讨论，法院在审查中还涉及判断程序是否适用、程序有效性的问题。当然违反这一类程序应予撤销。另一类则纯粹是为了规范内部行政管理流程而设，例如，案件办案期限延长、行政处罚缴纳方式的变更等须经集体讨论决定。这一类程序由于缺少细化的规定，只要行政机关能够举证证明其已履行这一程序，法院就不会像对待前一类程序审查一样，并不对其展开有限的过程审查，尊重行政机

---

[1]　何海波：《内部行政程序的法律规制》（下），载《交大法学》2012年第2期。

关的选择，可直接认定其程序合法。而违反这一类程序则属于程序轻微违法，一般作出确认违法的判决。

　　虽然法院在对待不同设立目的的内部行政程序的审查时，审查强度与裁判方式有所不同。但法院的审查态度、审查思路及内容，反过来也将影响行政机关的作为。对内部行政程序的审查采取相对严格的立场，将会有助于督促行政机关在履行相应内部行政程序时更为规范。

行政执法决定法制审核程序
的适用研究

　　"法制审核"作为行政机关内部的一项监督程序，早就遍布在了行政执法的实践之中，但却鲜有法律将之明确化，只是零星地分布在部门规章之中。[1]"法制审核"定位于行政机关自我规范的程序设置，以确保作出行政决定的正确性为目标。但行政机关内设法制机构出具的审核意见只具有建议性，作为行政机关负责人最终决定的参考，而非最终决定。法制审核由行政机关内设的法制机构或专职法制人员承担，并无行政相对人的参与，因此，法制审核也是典型的内部行政程序。行政执法决定未经过这一内部程序而作出，应当承担怎样的责任，一些部门规章与规范性文件中有所提及，但均将之纳入到行政系统内部的责任追究体系中予以考量。[2]在法院的

---

　　〔1〕　原工商行政管理部门早在1993年制定行政处罚程序规定时，便涉及这一内容的规定。此后修正的规定中将之命名为"核审"，还以专节的形式，确定了核审的启动程序、适用的案件类型与范围、实施机构与人员、审核内容事项、审核意见及工作流程等内容。参见《工商行政管理机关行政处罚程序规定（试行）》（1993年，已失效）第37、38条；《工商行政管理机关行政处罚程序规定》（2011年修正，已失效）第45~53条。《烟草专卖行政处罚程序规定》（2023年）第50条第1款规定：烟草专卖局的专卖执法机构在将案件处理审批表报送本局负责人审查决定前，应当先由本局法制工作机构或者专职法制工作人员对涉嫌违法行为的定性意见、处理建议及其法律依据进行法制审核并签署意见。未经法制审核或者审核未通过的，不得作出决定。

　　〔2〕　例如，《内蒙古自治区行政执法公示执法全过程记录重大执法决定法制审核办法》（2020年）第33条规定，行政执法部门及其执法人员未按规定进行重大执法决定法制审核的，由其本级司法行政部门、上级行政执法部门或者执法人员所属部门责令改正；情节严重或者造成严重后果的，对直接负责的主管人员和其他责任人员依法给予处分；构

审查中，即使行政决定没有经过法制机构的审查，法院也只是将之视为行政执法程序中存有瑕疵并予以指正，并不影响对行政行为效力的判断。[1]作为众多内部行政程序类型之一，由于法制审核程序的有限影响，也少有学者愿意投入精力专门关注这样的程序。[2]

斗转星移，为了严格规范公正文明执法，强化执法监督，相较于其他内部行政程序，中央给予了"法制审核"前所未有的重视。2014年党的十八届四中全会《关于全面推进依法治国若干重大问题的决定》首次在国家政策层面上提出了"严格执行重大执法决定法制审核制度"的要求；随后中共中央、国务院印发《法治政府建设实施纲要（2015—2020年）》进一步指出："未经法制审核或者审核不通过的，不得作出决定。"国务院办公厅紧随其后先后发布了《推行行政执法公示制度、执法全过程记录制度、重大执法决定法制审核制度试点工作方案》（国办发〔2017〕14号）（以下简称《三

成犯罪的，依法追究刑事责任。《广东省重大行政执法决定法制审核办法》（粤府办〔2021〕13号）第22条规定，行政执法主体及其工作人员未经法制审核或者审核不通过作出重大行政执法决定的，可以按照《广东省行政执法监督条例》有关规定，对负有直接责任的主管人员和其他直接责任人员责令书面检查、批评教育、通报批评、离岗培训或者暂扣行政执法证；情节严重的，依法撤销行政执法证；涉嫌违反行政纪律的，交由有权机关处理。《石家庄市重大行政执法决定法制审核办法》（石政办发〔2020〕7号）第18条规定，作出重大行政执法决定前未经法制审核或者审核未通过而作出决定的，由上一级行政机关或者有关部门责令改正；情节严重或者造成严重后果的，对负有责任的领导人员和直接责任人员依法给予处分。

〔1〕 参见"杨某泉诉宿迁市城市管理行政执法局行政处罚案"，（2013）宿中行终字第0031号、（2013）宿中行终字第0034号、（2013）宿中行终字第0035号。

〔2〕 何海波《内部行政程序的法律规制》一文中，将行政机关内部机构的审核置于行政机关内部的决定程序一章中进行讨论。参见何海波《内部行政程序的法律规制》（上），载《交大法学》2012年第1期。此外，以"核审""法制审核"为主题关键词在中国知网（http://www.cnki.net/）进行检索，检索到与主题相关的文献均为生态环境部门、工商行政管理部门工作人员对核审程序的经验介绍或问题反思。例如，王学全、余强：《法制审核遇难题？五招化解》，载《中国自然资源报》2021年12月10日，第6版；徐雯：《生态环境部门如何正确适用法制审核制度？》，载《中国环境报》2021年11月23日，第8版；苏燕：《以证据为核心，推行"三级审核"》，载《中国环境报》2021年11月15日，第5版；秦桂霞：《不断探索法制审核方案实现对行政处罚案件的全过程监督》，载《中国工商管理研究》2002年第12期；熊健珩等：《解决八个问题，做好核审工作》，载《工商行政管理》2001年第8期。

制度工作方案》）、《关于全面推行行政执法公示制度执法全过程记录制度重大执法决定法制审核制度的指导意见》（国办发〔2018〕118号）（以下简称《三制度指导意见》），这两个文件共同搭建了重大执法决定法制审核的制度架构与内容。但从文件的内容来看，"法制审核"的定位与功能相较于此前并未发生改变。《法治政府建设实施纲要（2021—2025年）》更是提出了"全面严格落实重大执法决定法制审核制度"的新要求。

　　在中央文件的布局与安排下，各领域均有了快速反应。2017年《行政处罚法》修订中率先将"法制审核"法律化，在该法的第38条中新增1款。2021年修订的《行政处罚法》则在原规定的基础上对法制审核程序的适用范围等内容进行了细化。[1]部门规章中也在原来笼统规定的基础上，细化了法制审核的具体要求，涉及法制审核的适用范围与情形、执法人员资格、程序启动、审核期限、审核材料、审核事项、审核流程、审核结果的处理、未经审核的后果等。[2]多地地方政府还采用规范性文件的形式专门规定了重大执法决定法制审核的办法。[3]另外，部分地方还尝试推出重大执法决定法制审

---

　　〔1〕《行政处罚法》（2017年）第38条第2款规定，在行政机关负责人作出决定之前，应当由从事行政处罚决定审核的人员进行审核。行政机关中初次从事行政处罚决定审核的人员，应当通过国家统一法律职业资格考试取得法律职业资格。《行政处罚法》（2021年）第58条第1款规定，有下列情形之一，在行政机关负责人作出行政处罚的决定之前，应当由从事行政处罚决定法制审核的人员进行法制审核；未经法制审核或者审核未通过的，不得作出决定：①涉及重大公共利益的；②直接关系当事人或者第三人重大权益，经过听证程序的；③案件情况疑难复杂、涉及多个法律关系的；④法律、法规规定应当进行法制审核的其他情形。

　　〔2〕参见《交通运输行政执法程序规定》（2021年）第3、71~72条；《国土资源执法监督规定》（2020年）第26~29条；《城市管理执法办法》（2017年）第31条。

　　〔3〕规章有《内蒙古自治区行政执法公示执法全过程记录重大执法决定法制审核办法》（2020年）、《河北省重大行政执法决定法制审核办法》（2019年）、《嘉峪关市重大行政执法决定法制审核办法》（2017年）、《甘肃省重大行政执法决定法制审核办法》（2016年），规范性文件有《北京市重大行政执法决定法制审核办法》（京政办发〔2021〕17号）、《广东省重大行政执法决定法制审核办法》（粤府办〔2021〕13号）、《四川省重大行政执法决定法制审核办法》（川办发〔2021〕3号）、《天津市重大行政执法决定法制审核办法》（津执办发〔2020〕1号）、《拉萨市重大行政执法决定法制审核办法》（2020年）、《石家庄市重大行政执法决定法制审核办法》（石政办发〔2020〕7号）等。

核清单或目录，以明确重大执法决定须经法制审核的行政行为类型与事项界定。[1]有研究者也开始就这一主题展开专门研究，内容多涉及这一程序制度应当如何展开，以及总结实践中遇到的问题并提供解决方案。[2]立法与学术研究的变化，相应地也刺激了司法审查。司法审查之中，开始有个别法院在对待行政行为违反法制审核程序要求时，大胆地作出了裁定不予执行的裁判。[3]

事实上，法制审核程序的定位与作用在中央政策文件强调的前后并未发生本质的变化。但司法审查的这种前后的变化，使得我们有必要重新回溯与思考这样的一个问题：对于同样作为内部行政程序的法制审核，法院应当如何对待它的审查问题？问题又可以具体分解为三个方面：第一，在是否审查的问题上，相较于其他的内部行政程序，法院审查法制审核程序引起的争议最少。原因何在？第二，在如何审查的问题上，法院应当就法制审核的哪些内容事项进行审查？第三，在如何裁判的问题上，对于行政决定违反法制审核这一法定程序，是否应当作出撤销判决？

---

〔1〕 例如，北京市生态环境局在 2021 年 9 月发布的《北京市生态环境局重大执法决定法制审核目录清单》，将采取招标、拍卖等方式作出的行政许可决定，经过听证作出的行政许可决定，撤回或者撤销行政许可的决定，列为须经法制审核的重大行政许可决定。对公民处以 5000 元以上（含）的罚款，对法人或者组织处以 50 000 元以上（含）的罚款，或者没收违法所得、没收非法财物价值达到上述金额的事项；依据《环境保护法》第 63 条规定需要移送公安机关对相关人员处以行政拘留的；向监察机关移送涉嫌职务违法、职务犯罪案件的决定等事项，列为重大行政处罚决定。

〔2〕 参见杨东升、韦宝平：《重大行政执法决定法制审核制度论纲》，载《湖北社会科学》2017 年第 7 期；侯孟君：《重大执法决定法制审核制度的推行进路》，载《行政与法》2017 年第 10 期；许若群：《行政执法内部规控研究——兼论重大行政执法决定法制审核制度的设计》，载《云南行政学院学报》2019 年第 3 期。在此期间内还出现了不少以此为题的硕士学位论文，对这一程序制度展开系统的研究。例如，张驹：《我国重大行政执法决定法制审核研究》，四川师范大学 2017 年硕士学位论文；何小明：《重大行政执法决定法制审核制度研究》，河南大学 2018 年硕士学位论文；倪畅：《重大行政执法决定法制审核制度完善研究》，扬州大学 2018 年硕士学位论文；张新鹏：《重大行政执法决定法制审核制度研究》，河北大学 2019 年硕士学位论文。

〔3〕 河南省驻马店市泌阳县卫生和计划生育委员会与泌阳县某办事处某庄居委会非诉执行审查行政裁定书，（2018）豫 1726 行审 46 号等。

一、法制审核程序顺理成章被纳入司法审查范围的原因

将"法制审核"这样的内部行政程序纳入司法审查的范围，在学理上绝非没有争议之事。《行政诉讼法》中所规定的"法定的程序"通常被理解为外部行政程序。[1]司法实践中大量以此作为唯一理由撤销行政行为的判决中，所涉的行政程序也多为陈述、申辩等这类外部行政程序。[2]还有学者将法制审核这类为控制行政行为作出之后可能面临的风险而设置的程序统称为"审慎程序"，并认为在一个经典、简洁的行政过程中，这样的程序是多余的，并不妨碍行政行为的作出。像这样的"审慎程序"，即使被写入了法律条文之中，法院在审查的时候还是应当甄别这些程序的不同性质，从而考虑给予不同的对待，而不是将之一一纳入司法审查的范围。否则，这又将落入法条主义的另一个光谱，使得程序变得过分繁琐。[3]

这位学者提出的甄别标准以行政诉讼的主客观进路为视角，首先判断这一程序是否会对实体结果产生影响以及是否会对当事人权利具有构成性价值，其次看这一程序是否具备法律程序的属性及规定这一程序的规定是否具备"法"的形式，足以需要法院去维护这样的客观法律秩序。遵照以上两点，在他看来，法制审核从主观诉讼进路来看，并不属于需要司法审查的程序，即使违反也不适用撤销。原因有二：第一，法制审核虽与"确保行政决定正确性"有关，但审核的内容与行政裁量无关，无法影响实体结果；即使是审查的内容存有问题，法院也可以直接以此为由撤销，而无须以未经法制审核作为理由。第二，这一程序属于封闭的内部程序，并无当事人的参与，并不涉及程序的构成性价值。但在客观诉讼进路下，法制审核体现了工具理性，具备了法律程序的属性，同时也具备了"法

---

〔1〕　参见章剑生：《论行政程序违法及其司法审核》，载《行政法学研究》1996 年第 1 期。

〔2〕　参见何海波：《司法判决中的正当程序原则》，载《法学研究》2009 年第 1 期。

〔3〕　参见林鸿潮：《行政行为审慎程序的司法审查》，载《政治与法律》2019 年第 8 期。

规范"的形式，违反这一程序而作出但不影响当事人实体权利的行政行为，则可以适用确认违法的判决。[1]

在学理上将之纳入诉讼审查范围并无障碍。按照前述学者的分析思路，作为内部行政程序的集体讨论程序同样也应被纳入司法审查的范围。例如，集体讨论程序，由于事关裁量性行政决定的作出，是否作出及如何作出（集体讨论的过程）都将影响到最终的结果，因此，这一程序会对实体结果产生影响；此外，集体讨论程序同样具备了法律程序的属性与"法规范"的形式，因此，从行政诉讼的主客观两重视角则可以解释集体讨论应当被纳入司法审查的原因。然而，事实上，司法实践中不少法院对于集体讨论是否审查的问题上，还是存有疑虑。

与之相较，在司法审查的实践中，无论是行政机关还是法院在对待同样作为内部行政程序的法制审核程序时，表现则有所不同。行政机关在举证时表现得更为积极，以法制审核意见为机关内部材料为由认为无须举证的情形大为减少，行政机关主动提交法制审核程序证据的情形大为增加。法院在对行政行为程序合法性的审查过程中，对它也给予了专门的关注。专门的关注表现为，当行政相对人并未提出对行政行为未经法制审核的质疑时，法院主动对其进行审查；[2]当行政相对人提出对这一程序的质疑时，绝大多数法院对这一程序问题进行了有针对性的回应（见表6）。法制审核作为"法定的程序"顺理成章地被纳入了行政诉讼的审查范围，并没有遭遇如行政机关负责人集体讨论程序这些内部行政程序审查时的争议。

诉讼中得到行政机关的积极响应与法院审查的专门关注，最为重要的原因可能来自中央对于重大执法决定法制审核制度的重视及

---

[1] 参见林鸿潮：《行政行为审慎程序的司法审查》，载《政治与法律》2019年第8期。

[2] 在"梁某某诉上蔡县政府注销土地纠纷案"中，一审法院在审查中发现上蔡县人民政府提供的程序证据材料中，不显示上蔡县人民政府法制机构审核及县政府主管领导的批准意见，只有职能部门上蔡县国土资源局有关领导的审批。法院以此认定上蔡县人民政府的该处理决定属程序违法。根据当时的《行政诉讼法》第54条第2项第3目的规定撤销行政决定。参见河南省驻马店市上蔡县人民法院（2010）上行初字第59号行政判决书。

推进该程序制度建设的有力布局。在党和中央的文件中，"严格执行重大执法决定法制审核制度"是"坚持严格规范公正文明执法"的重要措施之一；在国务院关于法治政府建设的实施纲要之中，法制审核则成了完善行政执法程序的重要一环。纲要中还进一步明确了未经法制审核或法制审核不通过的法律后果。此后国务院办公厅发布的"三制度"工作方案与指导意见则更是专门对法制审核程序的制度建构进行了安排。在《三制度指导意见》中更是将法制审核定位为了确保执法决定"合法有效的关键环节"。这些文件均强化了人们对于法制审核程序的价值与功能认识。尽管法制审核只是行政执法环节中的一项内部活动，但它无论是在规范行政执法、保障公民权益上，还是在完善工作流程、提高执法质量上，均具有不可替代的作用。它也是行政机关自我规制的一项重要措施。法院纳入对这一程序的审查，能够较好地实现对行政机关的内部监督，促进行政机关的自我规范。

随后，立法也进行了快速响应。例如，《行政处罚法》修订中新增规定，明确了行政机关负责人在作出行政处罚决定之前须经法制人员的审核；与此同时，还对法制人员的从业提出资格要求；此外，还细化了法制审核程序的适用范围。部门规章的修订纷纷将法制审核程序的要求纳入，并相应地细化了对其的程序规定。多地政府及其部门更是先后推出了专门性的重大执法决定法制审核办法，以规范性文件的形式落实中央对"三制度"之一的法制审核具体实施的要求。[1]这些"法规范"的形式均为司法审查提供了具体、明确、有力的依据。

二、司法审查实践中法制审核程序常见的违法诉讼事由

笔者以"法制审核"为关键词，以在裁判文书中"诉讼请求""辩方观点"或"法院认为"部分出现"法制审核"内容为筛选条

---

〔1〕　以"法制审核"为关键字在"北大法宝"的"中央法规"与"地方法规"库中分别进行检索标题包含"法制审核"的法律文件，结果显示地方政府规章有4部，中央部委规范性文件13件，地方规范性文件有667件。最后一次检索时间为2023年8月17日。

件，在北大法宝数据库上进行全文检索，符合条件的案件共有 255 件。[1]其中在绝大部分案件中，行政机关积极地履行了对法制审核程序的举证责任，相应地，法院也就这一程序展开了审查，并认可了行政机关提交的证据。还有一些案件，法制审核程序则成了案件的争议焦点之一。这样的案子值得重点关注。以下通过列表的形式（见表6），呈现出诉讼双方当事人的争辩理由及法院的裁判观点。一方面，我们将对法制审核程序中常见的违法诉讼事由进行小结；另一方面，我们也在观察现有法院做法的前提下，展开对法院应如何审查的思考。

表 6　行政执法法制审核常见诉讼争议类型

争议类型	案件名称	当事人争议焦点摘要	法院观点摘要	裁判结果
行政机关是否进行了法制审核程序	杨某卫诉濮阳市交通运输执法支队行政处罚案[2]	行政相对人：被上诉人作出处罚决定前未经法制审核。	行政机关作出行政处罚决定，认定事实清楚，程序合法，适用法律正确。	驳回上诉，维持原判。
	张某财诉兴隆县国土资源局行政处罚案[3]	行政相对人：被告作出的行政处罚决定书内容不明确，不具有可执行性，且在作出前未进行法制审核，严重违反法定程序。	因被告是于 2018 年 4 月 16 日作出的处罚决定，在被告提供的违法案件处理决定呈批表中有法制股意见签字，签字的时间为 2018 年 4 月 13 日，表明本案在作出处罚决定前已进行了法制审核，故该观点不能成立。	本案存在主要证据不足、其他法定程序违法的问题，判决撤销行政行为。

---

〔1〕　最后一次检索时间为 2023 年 8 月 17 日。
〔2〕　河南省濮阳市中级人民法院（2019）豫 09 行终字第 15 号行政判决书。
〔3〕　河北省承德市兴隆县人民法院（2018）冀 0822 行初字第 56 号行政判决书。

续表

争议类型	案件名称	当事人争议焦点摘要	法院观点摘要	裁判结果
行政机关是否进行了法制审核程序	日照市东港区思泉商贸公司诉日照经济技术开发区市场监督管理局行政处罚案〔1〕	行政相对人：依据《山东省食品药品行政处罚程序规定实施细则》第21条的规定应进行法制审核，省级部门权限是50万元以上的罚款，而本次处罚达到1 567 860元，没有进行法制审核。行政机关：在对相对人作出处罚前形成的合议记录、法制审核过程等，该证据系被上诉人内部卷宗。	对行政相对人主张行政机关未在调查终结后进行合议、法制审核等理由，因合议记录、案件集体讨论记录系内部秘密，且经本院审核及行政机关进行合理说明后认定相对人该项主张无事实依据，本院不予确认。	驳回上诉，维持原判。
	赵某凤诉贵阳市乌当区城市综合执法局行政处罚案〔2〕	行政相对人：行政机关给予较重的处罚应该集体讨论，但是该笔录上没有行政机关负责人的签字确认和讨论内容，也没有进行法制审核。	行政机关作出的决定虽然在送达程序上存在违反法律的地方，但依法进行了调查取证，认定事实清楚，由于原告所修建的房屋并非合法建筑，从维护社会公共秩序及利益考虑，确认被告所作出的决定书违法。故对原告撤销该决定书的诉讼请求，依法不予支持。	以其他程序违法为由，作出确认违法判决。

〔1〕　山东省日照市中级人民法院（2018）鲁11行终字第39号行政判决书。
〔2〕　贵州省贵阳市云岩区人民法院（2016）黔0103行初字第151号行政判决书。

争议类型	案件名称	当事人争议焦点摘要	法院观点摘要	裁判结果
行政机关是否进行了法制审核程序	闫某秀诉郑州市公安局马寨分局行政处罚案〔1〕	行政相对人:《公安行政处罚审批表》内容不全,也无审批负责人签字;被上诉人的行政处罚决定未经法制审核,属于程序严重违法。	关于相对人所称行政机关行政处罚决定未经法制审核、行政处罚审批表内容不全、无审批负责人签字问题,被上诉人明确称其进行了法制审核,否则无法签发出被诉行政处罚决定书。对此,本院认为即便被上诉人内部法制审批手续存在瑕疵,也仅系内部程序问题,对外并不会影响被诉行政处罚决定的作出及其效力,故上诉人该项上诉理由本院亦不予采纳。	驳回上诉,维持原判。
	李某诉沈阳市社会养老和工伤保险管理局社会养老保险行政行为案〔2〕	行政相对人:行政机关收取补缴的社会养老保险费用与滞纳金,从缴费次月起发放养老保险金的行为应当经过法制审核。	法院经质证,对原告提供的要求法制审核的依据不予论证。	驳回上诉,维持原判。
	梁某诉上蔡县政府注销土地	本案被上诉人(一审原告)在一审中并未提出对法制审核的质疑,而是认为上诉人(一审被	上蔡县人民政府在一审审理中虽没有提供上蔡县人民政府法制机构审核及县政府主管领导批	撤销一审判决。

〔1〕 河南省郑州市中级人民法院(2018)豫 01 行终字第 753 号行政判决书。
〔2〕 辽宁省沈阳市中级人民法院(2018)辽 01 行终字第 1419 号行政判决书。

续表

争议类型	案件名称	当事人争议焦点摘要	法院观点摘要	裁判结果
行政机关是否进行了法制审核程序	纠纷案[1]	告）在撤销原告的土地使用证时，从未通知原告进行举证，也未通知原告进行答辩，严重剥夺了原告申辩的权利，违背了法律程序，其所作出的注销决定不具有程序合法性，应予以撤销。	准意见的审批件，但注销决定上加盖了上蔡县人民政府印章，而且上蔡县人民政府对此具体行政行为认可，二审中上蔡县人民政府提供了政府法制机构审核及县政府主管领导批准意见的审批件，一审法院认定事实清楚，但以上蔡县人民政府提供的证据材料不显示政府法制机构审核及县政府主管领导审批意见为由，撤销上蔡县人民政府作出的注销决定不当。	
	任某付诉亳州市城市管理行政执法局行政强制案[2]	行政相对人：法制部门审查意见一栏是空的，证明本案没有经过法制机构的审核。	案件存在着事实认定不清、主要证据不足，依法应予撤销。	撤销判决。
	李某国与长沙市城市管理和行政执法局雨花区执法大队	行政相对人：行政机关立案在后、调查在前，没有案件终结报告，没有经过法制机构审核，未经集体讨论，作	雨花区城管大队作出处罚决定是否经法制机构审核、集体讨论等程序，系行政机关内部处理程序，不影响其对	驳回上诉，维持原判。

---

〔1〕　河南省驻马店市上蔡县人民法院（2020）上行初字第59号、河南省驻马店市中级人民法院（2010）驻法行终字第212号行政判决书。

〔2〕　安徽省亳州市谯城区人民法院（2015）谯行初字第00026号行政判决书。

续表

争议类型	案件名称	当事人争议焦点摘要	法院观点摘要	裁判结果
行政机关是否进行了法制审核程序	行政处罚案〔1〕	出决定之前未进行听证，未依法告知当事人作出行政处罚决定的事实、理由和依据，未依法送达，程序违法。	外的法律效力，也不能作为撤销被诉具体行政行为的理由。	
	杨某泉诉宿迁市城市管理行政执法局行政处罚案〔2〕	行政相对人：行政机关违反《建设行政处罚程序暂行规定》相关规定，先调查后立案、在案件调查终结时没有出具案件终结报告、作出行政处罚没有经过法制机构审核、没有将有关文书按照规定向上诉人送达、让未成年人作为见证人。	行政机关所作行政处罚决定主要程序合法。但被上诉人在行政执法程序中仍存在一些瑕疵，例如，没有严格按照《建设行政处罚程序暂行规定》有关规定在案件调查终结时出具调查终结报告、行政处罚作出前没有经法制机构审核等，应在今后的工作中认真加以改进与完善。	驳回上诉，维持原判。
	赵某军诉郑州市工商行政管理局撤销立案决定案〔3〕	行政相对人：依据《工商行政管理机关行政处罚程序规定》，案件的立案与销案应由工商机关的负责人来决定，销案前还应有法制机构审核，本案中行政机关未履行该程序。	本案中被告对原告举报的相关事项立案后，经调查取证，认为被举报人违法事实不成立，作出了撤销立案决定，事实清楚，证据充分，程序合法，适用法律法规正确，对原告的诉讼请求本院不予支持。	驳回上诉，维持原判。

〔1〕 湖南省长沙市中级人民法院（2014）长中行终字第0007号行政判决书。
〔2〕 江苏省宿迁市中级人民法院（2013）宿中行终字第0034号行政判决书。
〔3〕 河南省郑州市中级人民法院（2012）郑行终字第231号行政判决书。

续表

争议类型	案件名称	当事人争议焦点摘要	法院观点摘要	裁判结果
法制审核的主体是否合法	苏某诉凤台县公安局行政处罚案〔1〕	行政相对人：到目前为止，被告没有举证证明本案中审核人员是否具有法律执业资格证书，因此该处罚的审批程序违法。行政机关：对于苏某提出的上诉理由，我局对苏某作出的行政处罚进行审核的人员，均是我局多年从事该工作的人员，不属于上述必需取得法律职业资格的情形。	对于上诉人认为凤台县公安局没有提供作出行政处罚决定的审核人员是否通过国家统一法律职业资格考试并取得法律职业资格的证据，属于行政行为程序违法的上诉理由，因无证据证实对该行政处罚决定进行审核的人员是初次从事审核工作，故对该项上诉理由不予采信。	驳回上诉，维持原判。
	余某风诉慈溪市公安局交通警察大队等行政处罚案〔2〕	行政相对人：被告对履行上述《行政处罚法》第 38 条第 3 款负有举证责任，如举证不能应承担不利后果。行政机关：本案的审核人员在 2018 年 1 月 1 日前已在慈溪市公安局交通警察大队从事行政处罚决定审核工作，是否取得法律职业资格均不违反《行政处罚法》第 38 条第 3 款的规定。	被告交警队从事行政处罚决定审核的人员以及被告慈溪市公安局从事行政复议的人员在 2018 年 1 月 1 日前已从事审核、复议工作，原告在庭审中对此不持异议。故对原告关于被诉行政行为违反法定程序的主张，本院不予采纳。	驳回原告诉讼请求。

〔1〕 安徽省淮南市中级人民法院（2018）皖 04 行终字第 94 号行政判决书。

〔2〕 浙江省慈溪市人民法院（2018）浙 0282 行初字第 48 号行政判决书。

争议类型	案件名称	当事人争议焦点摘要	法院观点摘要	裁判结果
法制审核的主体是否合法	青海昆奇生物科技公司、忠郭诉共和县人民政府、共和县国土资源局行政复议案〔1〕	行政相对人：国土局一审期间所提交的证据材料中没有专业审核人员的审核意见书，违反《行政处罚法》第38条第3款之规定。	行政机关办理案件超期且未通知具有利害关系的第三人参与复议程序，属于违反法定程序。一审属于认定事实不清。	撤销原判，责令行政机关重新作出行政行为。
	焦作开达学校诉焦作市国土资源局行政处罚案〔2〕	执法人员和监察人员混乱。	法制机构审核人员、监察机构人员，应当监督执法人员工作。但是在本案中，法制机构审核人员、监察审核人员和执法人员混同，执法程序丧失有效的监督，程序严重违法。	撤销判决。
法制审核内容是否合法	景泰县玉泉工贸公司诉景泰县人民政府房屋登记案〔3〕	行政相对人：一审对行政机关对撤销涉案房屋登记行为进行法制审核的认定违背事实，缺乏证据支持。行政机关：根据《甘肃省重大行政执法决定法制审核办法》之规定，本案撤销房屋登记行为不属于重大行政执法决定，法制审核不是必经程序。	2015年《不动产登记暂行条例》实施后，单一的土地登记转变为不动产统一登记，原不同登记机关的相应职权已经整合到不动产登记机构，县级以上人民政府不再具有土地登记职权。故行政机关超越职权行为，应予撤销。	法院以分量更重的理由作出了撤销判决。

〔1〕 青海省海南藏族自治州中级人民法院（2018）青25行终字第4号行政判决书。
〔2〕 河南省焦作市山阳区人民法院（2017）豫0811行初字第16号行政判决书。
〔3〕 甘肃省高级人民法院（2018）甘行终字第80号行政判决书。

续表

争议类型	案件名称	当事人争议焦点摘要	法院观点摘要	裁判结果
法制审核程序与其他行政行程的顺序关系	陈某兰诉故城县政府行政复议案〔1〕	行政相对人： （1）调查人员在调查终结后，应当先草拟处罚建议书，报法制部门审核，然后再报机关负责人批准。但是，从被告提供的这份审批表的时间看，被告是在2015年5月21日才草拟的处罚建议并审批，而法制部门却早在5月20日已经审核了案卷。这说明法制部门是在缺乏办案部门的应草拟而未草拟的处罚建议书的情况下就审核的，也说明被告执法程序前后倒置，难以起到公正制约的作用，程序违法，必然导致处罚有失公正。 （2）案件审核表显示，被告的法制审核员亦认为本案应当进行产品检测，并认定证据不充分，而法制机构负责人也同意上述意见。这说明，被告本次执法的确证据不充分，应当撤销本次行政处罚。	以上程序规定是行政机关在进行行政处罚时应遵循的程序规定，其在程序上存在一定的瑕疵，但该瑕疵并未影响行政处罚的正确性，对原告的权利义务也并未产生实际影响。被告在今后执法过程中应当予以注意改正。	驳回原告诉讼请求。

〔1〕 河北省景县人民法院（2016）冀1127行初字第1号行政判决书。

从法制审核程序争议的类型来看，对于行政行为是否经过法制审核程序这一问题最为容易引发争议。法制审核其实并非一项全新的程序制度。在党的十八届四中全会报告对其作出强调与部署之前，多个行政管理部门关于行政处罚执法程序的规定中虽未以"法制审核"为名，但均涉及法制审核的内容。例如，工商行政管理系统的行政处罚程序规定中曾以"核审"为名，要求办案机构在案件调查终结时，认为违法事实成立，应予行政处罚的须交由核审机构核审。[1]海关办理行政处罚案件程序规定中则曾规定调查终结后无论得出处罚与否的结论，案件均应当经过审查。[2]这也就解释了前述列表案件中为何在2017年《行政处罚法》修订之前就大量存在着对法制审核程序争议的问题。2017年《行政处罚法》修订时将法制审核写入了行政处罚的执法程序之中，无论处罚与否、作出怎样的处罚、处罚决定是否"重大"，最终决定作出前均须经过法制人员的审核。在这一阶段的诉讼中，在涉及行政处罚是否经过法制审核程序的争议时，法院只须判断证据是否足以证明即可。2021年《行政处罚法》大修时，考虑到行政执法工作中的实际情况，将行政机关作出处罚决定前须经法制审核的程序限定在特定的情形。[3]在其他类型的行政行为中，法院还得判断是否适用法制审核程序的问题。新《行政处罚法》适用之后，对于行政处罚适用法制审核程序同样存在是否满足法定情形的判断问题。

除了这一争议外，还有对从事法制审核人员是否具备资格、法制审核与其他行政程序之间顺序的争议。此外，个别案件涉及对法制审核内容本身、最终决定未受法制审核意见拘束等的质疑，这些争议涉法制审核的过程。那么，法院到底应该审查哪些事项才足以确认法制审核程序的有效性呢？

---

〔1〕 参见《工商行政管理机关行政处罚程序规定》（2011年，已失效）第45、49条。

〔2〕 参见《海关办理行政处罚案件程序规定》（2007年，已失效）第56、57条。

〔3〕 《行政处罚法》（2021年）第58条第1款规定，有下列情形之一，在行政机关负责人作出行政处罚的决定之前，应当由从事行政处罚决定法制审核的人员进行法制审核；未经法制审核或者审核未通过的，不得作出决定：①涉及重大公共利益的；②直接关系当事人或者第三人重大权益，经过听证程序的；③案件情况疑难复杂、涉及多个法律关系的；④法律、法规规定应当进行法制审核的其他情形。

三、法院对案件是否适用法制审核程序的判断

（一）其他行政行为类型程序适用法制审核程序的判断

从前述列表中整理的案件来看，所涉的行政行为类型除了涉及行政处罚外，还有行政强制、行政许可、行政收费与行政给付等类型。其他类型的行政行为决定中法制审核的程序要求缺少如《行政处罚法》这样的明确规定。审查的依据何在？在李某诉沈阳市社会养老和工伤保险管理局养老保险行政行为纠纷案中，当事人就曾直接引用《沈阳市人民政府关于印发沈阳市推行重大执法决定法制审核制度试点工作实施方案的通知》（沈政发〔2017〕28号）中所涉规定作为理由，提出对行政收费、行政给付决定未经法制审核程序的质疑。[1]那么，这样的文件可否作为法院审查其他类型行政行为是否经过法制审核的标准呢？

按照《行政诉讼法》及其司法解释的规定，法院审理行政案件，以法律、法规为依据，参照规章。法院可以在裁判文书中引用合法有效的规章及其他规范性文件。[2]因此，法规、合法有效的规章及规范性文件均可以作为法院判断的标准。那么，现有涉及法制审核规定的不同效力层级的法律文件，他们是否可以成为法院判断行政决定法制审核的标准呢？

1. 国务院办公厅《三制度工作方案》与《三制度指导意见》

国务院办公厅发布的这两个文件，在性质上属于国务院发布的行政规范性文件。从内容上而言，《三制度工作方案》就三项制度在全国范围内的试点工作进行具体的工作安排；《三制度指导意见》则是就全国范围内全面推行三制度提供的指导意见。就涉及重大执法决定法制审核制度的内容来看，分别从审核主体、范围、内容、程序及责任五个方面提出具体要求。此外，《三制度工作方案》中确定了法制审核的试点工作可以在行政许可、行政处罚、行政强制、行

---

〔1〕辽宁省沈阳市中级人民法院（2018）辽01行终字第1419号行政判决书。

〔2〕参见《行政诉讼法》（2017年）第63条；2018年《行诉法解释》第100条第2款。

政征收、行政收费、行政检查这六类执法行为中进行;《三制度指导意见》则提出了"在各级行执法机关全面推行,行政处罚、行政强制、行政检查、行政征收征用、行政许可等行为得到有效规范"的工作目标。这两个以"国办发"为名义发布的文件,它可以等同于以上哪个效力等级的法律文件呢? 它是否可以成为法院判断的标准呢?

尽管以国务院"国发"、国务院办公厅"国办发"名义发布的规范性文件在法律地位上相当于行政法规的这一认识,在学理上存有争议。[1]然而,以"国发""国办发"为名义发布的规范性文件却在司法审查中得到了法院对其文件效力的认可,并被认为"应当作为行政机关执法和人民法院审理有关行政案件的依据"[2]。支持法院判决的理由在于,"采用经国务院同意、国务院办公厅下发的具有普遍约束力的规范性文件这种形式发布最高行政机关的政令,是我国行政管理的基本手段,也是实现行政效率的基本要求。国家行政管理采用政令的方式可以快速地对社会管理事项作出反应:一是弥补立法空白,及时规范需要管理的事项;二是促进法律的实施,在法律规范内明确具体操作内容;三是对新发的管理事项可以通过适应性、时间性、针对性的规范调整,为行政立法积累实践经验。因此,经国务院同意、国务院办公厅下发的具有普遍约束力的规范性文件的应用,是国家行政管理和行政法制建设的重要组成部分。"[3]类似的案件还有"厦门维科自控工程有限公司诉龙岩市质量技术监督局行政处罚决定案",涉及《国家工商行政管理总局职能配置内设机构和人员编制规定》(国办发〔2001〕57号);[4]此外,还有"汕尾市汽车配件公司武汉分公司与中华人民共和国武汉海关行政纠

---

〔1〕 参见章剑生:《依法审判中的"行政法规"——以〈行政诉讼法〉第52条第1句为分析对象》,载《华东政法大学学报》2012年第2期。

〔2〕 "山东省莱芜发电总厂诉山东省莱芜区水利水产局行政征收再审案",最高人民法院(1998)行再字第1号,所涉的国发发文件为《国务院办公厅关于征收水资源费有关问题的通知》(国办发〔1995〕27号)。

〔3〕 蔡小雪:《国务院下属部门规范性文件的法律效力判断与适用》,载《人民司法·案例》2008年第4期。

〔4〕 福建省龙岩市中级人民法院(2004)岩行终字第39号行政判决书。

纷案",涉及《国务院办公厅关于加强进口汽车牌证管理的通知》(国办发〔1993〕55号)。[1]从支持法院判决的理由来看,被视为法院审理行政案件依据的"国发办"文件需要满足一定的条件:文件的目的在于填补立法空白或细化具体规定,文件建立了规则以应对快速变化的社会管理。[2]

以"国办发"为名义发布的规范性文件中,涉及内容除了前述提及的建立规则外,还有关于涉及国务院议事协调机构、因专项工作而临时组建领导小组等的人事安排;[3]有关事项的公告;[4]以及涉及在一定时期内,应该达到的奋斗目标、遵循的行动原则、完成的明确任务、实行的工作方式、采取的一般步骤和具体措施等内容。最后这一类"国办发"文件通常在标题中出现"改革/行动/实施/工作/试点方案""工作计划""指导意见""意见"等字样。后面的这些"国办发"文件并不具备"建立规则"的属性,这样的文件并不能成为法院在行政案件中司法审查的标准。

《三制度工作方案》与《三制度指导意见》属于最后这类的文件内容,文件涉及对法制审核制度在试点地区及全国如何展开具体工作进行安排。尽管文件涉及了法制审核的机构、范围、内容、程序、责任的内容,但这属于确立的工作任务而非建立的规则,因此,这两个方案同样也不能成为法院审查的标准。

2. 各部委、各省市及其部门"全面推行行政执法公示制度执法全过程记录制度重大执法决定法制审核制度实施方案/办法"

在国务院两份文件的安排下,多个国务院的部委、省市政府及

---

〔1〕　最高人民法院(1999)行终字第8号行政判决书。

〔2〕　例如,《国务院办公厅关于印发〈港澳台居民居住证申领发放办法〉的通知》(国办发〔2018〕81号)。

〔3〕　例如,《国务院办公厅关于调整全国打击侵犯知识产权和制售假冒伪劣商品工作领导小组组成人员的通知》(国办发〔2018〕103号)、《国务院办公厅关于调整国务院关税税则委员会的通知》(国办发〔2018〕105号)等。

〔4〕　例如,《国务院办公厅关于山西、安徽省四起特大煤矿瓦斯爆炸事故调查处理情况的通报》(国办发〔2004〕7号)、《国务院办公厅关于公布辽宁五花顶等6处新建国家级自然保护区名单的通知》(国办发〔2018〕9号)等。

其部门相应地以规范性文件的形式，推出了各自名为全面推行三制度的工作方案/工作计划/实施方案/若干措施的文件。[1]文件内容涵盖了指导思想、工作目标及推行三制度的任务安排及保障措施。同样地，在涉及法制审核的内容时，是以工作任务的形式呈现而非设立规则，因此，这些文件也不是法院审查的标准。

3. 地方性法规

各地法规中写入法制审核程序要求，法制审核不再如过去只局限在行政处罚这一类行政执法程序之中，其他行政行为类型也同样应当经过法制审核。可以说，地方性法规是目前其他行政行为执法程序提出此要求的效力层级最高的法律文件，也是法院审查的标准。例如，《安徽省价格监督检查条例》（2023 年）第 22 条第 3 款规定："县级以上人民政府市场监督管理部门应当建立重大行政执法决定法制审核制度，在作出重大行政强制决定、重大行政处罚决定前应当进行法制审核。"《山东省行政执法监督条例》（2015 年）第 13 条第 2 款规定："行政执法机关作出重大行政许可、行政处罚、行政强制、行政征收等行政执法决定的，应当按照规定进行法制审核。"然而，地方性法规有明显的局限性：一是数量相当有限；二是限于个别的行政管理领域之中。[2]

4. 部门规章与地方规章

新修订的规章中，开始将法制审核纳入其中。甚者有些地方专门制定了针对重大执法决定法制审核的规章。例如，《内蒙古自治区行政执法公示执法全过程记录重大执法决定法制审核办法》（2020

---

[1]　以"法制审核"为关键字在北大法宝（https://www.pkulaw.com/）上进行标题检索，检索结果为共有 12 个国务院部委、31 个省级共制定了 680 份关于全面推行三制度的规范性文件。一般名为"关于全面推行行政执法公示制度执法全过程记录制度重大执法决定法制审核制度的实施方案/实施办法/工作计划/实施方案"。最后一次检索时间为 2023 年 8 月 9 日。

[2]　以"法制审核"为关键字在北大法宝（https://www.pkulaw.com/）上进行全文检索，涉及法制审核规范的地方性法规共有 102 部，涉及城市管理综合执法、市容环境卫生、价格监督检查、城乡规划、水路交通运输、优化营商环境、河流水域保护、执法监督等领域。最后一次检索时间为 2023 年 8 月 21 日。

年)、《河北省重大行政执法决定法制审核办法》(2019 年)、《嘉峪关市重大行政执法决定法制审核办法》(2017 年)。与地方性法规类似，法制审核不再如过去只局限在行政处罚这一类行政执法程序之中，其他行政行为类型也同样应当经过法制审核。例如，《蚌埠市行政程序规定》(2017 年) 第 51 条规定："重大行政处罚、行政许可、行政强制、行政征收等行政执法决定作出前，应当进行法制审核。"

5. 其他规范性文件

对于法制审核程序更多细节性的规定，则是由其他规范性文件来完成的。[1] 这些规范性文件通常涉及对"重大执法决定"的"重大"标准认定、法制审核的内容事项及其审核标准、法制审核的流程与期限、法制审核意见的形式等规定。[2] 其他规范性文件与前述提到的规章并不能当然地成为法院判断法制审核合法性的标准，只有在确认其合法有效的前提下才可以作为法院的判断标准。

由于其他行政行为作出决定应经法制审核缺乏法律与行政法规的明确规定，而重大执法决定法制审核的程序要求属于行政机关内部的自我监督程序，是行政机关自行增加的程序负担，并不涉及减损公民、法人和其他组织权利或增加其义务的内容。[3] 再者，党中央的多份文件也提到建立重大执法决定法制审核制度对于严格公正执法、保障公民合法权益的重要意义，因此，行政机关制定涉及法

---

〔1〕 此处的"其他规范性文件"指的是《行政诉讼法》中规定的国务院部门和地方政府及其部门制定的规范性文件。它是可以一并请求附带进行审查的规范性文件。

〔2〕 参见《浙江省重大行政执法决定法制审核办法（试行）》（浙政办发〔2016〕103 号）、《山西省重大行政执法决定法制审核办法》（晋政办发〔2019〕55 号）、《沈阳市重大行政执法决定法制审核办法》（沈法核办发〔2017〕9 号）、《铜仁市重大行政执法决定法制审核制度》（铜府办发〔2018〕86 号）、《辽宁省重大行政执法决定法制审核办法》（辽依法行政发〔2019〕3 号）等。

〔3〕《立法》（2023 年）第 91 条第 2 款、第 93 条第 6 款规定，制定的部门规章、地方政府规章，没有法律或者国务院的行政法规、决定、命令，地方性法规的依据，规章不得设定减损公民、法人和其他组织权利或者增加其义务的规范。《国务院办公厅关于加强行政规范性文件制定和监督管理工作的通知》（国办发〔2018〕37 号）中提出了对规范性文件的制定要求："行政规范性文件不得增加法律、法规规定之外的行政权力事项或者减少法定职责；……不得违法减损公民、法人和其他组织的合法权益或者增加其义务，侵犯公民人身权、财产权、人格权、劳动权、休息权等基本权利；……"

制审核的规定符合当前国家政策的要求。综上所述，这些规定满足特定的条件时应属合法有效，可以作为法院判断的标准。

（二）法制审核程序是否履行的判断

在解决了行政决定是否适用法制审核的问题后，法院接下来将要判断已有的证据是否足以证明程序的履行。从前述整理案件的情况来看，有的法院认为行政系统内部呈报的案件审批表上有法制机关（人员）签字即可达成证明；[1]有的法院则在审查了法制机构出具的审核意见书后才认为达成证明。[2]那么，行政机关到底应当提交什么证明材料才算完成对法制审核的举证责任呢？

从多地对法制审核的规定来看，完成审核后，一般要求法制机构形成书面意见，但书面意见的载体则各有不同。有的要求制作《重大行政执法决定法制审核的意见书》，一式三份，一份报送本机关负责人，一份连同案卷材料回复承办机构，一份留存归档。[3]有的规定除了制作法制审核意见书外，还需将审核过程中形成的有关答复等材料一并归入执法副卷。[4]有的规定则在前者的基础上进行了适当的变通，认为网上办案的行政执法机关，在网上流转程序中完成法制审核的，可不再单独出具书面的《重大行政执法决定法制审核意见书》。[5]还有的一些地方则规定可以直接在内部审批件上载明审核意见即可。[6]只要行政机关提交的证明材料满足各地规定中相应的形式要求，也就相应地证明了已履行法制审核的程序要求。

〔1〕"张某财诉兴隆县国土资源局行政处罚案"，河北省承德市兴隆县人民法院（2018）冀 0822 行初 56 号行政判决书。

〔2〕"梁某某诉上蔡县政府注销土地纠纷案"，河南省驻马店市中级人民法院（2010）驻法行终字第 212 号行政判决书。

〔3〕《甘肃省重大行政执法决定法制审核办法》（2016 年）第 15 条。

〔4〕《海南省卫生健康委重大行政执法决定法制审核办法》（琼卫政法〔2019〕3 号）第 10 条。

〔5〕《辽宁省重大行政执法决定法制审核办法》（辽依法行政发〔2019〕3 号）第 12 条第 3 款。

〔6〕《浙江省重大行政执法决定法制审核办法（试行）》（浙政办发〔2016〕103 号）第 7 条。

四、法制审核程序履行的有效性判断

第一个层次是判断"程序有无履行"的问题，第二个层次则是判断怎么履行的问题。履行的程序是否符合要求，也就是程序有效性问题。未按照要求履行的程序，难谓程序已履行。对程序履行有效性的判断，不可避免地要涉及对法制审核过程的审查。鉴于法制审核意见对最终行政决定只具有参考性的作用，法院对法制审查过程的审查便不必像集体讨论程序那样全面、细致与深入，而是只需达到确认已履行的程序符合要求即可。可以从以下两个方面进行：

（一）法制审核的人员

从事法制审核的人员需要满足一定的资格条件。《行政处罚法》（2017 年）第 38 条第 3 款中提出了明确的要求，即初次从事行政处罚决定审核的人员，应当通过国家统一法律资格考试取得法律职业资格。对于《行政处罚法》规定之前就已经从事此项工作的人员如无法律职业资格，也不应当以此为由认定法制审核不合法。

有的地方还规定从事法制审核的人员并不限于是本机关的执法人员，法律顾问、公职律师也可以参与这一工作。[1]但法律顾问等机关外部人员的参与程度则有所不同。例如，有的规定法律顾问先行进行审查；[2]有的则规定在遇到重大复杂疑难法律案件时，可以组织法律顾问或公职律师进行研究并提出意见建议。[3]以有行政机关以外的人员参与为由认定法制审核不合法的，该理由并不成立。

此外，按照正当程序的原则要求，一人不得既当裁判员又当运动员。从事法制审核的工作人员不应与从事行政执法工作的人员身份混同。当两者发生身份混同时，法制审核程序违法。与之类似，从事法制审核的工作人员未遵守回避的要求，同样也应认定为程序违法。

---

〔1〕《山西省重大行政执法决定法制审核办法》（晋政办发〔2019〕55 号）第 7 条。

〔2〕《合肥市经信局重大执法决定法制审核制度规定》（合经信综合〔2019〕241 号）第 5 条。

〔3〕《辽宁省重大行政执法决定法制审核办法》（辽依法行政发〔2019〕3 号）第 6 条。

（二）法制审核程序的启动

法制审核程序定位在当行政执法外部程序结束之后、行政执法决定作出之前，强制执法机关内部的法制机构对拟作出的执法决定进行合法性与合理性的审核把控，以达到降低执法风险、提升执法规范性的目的。一般执法外部程序结束后，执法机关基本查清了案件事实、掌握了相应的证据，并对案件如何处理有了一个初步的决定。在未作出最终正式的对外决定前，此时启动法制审核程序，行政系统内部率先进行自查自纠，对执法机关执法主体、权限、程序的合法性，案件主要事实是否清楚、证据是否确凿充分，适用法律是否准确、裁量基准是否适当等内容进行审查，以确保最终决定的合法合理性。这一启动节点的安排符合程序的定位。

各地的规定中很多也涉及对启动节点的规定。虽然在表述上有所不同，但均符合了法制审核对内自查自纠的功能定位。例如，有的规定"在调查终结后，提请本机关作出行政执法决定前"[1]，有的则规定"在执法决定签发前"[2]，有的规定"执法机构在报请行政执法机关负责人作出或者集体讨论决定作出重大行政执法决定前"[3]。这些规定都为法院的审查提供了明确的依据。

实践中，法制审核程序与其他外部行政程序发生顺序颠倒的情形时有发生。法制审核程序上的颠倒是否会引发程序的违法？这一点与法制审核程序履行的有效性关联起来。在前述列表中，"陈某兰诉故城县政府行政复议案"中，便存在着类似的争议。原告认为法制机构不待执法机构草拟处罚建议便进行法制审核存在着执法程序前后倒置，应属于程序违法。但法院认为这样的程序颠倒并未影响行政处罚的正确性，对原告的权利义务也并未产生实际影响，属于程序瑕疵，要求行政机关在今后执法过程中予以注意改正，并未影响程序履行有效性的判断。[4]

---

〔1〕《辽宁省重大行政执法决定法制审核办法》（辽依法行政发〔2019〕3 号）第 8 条。

〔2〕《甘肃省重大行政执法决定法制审核办法》（2016 年）第 7 条。

〔3〕《嘉峪关市重大行政执法决定法制审核办法》（2017 年）第 9 条。

〔4〕河北省景县人民法院（2016）冀 1127 行初 1 号行政判决书。

法院认为法制审核程序的颠倒并不影响对该程序履行有效性的判断，这样的做法值得商榷。法制审核的内容虽然涵盖了主体、程序、法律适用、事实认定等内容，但审查这些内容的目的正是帮助其判断拟作出的行政执法决定的合法性与合理性。审核的对象是拟作出的决定本身，这一点也可以从提交审核的材料中得到印证。多地制定的法制审核办法中，均明确了对执法机关提交法制审核的材料中须包括拟作出行政执法决定建议/执法决定书文本这一项内容的要求。[1]在拟作出行政决定建议前便启动法制审核程序，法制审核的对象却不在审核的范围内，内容存在缺失，程序设置所欲实现的目的也并未完全达成。尽管最终并未影响行政决定的正确性，对原告的权利义务也并未产生实际影响，但从监督行政的诉讼目的出发，这样的程序颠倒行为应当被确认违法。

（三）法院不宜审查的事项

法院在审查法制审核程序履行有效性的过程中，如果将那些宜交由法院审查的事项归结为形式性内容的话，那么，此处讨论的不宜由法院审查的事项则多为涉及法制审核的实质性内容。

1. 法制审核意见

在前述案件列表中，还有一类程序的争议则由法制审核意见所引发。例如，在"景泰县玉泉工贸公司诉景泰县人民政府房屋登记案"中，行政相对人认为行政机关对撤销涉案房屋登记行为得出的法制审核意见违背事实，缺乏证据支持；[2]"陈某兰诉故城县政府

---

〔1〕《辽宁省重大行政执法决定法制审核办法》（辽依法行政发〔2019〕3号）第8条规定，行政执法机关在调查终结后，提请本机关作出行政执法决定前，对符合重大行政执法决定条件的案件应当送本行政执法机关的法制机构进行审核，送审时应提交以下材料：①拟作出重大行政执法决定的情况说明。载明案件基本事实、适用法律、法规、规章和执行裁量权基准情况、执法人员资格情况；②拟作出重大行政执法决定书文本；③经过听证程序的，应当提交听证笔录；④经过抽样、检疫、检测或检验的，应当提供相应报告；⑤经过评估、鉴定或者专家评审的，应当提交评估、鉴定报告或者评审意见；⑥其他有关材料。在《甘肃省重大行政执法决定法制审核办法》《嘉峪关市重大行政执法决定法制审核办法》《合肥市经信局重大执法决定法制审核制度规定》等规范性文件中均有类似的规定。

〔2〕甘肃省高级人民法院（2018）甘行终80号行政判决书。

行政复议案"中,陈某兰以法制审核意见与最终行政决定结论不一为由提出异议。[1]法院在这两个争议中均未针对法制审核意见直接作出回应。但在第一个案子中,法院直接以行政机关超越职权为由,撤销了行政行为。法院这样的做法并无不妥。

基于法制审核程序的定位,法制审核得出的意见只是为行政机关的最终决定提供参考。审核意见对行政机关负责人的最终决定并无拘束力,行政机关负责人如何对待审查意见取决于其判断。[2]法院当然不能以最终决定与审核意见不一致为由,判断法制审查程序履行无效。

2. 法制审核的具体事项

按照中央文件的安排与各地落实法制审核的规定来看,法制审核有着明确的审核事项要求。这一般包括执法主体、执法人员、执法程序、案件事实与证据、法律适用、裁量基准、机关权限、文书规范、违法移送等方面的内容。[3]如果法制机构在法制审核中遗漏了对某些事项的审查,自然不能认为这样的审核是合格的。那么,法院是否能够以法制审核遗漏事项为由认为该履行无效?

笔者认为,这一事项根本不宜交由法院来进行审查。理由有二:第一,从法制审核程序的定位与功能来看,法制审核程序是行政系统内部的自查自纠机制,得出的审核意见也并非最终的行政决定。即使由于法制审核的过程中存有审核事项的遗漏,造成了审核意见的错误,但法院仍然可以在审查其他事项时发现问题进行补救。从

---

〔1〕 河北省景县人民法院(2016)冀1127行初1号行政判决书。

〔2〕 例如,《甘肃省重大行政执法决定法制审核办法》(2016年)第13条规定,行政执法机关承办机构不同意法制机构审核意见的,可以书面申请法制机构复审一次。经复审,行政执法机关承办机构仍不同意法制机构审核意见的,应当及时提请行政执法机关负责人决定。

〔3〕 例如,《内蒙古自治区行政执法公示执法全过程记录重大执法决定法制审核办法》(2020年)第30条规定,法制审核机构应当对下列内容进行法制审核:①行政执法主体是否合法,行政执法人员是否具备执法资格;②是否超越本部门法定权限;③案件事实是否清楚,证据是否合法充分;④适用法律、法规、规章是否准确;⑤适用裁量基准是否适当;⑥行政执法程序是否合法;⑦行政执法文书是否完备、规范;⑧违法行为是否涉嫌犯罪需要移送司法机关;⑨应当审核的其他内容。

司法的有限性而言，交由法院来审查这一事项并不经济。第二，客观上来讲，法院在审查这一事项上也存有难度。在行政机关提交证明履行法制审核的证据中，审议意见通常以一句话的形式表明态度。例如，在国家卫生和计划生育委员会（现为国家卫生健康委员会）制定的卫生行政执法文书模板中，在法制审核意见一栏有着如下的示范："同意对 Z 阳光医院处以：①警告；②没收违法所得陆佰伍拾元；③罚款人民币伍仟元整的行政处罚，同时责令其立即停止违法行为。报县卫生和计划生育局审批。"法院当然也很难仅从这样的一句话中展开对审核事项的审查。

五、违反法制审核程序的法律后果

执法决定中的法制审核程序不同于行政机关负责人的批准、集体讨论程序，法制审核程序在适用上具有单一性。该程序无论出现在哪一类行政行为的流程之中，都是为了降低行政机关的执法风险，确保行政决定的合法性与合理性。而行政机关负责人的批准或集体讨论程序就单个程序设置而言，设置在不同的行政执法环节中，其设立的目标及程序的价值则会有所不同。因此，即使违反的是同样的程序，也有可能会带来完全不同的法律评价。但违反法制审核程序，对其作出的法律评价则应当是单一的。

按照《行政诉讼法》的规定及司法实践发展，程序违法可能带来三种截然不同的法律后果。分别为撤销判决、确认违法判决以及指正但驳回原告诉讼请求。基于法制审核程序的定位与功能，法制审核意见只具有建议性，意见是否采纳、最终作出怎样的决定还是由行政机关负责人拍板。因此，这一程序并不决定实体结果的处理，程序也不涉及构成性价值，并不会直接影响原告的合法权益，更多体现为一种工具价值。即使未履行，也不会导致行政行为被撤销。

指正但驳回原告诉讼请求是司法实践中较为惯常的做法。然而，在党的十八届四中全会报告中强调了"严格执行重大执法决定法制审核制度"的要求后，一些法院开始有所调整，在审查中发现执法决定应经法制审核而未经审核的，开始大胆地以此为由裁定不予执行。[1]法院以此作为唯一理由裁定行政决定不予执行释放出一些积极的信号：行政决定应经而未经法制审核程序，并不仅仅是可以忽略的程序瑕疵这么简单。这一程序违法到底该适用哪一类判决呢？

这涉及确认违法判决与指正但驳回原告诉讼请求判决之间的区分。《行政诉讼法》修正之后，随着"程序轻微违法"条款的引入，因程序瑕疵驳回原告诉讼请求这一经由司法实践发展起来的做法，引发了学界关于这一判决方式存废的激烈讨论。就反对者的观点来看，他们认为立法者已经就此作出了抉择，对于不宜撤销的程序违法，仍需对该行政行为予以否定性判决，判决确认其违法。立法者采用严格的立场，能够更好地引起行政机关对程序问题的关注。在新法背景下，经由实践产生的因程序瑕疵驳回原告诉讼请求这一判决方式已经没有了适用空间。[2]按照反对者的立场来看，行政决定应经而未经法制审核程序，属于"程序轻微违法"，应确认违法。

即使是主张"程序瑕疵"继续存在的学者，也发出了请大家"认真地对待程序瑕疵"的呼吁，并认为不能随意扩大程序瑕疵的范围。"程序瑕疵"应仅限于不具有法律意义或不产生任何法律后果的程序上的"技术性缺陷"。[3]还有的学者以示例的形式说明了"程序瑕疵"的存在必要性，但同样也认为需要对"程序瑕疵"进行严格审慎的界定。例如，行政机关工作人员态度无礼、衣冠不整、办事拖延等这类轻度且不损及相对人权利的行为，被这位学者界定为

---

〔1〕 例如，"泌阳县卫生和计划生育委员会、泌阳县某办事处某庄居委卫生室非诉执行审查行政裁定案"，河南省泌阳县人民法院（2018）豫1726行审45号行政裁定书、河南省泌阳县人民法院（2018）豫1726行审46号行政裁定书；"泌阳县卫生和计划生育委员会、泌阳县某镇某村委卫生室非诉执行审查行政裁定案"，河南省泌阳县人民法院（2018）豫1726行审37号行政裁定书、河南省泌阳县人民法院（2018）豫1726行审38号行政裁定书。

〔2〕 参见陈振宇：《行政程序轻微违法的识别与裁判》，载《法律适用》2018年第11期。

〔3〕 参见柳砚涛：《认真对待行政程序"瑕疵"——基于当下行政判决的实证考察》，载《理论学刊》2015年第8期。

"程序瑕疵"。[1]就支持者所抽象化归纳或形象化列举的"程序瑕疵"范畴来看，行政决定应经而未经法制审核也不宜属于"程序瑕疵"。因为在中央文件的部署下，各地关于法制审核制度的规定均要求重大执法决定应当经过法制审核，未经法制审核，执法机关不得作出执法决定。应经而未经法制审核而作出行政决定，很难说这样的程序问题不具有法律意义。

小结：行政决定应经而未经法制审核程序 应属于"程序轻微违法"

重大行政执法决定法制审核相较于同样作为内部行政程序的行政机关负责人集体讨论、批准而言，由于党和中央的文件将该程序制度定位为严格规范公正文明执法的重要手段之一，与该程序有关的立法与制度安排得以快速发展，内容覆盖了程序的适用范围与具体情形、执法人员资格、程序启动、审核期限、审核材料、审核事项、审核流程、审核结果的处理、未经审核的后果等事项。法院在审查行政行为是否遵守法定程序的过程中，行政机关在举证时表现得更为积极，对法制审核程序也给予了专门的关注。虽然学理上对于该程序是否应被纳入"法定程序"的范畴仍有争议，但不妨碍法院将法制审核作为"法定程序"顺利纳入行政诉讼的审查范围。

在司法实践中，法制审核程序容易引发争议的焦点集中于行政机关是否进行了该道程序、法制审核的主体是否合法、法制审核程序与其他行政行程的顺序关系等三个方面。这些争议归结起来，意味着法院在审查时需要具体从案件是否适用法制审核程序、法制审核程序履行是否有效两个维度展开。

对于前者，除了《行政处罚法》已明确的特定情形须经法制审核程序外，其他行政行为是否适用该道程序，涉及法制审核规定的

---

[1]　参见梁君瑜：《行政程序瑕疵的三分法与司法审查》，载《法学家》2017年第3期。

不同效力层级的文件是否可以作为法院审查依据的问题。其中，以"国办发"为名义发布的规范性文件，若以填补立法空白或细化具体规定作为目的，以建立规则为内容，用以应对快速变化的社会管理，便可以成为法院审查的标准；若内容事关在一定时期内应该达到的奋斗目标、遵循的行动原则、完成的明确任务、实行的工作方式等事项，并以"改革/行动/实施/工作/试点方案""工作计划""指导意见"字样呈现的"国办发"文件，则没有"建立规则"的属性，不能成为法院在行政案件中司法审查的标准。

对于后者，对程序履行有效性的判断不可避免地要涉及对法制审核过程的审查，但考虑到法制审核程序的结果只具有参考性，法院对法制审查过程的审查无需像集体讨论程序那样全面、细致与深入，而是可以通过审查法制审核人员的资格、审核人员的构成，审核人员的公正性、法制审核程序的启动时间点等形式内容，确保已履行程序的有效性。法院不宜对法制审核意见结果、具体事项等涉及具体审核的过程性、实质性内容进行审查。否则，将可能突破司法的有限性审查界限。

由于法制审核程序的目的在于实现行政机关内部的自我规范与监督，适用上也具有单一性，因此，对违反法制审核程序的法律评价应当一致。《行政诉讼法》虽然对程序违法及其法律后果进行了类型化的安排，但由司法实践予以肯认的程序瑕疵驳回原告诉讼请求的做法，学界正经历激烈的存废之争讨论。然而，无论论争结果如何，行政决定应经而未经法制审核程序，应属于"程序轻微违法"，采用确认违法的判决方式，以实现对行政行为程序规范化的有力监督。

内部行政程序在行政法
法典化中的安排

　　我国《民法典》的编撰与出台，激发了包括行政法等在内的多个部门法推动法典化的热情，引发了各界的热烈讨论。[1]全国人大常委会 2021 年、2022 年连续两年的立法计划中均提出研究启动条件成熟的领域法典编纂工作，其中行政基本法典等行政立法领域的法典编撰被明确列入立法计划中。[2]围绕行政法法典化的问题，学界从法典化的必要性与可行性、路径选择（模式）、框架、内容、精神气质、法典与既有行政法律规范的关系等内容展开多方面的讨论。[3]尽管学术界对于实现行政法法典化的路径选择尚未达成一致的看法，但无论是"制定行政法总则""制定行政程序法典"，还是"编撰行政基本法"的方案，行政程序制度均是其中必不可少的重要

---

　　〔1〕　参见万学忠：《学界首次提出建构中国行政法法典》，载《法制日报》2018 年 1 月 19 日，第 6 版。

　　〔2〕　参见《全国人大常委会 2021 年度立法工作计划》，载全国人大网，http://www.npc. gov. cn/npc/c30834/202104/1968af4c85c246069ef3e8ab36f58d0c. shtml，最后访问日期：2022 年 12 月 16 日；《全国人大常委会 2022 年度立法工作计划》，载全国人大网，http://www. npc. gov. cn/npc/c30834/202205/40310d18f30042d98e004c7a1916c16f. shtml，最后访问日期：2022 年 12 月 16 日。

　　〔3〕　参见杨解君：《中国行政法的法典化：如何从可能变为现实》，载《北方法学》2022 年第 5 期；马怀德：《中国行政法典的时代需求与制度供给》，载《中外法学》2022 年第 4 期；章志远、马琳昆：《新时代中国行政法法典化路径述评》，载中国政法大学法治政府研究院主编：《中国法治政府发展报告（2021 年）》，社会科学文献出版社 2022 年版，第 32~51 页；马怀德：《行政基本法典模式、内容与框架》，载《政法论坛》2022 年第 3 期；周佑勇：《中国行政基本法典的精神气质》，载《政法论坛》2022 年第 3 期。

内容。

从既有行政法法典化方案对行政程序内容的介绍来看，主张"制定行政程序法典"的学者认为，法典应当以规范行政主体对外部相对人行使权力、实施各类行政活动的行政程序规范为核心内容。[1]主张"制定行政法总则"的学者认为，"行政程序一章可以参照既有立法积累的有益经验，全面规定行政回避、决策、公开、证据、送达、期间以及裁量权基准制度等。"[2]主张"编纂行政基本法"的学者认为，行政程序编中的程序规定应与行政活动编对应起来，而行政活动编规范的内容均为外部行政管理领域的行政活动。[3]综上所述，这些方案对行政程序的关注均聚焦于外部行政程序，鲜有对内部行政程序的规定。有学者已意识到这一不足，提出行政法法典化中应补齐内部行政程序的内容。[4]

事实上，我国在 21 世纪初期关于行政程序统一法典的讨论中，就已涉及法典中如何处理内、外部行政程序的关系以及两类程序的具体篇幅安排问题。学界基本达成一致的认识是，未来行政程序立法的选择应采取内外部并存，适当规范内部行政程序。[5]但当时以域外国家行政程序法典的经验为蓝本进行对照，对内部行政程序的认识具有明显的局限，将内部行政程序的内容限定在管辖、行政机关之间的相互关系（如授权、委托、代理、公务协助）等内容，并在多个版本的行政程序法专家试拟稿中被置于"行政机关"的章节

---

〔1〕 参见王万华：《我国行政法法典编纂的程序主义进路选择》，载《中国法学》2021 年第 4 期；姜明安：《关于编纂我国行政程序法典的构想》，载《广东社会科学》2021 年第 4 期。

〔2〕 应松年、张航：《中国行政法法典化的正当性与编纂逻辑》，载《政法论坛》2022 年第 3 期。

〔3〕 参见杨伟东：《基本行政法典的确立、定位与架构》，载《法学研究》2021 年第 6 期。

〔4〕 参见章志远：《行政法总则制定的基本遵循》，载《学习与探索》2020 年第 7 期。

〔5〕 参见王万华：《行政程序法的内容分析及中国立法的选择》，载《行政法学研究》2002 年第 2 期；杨海坤：《中国行政程序法典化构想》，载《法学评论》2003 年第 1 期；姜明安：《制定行政程序法应正确处理的几对关系》，载《政法论坛》2004 年第 5 期；应松年：《中国行政程序法立法展望》，载《中国法学》2010 年第 2 期。

之下，篇幅极为有限。有学者犀利地指出，如若这样立法，"在行政程序内容上必定是'跛脚'的，它更像是外国立法的一个摹本，而不是对中国现实的回应"[1]。

内、外部行政程序是行政程序的一种划分方式，而内部行政程序并非中国独有。然而，在我国的语境下，内部行政程序具有特殊的意义。以内部行政程序为代表的内部行政法内容是否有必要纳入行政法法典化的讨论中？内部行政程序囊括了哪些内容？可以划分为哪些类型？具有何种作用？对这些问题的探究将直接影响行政法法典化讨论中是否应该纳入该程序制度，以及如何对其进行安排。本部分将以我国行政程序法及其法典化讨论中对内部行政程序的认识与安排为起点，厘清对"内部行政程序"的理解分歧与范围划定，并进行类型化梳理、剖析程序的不同作用。在此基础上，就我国行政法法典化讨论中应纳入并重视内部行政程序制度内容的理由进行论证，就具体的程序制度内容安排进行阐释。

一、为何行政法法典化讨论中需要关注内部行政法内容

与传统行政法强调通过外部主体对权力进行控制与约束的思路有所不同，我国 2004 年至今由国务院为主导推动的"法治政府"建设，以围绕行政体系的内部制约机制为核心展开。从行政系统内部的视角出发，关注行政机关内部权力界分、行政组织架构，以行政裁量、绩效评估、内部监督、内部行政法律规则等为代表内部制约制度。有学者提醒我们在行政法法典化编撰的讨论中要注意吸纳和转化法治政府建设的重要政策措施和成功经验。[2]我国行政法法典化的讨论，不可忽视这一股从内部推动我国行政法治进步的重要力量。

（一）内部视角填补了行政法外部视角的不足

行政法传统以关注法院对行政行为的合法性审查为其重心，这

---

〔1〕　何海波：《内部行政程序的法律规制》（上），载《交大法学》2012 年第 1 期。

〔2〕　参见王敬波：《行政基本法典的中国道路》，载《当代法学》2022 年第 4 期。

与过去行政较为单一地执行代议制机关的法律相关。然而，随着社会的发展对行政权扩张的要求，20世纪之后，行政逐渐成为国家活动的中心，行政法开始发展出一种新的面向，即寻求行政过程的正当性，认可内部控制可实现对行政机关的可问责性，关注行政机关内部理性的建构。美国行政法学者杰里·L. 马萧（Jerry L. Mashaw）在《官僚的正义》（*Bureaucratic Justice*）一书中，深入官僚内部行政决策进行分析，以社会保障署残疾项目日常行政运作及科层控制为例，描绘了行政内部如何实现对项目的监督与质量把控。[1]随后，马萧教授提出对利用正式程序与司法审查控制行政这一模式的诘问。他认为，一方面，以个案为基础的司法审查模式无法对医疗和就业之类的问题提出适宜的解决方案；另一方面，个案审查也容易引发各个案件之间的不一致与不合理，行政内部控制的合理性就在于机构决策更加的连贯一致，并将福利系统作为一个整体做出积极回应。[2]马萧教授在这一研究中突出关注内部行政的重要性，力图"寻求一种内部行政法"。但他的研究并不限于此，后续他在回顾美国建国后的百年历史中发现，将美国行政法理解为"司法审查之法""外部行政法"是对美国行政法的误读。这一时期，美国最为重要的任务在于国家建构，而非传统认为的行政权"几近蛰伏"。政府通过组织设立行政机构、规范行政内部运行的方式，既有效实现行政任务，又保障了私人权利，承担了政治与法律的双重责任。马萧教授提醒我们"重新发现行政法"，注意关注规范行政体制内部治理的内部行政法。[3]另外，美国学者开始反思现代行政国家的发展，在行政权成为国家权力中心的背景下，仍将法

---

〔1〕 See Jerry L. Mashaw, *Bureaucratic Justice: Managing Social Security Disability Claims*, Yale University Press, 1983, pp. 103-168. 中译本参见［美］杰里·L. 马萧：《官僚的正义——以社会保障中对残疾人权利主张的处理为例》，何伟文、毕竞悦译，北京大学出版社2005年版，第105~169页。

〔2〕 参见［美］杰里·L. 马萧：《官僚的正义——以社会保障中对残疾人权利主张的处理为例》，何伟文、毕竞悦译，北京大学出版社2005年版，第183~212页。

〔3〕 参见［美］杰里·L. 马肖：《创设行政宪制——被遗忘的美国行政法百年史（1787—1887）》，宋华琳、张力译，中国政法大学出版社2016年版，第2~26页。

院设置为防止行政擅权僵化堡垒的司法中心主义观点。[1]司法审查对于行政活动范围与程度审查的局限性，使得司法难以对行政活动进行全方位的监督。该学者提出利用内部行政法，由行政机关创设内部程序、架构、实践惯例和指南等多种形式，探索实现行政机关的自我约束。[2]当下的美国行政法学研究也日益提高了对内部行政内容的关注度，涉及行政机关的设计与协调、集中化的白宫控制、文官体系和内部分权、内部监督、行政机关指导的作用等主题。[3]

中国学者受此启发，提示我国行政法学应当放宽视野，去研究行政科层内的控制技术，去关注行政在自我控制与自我拘束方面的技术。[4]因为我国自秦以来所形成的中央集权政体并未发生根本性变化，中央高度政治集权的模式也与当下转型中的中国经济与社会发展的需求相吻合，这一国家行政模式也在我国抗击新型冠状病毒肺炎疫情过程中发挥了西方国家无法比拟的巨大体制优势。如果忽视我国强势政府的这一实际情况，在行政法治建设中沿着西方传统的法律思想与发展模式，围绕行政诉讼展开，淡化对政府在国家治理过程中的全方位规范的关注，将无法触及我国行政法治完善的核心问题。有学者已经意识到，"在法理型统治的选择、民主和法治的意识形态和现实需求、行政的民主合法性压力以及官僚科层制结构诸多动力之下，行政自我规制一直是推进行政法治的另一种重要力

---

〔1〕　See Christopher J. Walker, "Administrative Law without Court", 65 *UCLA Law Review* 2018, pp. 1620, 1638.

〔2〕　See Christopher J. Walker, "Constraining Bureaucracy beyond Judicial Review", 150 (3) *Daedalus：The Journal of American Academy of Arts & Sciences* 2021, pp. 155–171. 中译本参见［美］克里斯托弗·J. 沃克：《司法审查之外对官僚行政的控制》，宋华琳、徐曦昊译，载《湖湘法学评论》2021 年第 2 期。

〔3〕　See Gillian E. Metzger & Kevin M. Stack, "Internal Administrative Law", 115 *Michigan Law Review* 2017, pp. 1239, 1243. 中译本参见［美］吉莉恩·E. 梅茨格、凯文·M. 斯塔克：《内部行政法》，宋华琳、吕正义译，载章剑生主编：《公法研究》（第 20 卷），浙江大学出版社 2020 年版，第 164 页。

〔4〕　参见宋华琳：《国家建构与美国行政法的史前史》，载《华东政法大学学报》2015 年第 3 期。

量。该力量的效用应予以认真的对待。"〔1〕我们需要将视野深入行政内部去探析政府内部如何协调各种行政关系，实现行政资源整合，促进行政一体化的实现，以保证行政任务的完成。这也是内部行政法为何会被视为是完善行政自制的切入点与动力基础的原因。〔2〕以规范行政机关在"办公大楼内的活动"为己任的内部行政法不可忽视。

（二）内部行政法是行政法体系的重要构成部分

涉及内部行政的内容之所以得以被划入行政法的调整范畴，成为行政法体系中不可或缺的一个重要部分，而不是被"简单地视为行政管理和官僚体制"〔3〕，主要是因为以下两种解释：一种解释是从内部行政内容是否会影响到行政机关对外作出行政行为合法性的视角进行分析，认为传统行政法囿于以"行政机关—行政相对人"关系为基础的法调整范围较为狭隘，难以满足保护公共利益和行政相对人合法权益的要求。内部行政内容会直接或间接地影响行政机关对外作出行政行为的合法性，因此，现代行政法应当将涉及"行政机关—行政机关""行政机关—行政机构""行政机关—行政机关工作人员"的这三类内部关系也纳入到行政法体系之中。〔4〕同样地，哈佛大学的布鲁斯·怀曼（Bruce Wyman）教授在他关于帮助行政法成为一个独立领域的系列论著中，围绕着内部和外部行政法的区分展开讨论。他将内、外部行政法比作内、外同心圆，外圆划定了外部的边界，不能逾越，涉及行政合法与否的问题；内圆是内部的边界，在内圆中行政法处理行政适当与否的问题。外部行政法所设定的行政管理目标必须通过内部行政的各种方式和各个环节加以

---

〔1〕 沈岿：《行政自我规制与行政法治：一个初步考察》，载《行政法学研究》2011年第3期。

〔2〕 参见崔卓兰、于立深：《行政自制与中国行政法治发展》，载《法学研究》2010年第1期。

〔3〕 参见〔美〕吉莉恩·E. 梅茨格、凯文·M. 斯塔克：《内部行政法》，宋华琳、吕正义译，载章剑生主编：《公法研究》（第20卷），浙江大学出版社2020年版，第178页。

〔4〕 参见章剑生：《作为担保行政行为合法性的内部行政法》，载《法学家》2018年第6期。

转换才得以最终实现。行政机关的内部运作作用到外部行政之上，影响到行政正义与效能的实现，而非与外部行政毫不相关。[1]另一种解释则从法律的特征与价值出发，认为内部行政法具有法律的关键性特征和功能，即"它给行为提供了独立于内容的、有拘束力的理由"[2]。内部行政法被视为是由行政机关或其分支创设，并以面向政府工作人员为主，设定支配行政机关运作的措施，以控制行政自身的行为和运作作为目标的法律。行政机关的科层制和监督架构是内部行政法拘束力和权威性的来源。[3]

内部行政法是控制行政机关对内行使权力的法规范，它的内容随着行政机关内部运作的精细化而逐渐丰富起来。根据王名扬先生的研究，美国早期的内部行政法主要是关于行政组织的法律。[4]美国关于内部行政法内容的最新研究，包括了行政行为的内部程序、行政机关内部组织架构和权力分配、行政人员进行评估和分析的流程与技术规范、行政机关对法律和规章含义理解的指南、非正式的行政机关惯例、行政机关间的协定和规范，以及对行政行为的集中化、整体性要求（如由美国总统、信息和规制事务办公室、司法部长颁布的行政命令、备忘录、公告、通告等）等在内。[5]尽管构成内部行政法的内容与手段多种多样，但它们有一个共同的特征，即"从内部来控制行政机关的行为与作用"[6]。有学者总结我国内部

---

[1]　See Bruce Wyman, *The Principles of the Administrative Law Governing the Relations of Public Office*, St. Paul. Minn. Keefe-Davidson Company, 1903, pp. 4–5, 9, 14–18.

[2]　[美] 吉莉恩·E. 梅茨格、凯文·M. 斯塔克：《内部行政法》，宋华琳、吕正义译，载章剑生主编：《公法研究》（第 20 卷），浙江大学出版社 2020 年版，第 183 页。

[3]　参见 [美] 吉莉恩·E. 梅茨格、凯文·M. 斯塔克：《内部行政法》，宋华琳、吕正义译，载章剑生主编：《公法研究》（第 20 卷），浙江大学出版社 2020 年版，第 178~185 页。

[4]　参见王名扬：《王名扬全集 3：美国行政法》（上），北京大学出版社 2016 年版，第 51 页。

[5]　参见 [美] 吉莉恩·E. 梅茨格、凯文·M. 斯塔克：《内部行政法》，宋华琳、吕正义译，载章剑生主编：《公法研究》（第 20 卷），浙江大学出版社 2020 年版，第 171~178 页。

[6]　Christopher J. Walker & Rebecca Turnbull, "Operationalizing Internal Administrative Law", 71 *Hastings Law Journal* 2020, p. 1231.

行政法内容可由主体、行为与监督三部分构成：主体包括了行政机关，以及行政机关的内设机构、派出机构等在外部行政法中没有主体资格的组织体；行为由兼具有"法效力"与无"法效力"的行政内部行为构成；监督方式多由行政机关根据需求"自我创设"，包括备案审查、评估、约谈、通报等内容。"对内"的关系在特殊情况下还将行政机关与公民、法人或其他组织之间的关系纳入其中，如专家参与行政机关决策的论证。[1]

内部行政法的内容取决于对"内部"的理解。对于如何划定"内部"与"外部"的标准，既有学理分别从主体、法律关系类型、行为类型三个视角进行划分。第一，以当事人是否参与作为标准。该说本为内、外部行政程序的划分标准，认为凡是没有当事人参与的程序均为"内部行政程序"。此时的"内部"主要指不同行政机关之间、行政机关内部成员之间、行政机关与当事人以外的其他外部人员之间的关系。这些"内部"内容关涉外部行政行为作出过程中"由哪个机构、哪些人员来负责处理，谁决定启动、谁来调查事实、谁参与讨论、谁拟写决定、谁最后拍板"[2]的问题。第二，以当事人是否均同属于行政系统为标准。该说为内、外部行政法律关系的划分标准。各方当事人均属于同一行政系统则为内部行政法律关系，行政机关之间、行政机关与其他行政主体之间、行政机关与国家公务员之间的关系均属于"内部"范畴。行政职务关系是最为常见的内部行政法律关系。[3]第三，以行为是否影响行政机关对外实施的行政管理职能为标准。"内部行为"的"内部"范畴为行政机关本系统、本机关的人事、财务、工作、生活等方面的管理事务。以是否受到《行政诉讼法》的保护作为区分标志。[4]综合既有学理

---

〔1〕 参见章剑生：《作为担保行政行为合法性的内部行政法》，载《法学家》2018年第6期。

〔2〕 参见何海波：《内部行政程序的法律规制》（上），载《交大法学》2012年第1期。

〔3〕 参见敖双红：《试论我国内部行政法律关系——兼论西方"特别权力关系"》，载《当代法学》2002年第4期。

〔4〕 参见江必新、梁凤云：《行政诉讼法理论与实务》（上），法律出版社2016年版，第422页。

划分的标准与内容来看，"内部"与"外部"的界分主要围绕行政机关的外部管理职能进行区别，此时"内部"的内容以"外部行政行为"作为参照，对于"谁来作出外部行政行为"而言，对外以行政主体名义作出，对内则涉及行政机关的设置，组织架构与职权配置，人、财、物与技术的分配等行政组织方面的问题；对于"如何作出外部行政行为"而言，对外以行政决定的形式呈现行为的结果，对内如何得出决定结果则涉及行政机关之间、行政机关内设机构之间的衔接与协调，涉及内部行政程序与内部行为的内容。

除了传统涉及外部行政管理的"内部"内容外，"内部"的内容应当随着行政法调整的范围的扩展而有所延伸。例如，有学者提到考虑到我国政府在社会主义市场经济中的独特地位，不仅扮演着管理者的角色，而且还充分地参与到市场经济活动中，[1]政府经营性经济职能的规范也应当被纳入行政法的调整范畴。由于经济法以市场环境与秩序的建构与维护为目标，政府与市场的关系，政府的经营性职能并非其关注内容，由于对政府这一职能规制的缺位，也是实践中经济领域引发大量腐败的重要原因。[2]将之纳入行政法领域，此时的行政"内部"范围可扩大至对考量组织内部权力如何与外部市场进行整合，政府如何运营资源以实现经济目标等内容；以GDP 为导向的地方政府发展中如何防止政府间的竞争，实现资源的互通互补，需要建立在有序的竞争与合作关系之上，政府间竞争与合作的内容也是重要的内部内容。

（三）内部行政法具有多重功能

行政自制、自我规制的理论将内部行政法作为其切入点与动力基础，并认为如果外部行政法对行政自制的外部压力不能通过内部行政法转化为行政主体的自我克制和约束行为，行政自制仍然不可

---

〔1〕 政府参与市场经济的活动手段包括招商引资、参与实业投资、工业园区建设、税费减免、产业项目扶持等。具体介绍参见兰小欢：《置身事内——中国政府与经济发展》，上海人民出版社 2021 年版，第 41~43、83~116 页。

〔2〕 参见薛刚凌、宋龙飞：《论行政法制度在经济领域的拓展——以腐败治理为视角》，载《行政法学研究》2020 年第 2 期。

能取得良好效果。[1]此时，内部行政法的功能定位为行政权内部探寻自我控制的主动性与自律性问题，区别于外部行政法的"他律"。内部行政法以实现自我预防、自我遏制、自我纠错为目标，希冀于行政主体通过自身的组织架构和运行、设置和运用内部规则、借助行政伦理道德的影响等，自觉自发地约束规范行政行为，消减行政权的负面效应，自我推进正确行政政策的实施，自觉追求行政正义和行政文明的实现。[2]但事实上，由于当前促进行政自我规制的动力存在着系统性、持续性与有效性等方面的不足，有学者提醒我们自我规制的终点很可能是"随处可见的'玻璃天花板"，自我规制虽然重要但有限，但不可完全依赖。[3]亦有学者认为建立在行政自制与自我规制理论基础之上的内部行政法"定位于行政机关的自我约束与自我克制的机制，可能是一种过于理想的模型。因为一个权力主动把自己的触角缩回自身，并不妨碍它再次伸展出来"[4]。

然而，内部行政法的功能并不局限于范围限定的"内部"，因为内部行为、内部行政程序等的合法性波及外部行政行为合法性争议的案子并不少见。[5]确保"内部"各要素的合法性作为前提，将有助于由内及外推进外部行政合法性的实现。章剑生在梳理了传统行政法建立在依法行政原理架构后，指出外部行政法在确保外部行政行为合法性方面存在着立法依据、司法救济不足的局限性。内部行政法作为行政机关对外行政权力的一套内部规则系统，作为一种内部事先控

---

[1] 崔卓兰、于立深：《行政自制与中国行政法治发展》，载《法学研究》2010年第1期。

[2] 参见崔卓兰、于立深：《行政自制与中国行政法治发展》，载《法学研究》2010年第1期。

[3] 参见沈岿：《行政自我规制与行政法治：一个初步考察》，载《行政法学研究》2011年第3期。

[4] 章剑生：《作为担保行政行为合法性的内部行政法》，载《法学家》2018年第6期。

[5] 例如，"方某良诉衢州市自然资源和规划局资源行政处罚案"，浙江省衢州市中级人民法院（2019）浙08行终43号行政判决书。在该案中，法院认为被告对重大违法行为给予较重的行政处罚时，把集体会审程序与负责人集体讨论相混淆，认定被告对重大违法行为给予较重的行政处罚决定前未经过负责人集体讨论属于程序违法。法院仅以此为由，撤销了一审判决。

制技术，可以承担起担保行政机关对外作出行政行为合法性的功能，具体通过内部行为的"效力内化"与"效力外化"来实现其担保的架构。"效力内化"表现为内部行政法建立与维持行政系统内部的法秩序，以担保行政机关对外作出行政行为的合法性；"效力外化"则意味着虽然内部行为效力外化后，被纳入外部行政法调整，但"起因"源自行政内部，内部行政法规范是该"起因"的制度机制。内部行政所涉"起因"合法，效力外化的合法性也得到支持。[1]可见，在行政管理领域，内部行政法发挥了担保外部行政行为合法性的重要功能。

再者，我国围绕着"整体政府"理念推进的一系列行政改革动力均由内而生，内部行政法提供了行政改革的活动准则与行为规范。改革开放以来，我国围绕机构精简与职能转变为核心推行的行政体制改革表现出了"打破界限、实现功能整合、结构重构和行政系统一体化的整体政府发展趋势"[2]。与此同时，数字技术的发展给行政活动带来的多方面影响，以内部行政的路径来推进"数字政府"的建设，[3]已从地方尝试升级成为一项国家战略布局。整体政府的理念也是"数字政府"建设的重要导向。[4]从"整体政府"理念的兴起来看，由于社会公共事务的日益复杂化、边界模糊化，以严密的组织结构、精细的职能分工、非人格化的等级设置为基础的传统科层制政府应对乏力，强调以整合与协调为核心的整体性治理论得以兴起。从其要义来看，整体性治理思维的嵌入带来了政府在治理理念、组织结构、运行机制与服务方式等方面的改变。[5]突出的表现为行政机关层级的整合，中央政府控制力的强化，地方政府合作

---

〔1〕 参见章剑生：《作为担保行政行为合法性的内部行政法》，载《法学家》2018年第6期。

〔2〕 王敬波：《面向整体政府的改革与行政主体理论的重塑》，载《中国社会科学》2020年第7期。

〔3〕 参见余凌云：《数字政府的法治建构》，载《中国社会科学院大学学报》2022年第1期。

〔4〕 参见逯峰：《整体政府理念下的"数字政府"》，载《中国领导科学》2019年第6期。

〔5〕 参见王太高：《我国整体政府思想的形成及其展开——以〈法治政府建设实施纲要（2021—2025年）〉切入》，载《探索与争鸣》2022年第1期。

增多，行政机关部门与职权整合。以我国相对集中行政审批改革为例，在"一枚印章管审批"的行政审批局模式下，为缓解"审管分离"带来的权责不清、审管衔接不顺等问题，需要介入行政审批活动内部，关注各类组织之间的复杂博弈。行政系统内部尝试通过议事协调小组、联席会议等非正式组织机制，将分散的行政部门协同起来；借助信息平台实现行政组织之间的数据流通，打破传统组织边界与协同困境，并将这些尝试进行制度化规定在具备内部行政法特征的规范之上。[1]有学者从内部行政法视角切入进行评价，"这种'双轨制'特征的组织模式带有鲜明的本土治理特色，又彰显了全球信息技术的最新进展，通过内部行政组织体系的调适衔接解决'机构间行政'议题，在行政实践中实现效率与合法性的精妙平衡。"[2]随着我国行政改革朝着"整体政府"的方向推进，关注政府活动视野应"向内"聚焦，内部行政法可以为我国政府围绕"整体政府"理念推进的一系列行政实践革新提供法律支持与系统性回应。

此外，针对我国政府以经济建设为中心的工作任务安排，政府在发展经济中扮演着特殊角色，即"地方政府不仅可以为经济发展创造环境，它本身就是经济发展的深度参与者"[3]；"我国政府在市场中不仅仅扮演着监管者的身份，而且还充分地参与到市场经济活动中，作为一种特殊的具有公法属性的市场主体在市场活动中进行经营活动。此时，政府作为经营者本身也存在被规制的问题。"[4]有

---

〔1〕 例如，南宁市政府《南宁市相对集中行政许可和事中事后监督管理暂行办法》(2020年)第17条规定：建立相对集中行政许可工作会商制度，会商可以函告或工作会议的形式开展。工作会议由集中许可部门召集和主持，行政主管部门根据监管需要可以商集中许可部门组织召开，必要时由市政府主持召开，参加会议的部门根据会议内容确定。第18条第1款规定：依托南宁政务云等平台，设置集中许可部门与行政主管部门信息交换平台，实现行政许可信息互联互通。

〔2〕 参见卢超：《行政审批局改革的组织创新及其公法启示》，载《浙江学刊》2021年第6期。

〔3〕 兰小欢：《置身事内——中国政府与经济发展》，上海人民出版社2021年版，第41页。

〔4〕 薛刚凌、宋龙飞：《论行政法制度在经济领域的拓展——以腐败治理为视角》，载《行政法学研究》2020年第2期。

学者已经意识到我国行政法规制内容的不足，积极倡导其应进行内容拓展，将我国社会主义市场经济模式下政府作为经营者参与到市场中的活动纳入其调整范畴，规范政府主导、引领经济发展的职能，突破现有以政府与个人关系为中心的救济行政法格局，着眼服务于经济和社会发展的客观行政法秩序的建构。[1]以政府的招商引资活动为例，其中涉及土地开发、产业规划、项目运作等一系列的内容。按照对内部行政法的理解，它调整的内容没有相对人参与，不涉及对相对人权利义务的法律上的直接处分，不直接产生外部效力。政府在主导经济发展中的一些手段，如经济规划与年度计划、区域规划、开发区的设立、"飞地经济"的尝试等，均满足以上特征，可被归入内部行政法的调整范畴进行规范，并由内部行政法对之做合理化安排。另一方面，如果把政府作为一个整体来看待，地方政府之间的相互关系具有内部性。我国经济得以持续发展的原因之一在于地方政府间的竞争；[2]区域性棘手问题和互相依赖关系也使得政府间的合作成为现实需求。地方政府间的竞争与合作是一个重要的"内部"问题。尽管政治学、公共管理学、经济学、社会学在研究政府间竞争与合作关系的规律上已经积累了丰硕的成果，[3]但如何建构合理的规则，促进政府间形成良性的竞争与合作关系，则需要法律来确立规则。由于调整的是行政系统内政府间的相互关系，这些规则主要由行政内部来创设，因此，内部行政法可以为地方政府间的竞争划定底线，以法律明确权利义务，用法律手段促进合作，实现资源优化配置。

---

〔1〕　参见薛刚凌、宋龙飞：《论行政法制度在经济领域的拓展——以腐败治理为视角》，载《行政法学研究》2020年第2期。

〔2〕　参见林毅夫、刘志强：《中国的财政分权与经济增长》，载《北京大学学报（哲学社会科学版）》2000年第4期；周业安：《地方政府竞争与经济增长》，载《中国人民大学学报》2003年第1期；张军：《分权与增长：中国的故事》，载《经济学（季刊）》2007年第1期。

〔3〕　代表性的研究有周黎安：《转型中的地方政府——官员激励与治理》，格致出版社、上海三联书店、上海人民出版社2016年版；周飞舟：《政府行为与中国社会发展——社会学的研究发现及范式演变》，载《中国社会科学》2019年第3期；张紧跟：《当代中国地方政府间关系：研究与反思》，载《武汉大学学报（哲学社会科学版）》2009年第4期。

综合前述三点理由阐释，我国行政法法典化的讨论中应当将体现内部行政法内容的要素纳入考量。当然行政法实现法典化绝非凭空想象或另起炉灶，应奠基在我国已初步形成的多层次行政法规范体系、丰富多彩的行政改革实践智慧提炼、司法审判经验的整理与累积、不断深化的行政法学理论提供的滋养之上。但同时也需要指出，我国行政法法典化的讨论中，对体系架构的建构如果仍只是着眼于个人与政府关系，延续以行政诉讼制度为中心的做法，将视野局限于对行政管理外部活动进行规范，而忽视对不具有直接"外部性"、没有相对人参与的行政活动的关注，行政法体系的内容将会有所缺憾。例如，我国政府独有的为促进经济发展而直接参与到经济活动中的角色，此时政府进行的资源配置、投资开发、国有企业管理、地方政府间的合作与竞争等活动，将脱逸出法律的控制；行政机关内部的程序安排或制度机制本身也对权力的行使具有制约作用。因此，借着行政法法典化对行政法内容进行全面梳理的机会，应该将那些在行政内部发挥着重要作用的内部行政机制或制度纳入法典化的考量之中，内部行政程序便是其中的重要内容之一。

二、行政程序统一立法讨论中对内部行政程序的认识与安排

（一）域外国家（地区）行政程序法中的"内部行政程序"

域外国家（地区）行政程序法典化的进程经历了三波浪潮，[1]基本形成了两大类具有代表性的行政程序法典的内容模式。一类以《美国联邦行政程序法》为代表，法典中纯粹规定了行政程序的内容，且被认为只规定了行政机关外部行政程序。[2]日本、瑞士的行政程序法均属于此类。另一类以德国为代表，规定程序性内容的同时融入实体性内容，此外，程序性内容中兼顾外部与内部行政程序。因为行政程序法承载着实现行政法法典化的目标，行政程序法的调

---

〔1〕 "三波浪潮"的具体内容，参见李洪雷：《国外行政程序法制度建设简要历程》，载《紫光阁》2015 年第 2 期。

〔2〕 参见杨海坤：《中国行政程序法典化构想》，载《法学评论》2003 年第 1 期。

整对象除了行政机关行使公权力的行为外，还将行使公权力主体的规范也一并纳入。[1]德国最初在行政程序是否采取法典化与如何实现法典化的问题上争议众多，围绕"行政法总则法典化""行政程序法典化""非法典化"三种意见展开激烈论争。"行政法总则法典化"方案因面临政治与法律上的诸多阻碍，最终各方妥协之下采取了"行政程序法典化"路径。但立法者考虑到实体与程序难以区分，仍将行政实体法以"附属内容"形式嵌入行政程序法之中。[2]意大利、奥地利、西班牙、葡萄牙均属于此类。

域外国家（地区）的行政程序法中虽有不少涉及内部行政程序的内容规定，但这些法律文本之中却从未出现过"内部行政程序"这样的语词。这些行政程序法中的"内部行政程序"到底都规定了什么内容呢？综合学界既有的梳理来看，主要包括了以下内容：

第一，合议行政机关（机构）制度。包括合议行政机关（机构）的组成、人员构成，合议行政机关（机构）的会议制度（涉及会议的类型、召集会议、会议的筹备、议程的确定、会议形式等），决议（涉及流程、表决方式、票数要求与票数相同时的处理），会议记录（涉及记录内容、形式要求、效力等）等组织与运作的内容。[3]

第二，行政机关间的相互关系。涉及行政机关相互间关系的原则，行政协作（协作协议适用与基本要求、运作规则、协议的效力），职能的委托与授权、转授权，接替（代任）与协调、协助（适用条件、运作规则、效力），部门间的通报。[4]

---

〔1〕　参见王万华：《行政程序法研究》，中国法制出版社 2000 年版，第 144 页。

〔2〕　参见严益州：《德国〈联邦行政程序法〉的源起、论争与形成》，载《环球法律评论》2018 年第 6 期。

〔3〕　例如，《希腊行政程序法》（1999 年）第 13~15 条；《葡萄牙行政程序法》（1991 年）第 14~28 条。另外，《西班牙公共行政机关法律制度及共同的行政程序法》（1999 年）第 22~27 条规定了集体领导机构的组织和运作的内容。

〔4〕　例如，《西班牙公共行政机关法律制度及共同的行政程序法》（1999 年）第 4~10、13、15~21 条；《联邦德国行政程序法》（1997 年）第 4~8 条；《葡萄牙行政程序法》（1991 年）第 35~41 条。

第三，管辖制度。管辖是对行政机关之间的权限进行划分。涉及管辖权法定原则、管辖的种类、管辖竞合及其处理、管辖冲突的权限与处理、管辖变更等内容。[1]

第四，回避制度。为保障行政主体行使行政权力的公正无偏，绝大多数国家（地区）行政程序法典中均涉及回避的内容，但多为人员的回避，少数涉及行政机关的回避。[2]内容包括回避的类型（自行回避与申请回避）、回避的情形、回避的处理、应予回避而未回避前的行为效力与法律责任等。[3]

此外，还有一些被视为内部行政程序的内容只是出现在个别国家的行政程序法中，并非各国立法的通行做法。例如，《西班牙行政程序法》中对行政机关设置的要求、《意大利行政程序法》中对"行政程序负责机关"的规定等。[4]

按照当时学界解释为何大陆法系国家行政程序法多采取外部与内部程序并存模式的理由来看，学者们主要认为，"在行政法典尚付阙如的情况下，一些与外部程序关联极为密切的内部程序就不得不在行政程序法典中作出规定。例如：对行政权力运行主体的规范等自然只能规定在以行政权为调整对象的行政程序法中。"[5]还有学者在借鉴域外行政程序立法经验基础上指出，特别是在我国行政组织法空缺较多的情况下，行政程序立法中可以对包括授权、委托、行政协助、管辖等内部行政程序作出必要规定。[6]可见，在域外行政程序法中，

---

〔1〕 例如，《奥地利普通行政程序法》（1991 年）第 1~6 条；《葡萄牙行政程序法》（1991 年）第 42~43 条。

〔2〕 少数涉及行政机关回避规定的有《西班牙公共行政机关法律制度及共同的行政程序法》（1999 年）第 28 条第 1 款："行政机关及其工作人员在本条下一款所属情形下应回避参与程序并报告其直接上级以便予以处理。"

〔3〕 例如，《瑞典行政程序法》（1986 年）第 11~12 条；《西班牙公共行政机关法律制度及共同的行政程序法》（1999 年）第 28 条；《葡萄牙行政程序法》（1991 年）第 44~51 条。

〔4〕 《西班牙公共行政机关法律制度及共同的行政程序法》（1999 年）第 11 条；《意大利行政程序与公文查阅法》（1990 年）第 4~5 条。

〔5〕 应松年：《中国行政程序法立法展望》，载《中国法学》2010 年第 2 期。

〔6〕 参见杨海坤：《中国行政程序法典化构想》，载《法学评论》2003 年第 1 期。

规范享有行政权主体的行政组织法内容被视为"内部行政程序"，此时，对"内部行政程序"的理解与行政组织法内容存在交叉。

（二）我国统一行政程序法典诸方案中的"内部行政程序"

中国学者受到域外行政程序法典化浪潮的影响，积极推动我国制定统一的行政程序法典。学界在经过 20 世纪 90 年代的理论准备后，从 2000 年开始先后推出了多个版本的立法建议稿。2003 年全国人大常委会正式将《行政程序法》列入"研究起草、成熟时安排审议的"第二类规划之中，但后续的立法规划中又将之删除。直到党的十八届四中全会明确要求完善行政程序法律制度，中共中央 2021 年印发《法治中国建设规划（2020—2025）》中提到"研究制定行政程序法"，《行政程序法》的编纂再次引发讨论，并有学者将之视为我国实现行政法体系化的唯一选项，[1]实现行政法法典化的"最有效和最切实可行的途径"[2]。

在学者的立法建议稿中，以应松年教授领衔的行政立法研究组推出的《行政程序法（试拟稿）》（以下简称"行政立法组版本"）与姜明安教授领衔的北京大学宪法与行政法研究中心推出的《行政程序法（专家建议稿）》（以下简称"北大版本"）为代表。其中，行政立法组版本历经 14 次易稿，于 2004 年提交全国人大常委会法工委。该版本的讨论中将"行政程序法是否应当规定内部程序"作为一个基本问题进行讨论，并认为行政程序法规定内部程序是必要的。[3]该版的内容中力求将行政过程中的内部行政程序与外部行政程序实现结合，规定的内部行政程序内容为有关行政机关系统内的管辖、回避、行政授权与行政委托、行政协助、行政机关的工作机制等，[4]

---

〔1〕　参见叶必丰：《行政法的体系化："行政程序法"》，载《东方法学》2021 年第 6 期。

〔2〕　姜明安：《关于编纂我国行政程序法典的构想》，载《广东社会科学》2021 年第 4 期。

〔3〕　参见马怀德主编：《行政程序立法研究——〈行政程序法〉草案建议稿及理由说明书》，法律出版社 2005 年版，"序言"第 13 页。

〔4〕　草案建议稿第 13~14 条规定了行政机关的类型、合议制行政机关的工作机制；第 16~17 规定了行政协助的适用情形及相关要求、请求机关与协助机关之间的关系；第 18~22 条规定了管辖类型、管辖权竞合与争议的处理，特殊情形（有管辖权不适合管辖、

并将部分内部行政程序内容放在"行政机关"一节中。[1]采取"先规定内部行政程序,再规定外部行政程序"的思路。[2]之所以将这部分程序性内容放在"行政程序主体"篇章之下,参与立法的学者提供的理由如下:一种解释认为行政主体通过内部程序建立,缺少关于行政主体成立的内部程序,外部程序便没有了前提或基础,因此,行政程序法要对行政主体作出规定。[3]还有解释认为:"鉴于实践中行政主体的合法性和内部行政程序对相对人权益的严重影响而法律对此又一直缺乏明确的规定,因此另立一章。"[4]可以说行政立法组版本中对"内部行政程序"的理解与立法安排完全采纳了域外行政程序立法中的理解,并借鉴学习了域外的立法安排。

2015年发布的北大版立法建议稿则是在2002年版本的基础之上,广泛吸收近十年来国家及地方层面行政程序立法经验的基础之上草拟而来。[4]该版同样也注意适当规范内部行政程序。在如何理解与安排内部行政程序的内容时,处理方式基本与行政立法组的版本相同,将管辖、行政协助置于"行政程序主体"章之"行政机关"章节之下。[5]另外,考虑到内部行政规范在行政管理中的重要作用,立法建议稿将之纳入"特别行政程序"章中专设一节进行规范,

---

因客观条件变化丧失管辖权等)的处理;第23条规定了行政机关、行政机关负责人及工作人员的回避要求;第24~30条规定了授权与委托的范围、程序要求。《中华人民共和国行政程序法(草案建议稿)》的具体内容,详见马怀德主编:《行政程序立法研究——〈行政程序法〉草案建议稿及理由说明书》,法律出版社2005年版。

〔1〕 参见应松年、王锡锌:《中国的行政程序立法:语境、问题与方案》,载《中国法学》2003年第6期。

〔2〕 参见王万华:《行政程序法的立法架构与中国立法的选择》,载《行政法学研究》2005年第2期。

〔3〕 参见马怀德主编:《行政程序立法研究——〈行政程序法〉草案建议稿及理由说明书》,法律出版社2005年版,序言第13页。

〔4〕 应松年:《行政程序法(试拟稿)评介》,载《政法论坛》2004年第5期。

〔5〕 立法专家建议稿及有关说明,参见姜明安等:《行政程序法典化研究》,法律出版社2016年版,第394~471页。

〔6〕《中华人民共和国行政程序法(专家建议稿)》(2015年)第14~25条分别规定了管辖的类型(级别管辖与地域管辖、紧急管辖),管辖竞合与管辖争议的处理,特殊管辖情形(移送管辖、管辖权变更、联合执法管辖),行政协助及其程序、法律责任。

内容涉及内部行政规范范围的划定、制定程序、"红线"、效力。[1]此外，行政裁量基准作为行政机关的一种重要的自我规制手段，并不限于作为结果层面的内部行政规范进行规范，立法建议稿中还将之放置在"行政处理程序"章之"行政处理一般程序"节下进行专门规范，涉及裁量基准的选用标准、裁量基准确立的程序与适用等内容。[2]

这一版本中对于"内部行政程序"的内容理解，相较于此前版本已有了新的突破，不再局限于行政机关是否具备资格本身，而是将之拓展到行政活动内容进行观察，对作为结果与作为过程面向的"内部行政规范"的有关内容进行了规定。尽管如此，仍有学者提出立法建议稿中"内部行政程序"的规定仍有进步的空间。例如，有学者指出作为过程来规范的行政执法，不光有外部关系，还有内部的问题。如果完全按照欧美的术语去走，按照他们的设定去走，不能解决中国问题。在中国庞大的行政管理中，内部程序非常重要。这些内部程序事关行政机关内部谁有权做决定、行政机关负责人何时需要做决定、什么情形需要行政机关法制部门做审核等内容，不能忽略这样的内部程序。[3]

（三）我国地方行政程序立法中的"内部行政程序"

虽然全国统一行政程序立法存在诸多困难，但行政程序统一立法却在地方率先取得了突破。2008 年《湖南省行政程序规定》的颁布，被视为"统一行政程序立法的破冰之举"[4]。随后，包括山东省、江苏省、浙江省、宁夏回族自治区，汕头市、西安市、海口市、蚌埠市、兰州市等在内的五省多市制定了用于统一行政程序的地方政府规章，2022 年江苏省首颁作为地方性法规的《江苏省行政程序条例》。多地行政程序规定的内容基本上按照《湖南省行政程序规

---

〔1〕《中华人民共和国行政程序法（专家建议稿）》（2015 年）第 188~191 条。

〔2〕《中华人民共和国行政程序法（专家建议稿）》（2015 年）第 149~151 条。

〔3〕 参见李文曾:《专家学者共话中国行政程序法——〈中华人民共和国行政程序法（专家建议稿）〉研讨会综述》，载姜明安主编:《行政法论丛》（第 18 卷），法律出版社 2016 年版，第 441~442 页。

〔4〕 王万华:《统一行政程序立法的破冰之举——解读〈湖南省行政程序规定〉》，载《行政法学研究》2008 年第 3 期。

定》中所确立的基本框架展开。[1]

有研究者统计了地方政府行政程序规章中涉及内部行政程序规定的情况。其中，就数量来看，在地方行政程序规定中，规定内部行政程序的条文数占对应地方程序规定总条文数的比重处于18.3%~33%之间。[2]可见涉及内部行政程序的规定在地方行政程序规定中已经占据了相当一部分的篇幅。就内容而言，条文中直接包括"内部"语词且与行政程序有关联的内容，涉及行政机关办理行政执法事项的内部工作程序、行政机关间办理内部行政事务的程序要求（包括办理期限）等。[3]此外，涉及内部程序内容的章节均分布在行政程序的主体、行政决策程序、行政执法程序、行政监督和责任追究篇章中。这些内容涉及行政机关之间的关系，除了包括管辖与回避、行政协助、行政授权与行政委托等传统内部行政程序内容外，还将政府间的区域合作、部门联席会议制度纳入；此外，还包括行政决策程序的启动、决策内部流程与程序要求，行政执法程序的启动、行政决定作出前的要求、行政系统内部的工作期限等。[4]地方

---

〔1〕 参见章剑生：《从地方到中央：我国行政程序立法的现实与未来》，载《行政法学研究》2017年第2期。

〔2〕 湖南省、江苏省、宁夏回族自治区、山东省、海口市、汕头市、西安市行政程序规定中规定内部程序的条文总数分别为49、32、25、46、31、37、26，对应行政程序规定的总条文总数分别为178、106、120、139、131、182、142，内部规定条文数占对应总条文数的比例依次为27.5%、30.2%、20.8%、33%、23.7%、20.3%、18.3%。其中规定内部程序的条文数据来自罗许生：《内部行政程序研究》，法律出版社2019年版，第58~59页。

〔3〕 例如，《湖南省行政程序规定》（2022年）第60条规定：行政机关办理行政执法事项，应当健全内部工作程序，明确承办人、审核人、批准人，按照行政执法的依据、条件和程序，由承办人提出初审意见和理由，经审核人审核后，由批准人批准决定。第82条规定：行政机关之间办理请示、报告、询问、答复、商洽工作等内部行政事务，应当按照简化办事程序，提高办事效率的要求，承诺办结期限，并向社会公开。第84条规定：行政机关应当按照高效便民的原则和本规定的要求，具体确定本机关每项行政执法事项、非行政许可的行政审批事项、内部行政事务的办理时限，并报本级人民政府备案。……将经本级人民政府备案的每项行政执法事项、非行政许可的行政审批事项、内部行政事务的办理时限分解到本机关具体的工作机构和岗位，并编制行政事项办理流程时限表，向社会公布。

〔4〕 例如，《湖南省行政程序规定》（2022年）第15~16、32~34、39~41、64、75条等。

行政程序规定中的内部行政程序内容多涉及行政机关内部工作流程和具体的内部行政事务。[1]

地方行政程序立法中之所以规定了相当数量的涉及内部行政程序的内容，与地方功能主义的立法风格密切相关，立法指导思想立足于解决本地行政管理中存在的突出问题。[2]以《湖南省行政程序规定》的起草过程为例，如何处理行政机关之间的关系等问题被列入需要解决的问题清单之中，针对实践中遇到的缺乏规范、各地各部门的做法存在较大差异的问题，由省政府原法制办工作人员为班底成立的湖南工作组更是专门提出对区域合作机制、议事协调机制、部门联席会议机制等作出初步规定的设想。[3]以部门联席会议等为代表的议事协调机制在我国的行政实践中发挥着重要作用。例如，在"放管服"改革背景下，行政审批局作为"相对集中行政许可权"改革的一种主推模式，实践中通常靠着联席会议、会商等机制来实现"审"与"管"之间的衔接，实现高效整合监管资源、激励推动行政任务得以迅速完成。[4]这也在一定程度上反映了内部行政程序制度在我国的行政管理中发挥着不彰自显的作用。

结合既有行政程序及法典化讨论中对"内部行政程序"的认识与安排来看，一方面，我国学界早期对"内部行政程序"的认识与立法安排基本上完全吸收借鉴了域外行政程序立法中的做法，将规范行政主体职权与行政机关之间关系的内容视为内部行政程序，有组织法与程序法内容交叉的特点，此时关于内部行政程序的规定多集中在行政程序的主体一章。另一方面，在晚近的立法及讨论中，学界开始关注在我国行政管理活动中发挥重要作用的内部行政制度或机制，如内部行政规范、联席会议机制、工作协调机制等，并尝

---

〔1〕　参见罗许生：《内部行政程序研究》，法律出版社 2019 年版，第 61~62 页。

〔2〕　贺安杰：《关于〈湖南省行政程序规定〉的几个问题》，载《湖南社会科学》2008 年第 5 期。

〔3〕　参见王万华：《统一行政程序立法的破冰之举——解读〈湖南省行政程序规定〉》，载《行政法学研究》2008 年第 3 期。

〔4〕　参见卢超：《行政审批局改革的组织创新及其公法启示》，载《浙江学刊》2021 年第 6 期。

试将之纳入到统一行政程序立法的不同章节之中。

三、内部行政程序的范畴、类型与作用

我国行政法通用教科书上将"行政程序"定义为"行政机关实施行政行为时所应当遵循的方式、步骤、时限和顺序所构成的一个连续过程"。[1]方式与步骤、时间与顺序分别从空间与时间这两个维度构成了行政程序的核心内容。但从域外的行政程序法典来看,以德国等为代表的行政程序立法承载着实现行政法总则化的理想。行政程序法在规范行政权运行过程的同时,也不得不将规范享有行政权的主体纳入到行政程序法中。而这部分具有强烈组织法色彩的内容也被当时我国学界理解为属于内部行政程序的内容。学界对"内部行政程序"的认识存在泛化。那么,到底应该如何理解"内部行政程序"呢?

(一)对"内部行政程序"的理解分歧与范围划定

学理上对如何理解"内部行政程序"存在不同认识。一种代表性的理解认为,"内部行政程序"是内部行政行为[2]的程序。[3]该

---

〔1〕 姜明安主编:《行政法与行政诉讼法》(第7版),北京大学出版社、高等教育出版社2019年版,第325页。

〔2〕 学术界对内部行为是否属于行政行为存有争议。以章剑生、梁凤云等为代表的学者认为,与行政机关内部组织设置、相互关系、人员配备、物资保障等有关的内部行为不是行政行为。以胡建淼、姜明安为代表的学者认为内部行为是行政行为,并且与外部行政行为一道构成行政行为的一种重要分类。造成理解分歧的根本原因在于"行政行为"这一概念本身有广义与狭义之分,在最广义与最狭义的两端光谱之间,存在着对"行政行为"范围宽窄不同的六种理解。最广义的"行政行为"为行政主体实施的所有行为,包括法律行为和事实行为;最狭义的"行政行为"只包括行政主体实施的具体行政行为。认为"内部行为并非行政行为"的观点,对"行政行为"采纳了狭义的理解,认为行政行为是行政主体对外作出的行为总称;而认为"内部行为属于行政行为"的观点,则对"行政行为"采广义的理解,认为行政行为是行政主体实施的所有行为,包括事实行为与法律行为。参见《行政法与行政诉讼法学》教材编写组编:《行政法与行政诉讼法学》(第2版),高等教育出版社2018年版,第82页;章剑生:《现代行政法总论》,法律出版社2019年版,第128页;江必新、梁凤云:《行政诉讼法理论与实务》(下),法律出版社2016年版,第421页。

〔3〕 参见胡建淼:《行政法学》,法律出版社2015年版,第603页。持类似观点的还有谭元满、肖一沙:《论行政相对人的内部程序参与权》,载《湖南经济管理干部学院学报》2006年第3期。

种理解以行政行为所涉及的对象和范围作为标准，这一划分同时确立了内部行政程序与外部行政程序"交叉适用无效"与"分别救济"的原则。[1]因此，持这一观点的学者并不认同将外部行政行为的程序再进一步拆分为内部与外部程序的做法。例如，将行政处罚程序中的调查、检查程序视为外部程序，而行政机关负责人对调查、检查的审批、决定列为内部程序。他们认为这样的划分，"既缺乏法律根据，也缺乏理论根据，甚至是荒谬的"，是"很不合理、很不适当的，这种划分会给司法审查制造不必要的困难"。[2]按照这一划分标准，内部行政程序包括：第一，那些虽不直接影响行政相对人权益，但间接影响其权益的程序，如授权、委托、代理、公务协助等；第二，那些虽不影响行政相对人权益，但影响行政机关工作人员权益的程序，如公务员的奖惩程序；第三，纯粹属于行政机关对内部事务进行管理的程序，如单位对公车管理所涉及的程序。提出这一划分标准的学者也强调，这一划分的法律意义在于明确行政程序法的调整重心，内部行政程序主要应由内部行政法律文件进行规范。[3]

　　另一种代表性的理解，以行政活动过程中是否有当事人的参与作为界分，没有当事人参与的程序为"内部行政程序"。[4]此类理解不拘泥于程序适用的行政行为类型，扩大了内部行政程序的范畴。一个行政行为的作出，无论行为属性是属于外部还是属于内部，在行政系统中均涉及权力与职责如何分配的问题，即"由哪个机构、哪些人员来负责处理，谁来决定启动、谁来调查事实、谁来参与讨论、谁拟写决定、谁最后拍板"。[5]按照这一理解，一方面，外部

---

〔1〕　参见姜明安主编：《行政法与行政诉讼法》（第7版），北京大学出版社、高等教育出版社2019年版，第327页。

〔2〕　姜明安：《行政处罚程序无内外之分》，载《人民法院报》2005年4月18日，第B1版。

〔3〕　参见姜明安：《制定行政程序法应正确处理的几对关系》，载《政法论坛》2004年第5期；胡建淼：《行政法学》，法律出版社2015年版，第603页。

〔4〕　参见何海波：《内部行政程序的法律规制》（上），载《交大法学》2012年第1期；王万华：《行政程序法研究》，中国法制出版社2000年版，第22页。

〔5〕　何海波：《内部行政程序的法律规制》（上），载《交大法学》2012年第1期。

行政行为作出过程中，行政系统内部的运作程序也被纳入到了"内部行政程序"之中。例如，有学者将行政执法中的请求批准、指挥命令、指导建议、行政认可、记录在档、行为备案的程序列为内部行政程序。[1]另一方面，地位相对中立的第三方参与到行政活动过程中，例如，外部专家的评议、评审和评定也被纳入"内部行政程序"的范畴来进行考量。[2]最后，内部程序是相对于行政行为程序而言的概念，即使是内部行政行为，其同时也包含内部程序与外部程序。[3]

另外，还有一种理解借用了行政过程论的视角来进行界分。行政活动过程可分为事前、事中与反馈的过程，其中，事前过程程序则属于"内部行政程序"的范畴。[4]按照这一理解，行政决定作出前的整个过程中所涉及的程序环节都被纳入到"内部"的范畴，重大行政决策、规范性文件制定等行政活动程序中关于公众参与的程序要求被纳入，且不排斥有行政相对人参与的程序，如行政执法中的约谈程序。[5]持这一观点的研究者认为："将内部行政程序界定为没有行政相对人的程序，则无疑忽视了当下政府行政改革广泛吸收公众参与之努力。"[6]此时的"内部行政程序"为"行政决定作出前行政系统内部处理决定、调查核实、请示汇报、讨论决定等可能对行政相对人的权利义务产生实际影响之程序，以及规范内部行政行为之程序"。[7]

前述三种对"内部行政程序"的范畴理解由窄到宽，依次拓展。其中，均认可内部行政行为的程序中部分或全部为"内部行政程

---

〔1〕 参见张淑芳：《论行政执法中内部程序的地位》，载《吉林大学社会科学学报》2008 年第 1 期。

〔2〕 参见何海波：《内部行政程序的法律规制》（下），载《交大法学》2012 年第 2 期。

〔3〕 参见何海波：《内部行政程序的法律规制》（上），载《交大法学》2012 年第 1 期。

〔4〕 参见罗许生：《内部行政程序研究》，法律出版社 2019 年版，第 61~63 页。

〔5〕 例如，《网络安全法》（2016 年）第 56 条规定：省级以上人民政府有关部门在履行网络安全监督管理职责中，发现网络存在较大安全风险或者发生安全事件的，可以按照规定的权限和程序对该网络的运营者的法定代表人或者主要负责人进行约谈。网络运营者应当按照要求采取措施，进行整改，消除隐患。

〔6〕 罗许生：《内部行政程序研究》，法律出版社 2019 年版，第 62 页。

〔7〕 罗许生：《内部行政程序研究》，法律出版社 2019 年版，第 62 页。

序"。扩展的内容在于外部行政行为的程序中，是以当事人参与与否，还是以行政决定作出前后，作为界分的标准，决定了"内部空间"拓展的大小。就行政决定作出前后的界分标准而言，将行政决定作出前为了查清案件事实与当事人进行的必要交涉，如陈述、申辩、约谈等程序纳入"内部"的范畴，这样的安排看似视角开放，实际上容易导致内外部程序的界分进一步模糊化，弱化对于内部行政程序特征的抓取。而以当事人参与与否的界分作为标准，除了可以用来判断外部行政行为外，还可以用来判断内部行政行为。此时观察的"内部"限定在无当事人参与的行政活动空间中。内、外部行政行为中均有不少不涉及当事人参与、仅约束行政机关的程序安排。甚至不限于行政机关，第三方（如专家）以中立身份参与到行政活动中，作为确保实现结果科学与理性的一环。因此，该标准的适用性更强，"内部行政程序"的"内部"范围也得到了适度的拓展。本部分采纳"以是否有当事人参与"作为标准展开对"内部行政程序"的讨论。

（二）内部行政程序的类型

以当事人是否参与作为划分内外部行政程序的标准，并不区分程序适用的行政行为的类型，即使是内部行政行为的程序也同样存在着内外之别。因此，本书在对内部行政程序进行类型化时不再专门强调程序适用的行政行为类型。参考域外国家或地区行政程序法中对"内部行政程序"的规定，并结合我国既有立法中的理解，"内部行政程序"的内容涉及行政主体如何设立及其运作的问题，内部行政程序的类型化可以被划分为行政主体的资格与行政主体的运作两大类。

第一类为与行政主体行使职权有关的资格内容。考虑到行政机关无论是依职权还是依当事人的申请启动行政行为程序，行政主体的存在才是行为的前提，而行政主体的设立通常以内部程序的方式进行。[1]域外国家或地区的行政程序法中关于"内部行政程序"的

---

〔1〕　参见马怀德主编：《行政程序立法研究——〈行政程序法〉草案建议稿及理由说明书》，法律出版社 2005 年版，序言第 13 页。

内容也多与行政机关的设立、职权划分等相关，并将这部分程序规定放置在"行政程序的主体"一章之下，我国统一行政程序立法的讨论中基本上借鉴域外国家的这一做法。然而，这种做法使得行政组织法与程序法内容存在交叉，在特定的立法理想追求下，例如，域外行政程序法典的编撰承载着实现行政法总则化与行政法法典化的目标，具有一定合理性。但在单独讨论内部行政程序的类型时，应当将之与组织法内容进行明确的区分，并重新思考其在行政程序统一立法或行政法法典化中的安排。

有学者已经意识到前述内容交叉的问题，从司法审查中对行政行为合法性审查的思路出发，指出行政程序是与行政职权等并列一道构成行政行为合法性的要素。[1]行政程序事关行政机关行使管辖权力、作出具体决定的方式、步骤和期限；行政职权则涉及行政主体的资格及其管辖权限。因此，一个组织是否依法成立、是否具备行政主体资格、有无行政管辖权限，并非行政程序问题，只有一个依法成立并具有行政主体资格和管辖权的组织，在特定的场景内下如何行使职权，才有可能涉及程序的问题。[2]

因此，在讨论这一类与行政主体资格有关的内部行政程序分类时，应当将程序与职权内容相剥离。具体而言，与行政主体有关的程序内容不应涉及组织设置、组成、职权与职责、人员编制等组织法内容。而是在假定行政组织具备主体资格与管辖权的前提下，对行政机关如何行使职权、行使职权过程中如何确保公平公正理性的实现进行规范，这些内容则属于行政程序问题。内部行政程序的具体内容可包括职权转移（委托、协助）、职权冲突（管辖）及其争议处理、职权回避（行政机关及其工作人员的回避）等。

第二类是行政主体行使职权，作出决定（决策）整个过程中的无当事人参与的程序内容。无论外部还是内部行政行为的作出，一般需要经历立案（立项）—查明案件事实—作出决定这三大环节。

---

〔1〕 参见何海波：《行政行为的合法要件——兼议司法审查根据的重构》，载《中国法学》2009 年第 4 期。

〔2〕 参见何海波：《内部行政程序的法律规制》（上），载《交大法学》2012 年第 1 期。

在对案件的具体承办中，在同一行政机关内部，通常在立案审批、调查取证环节中采取特定调查手段或措施须得到行政机关负责人的批准；在作出最终的决定前，有的时候需要经过本机关法制部门的审核，涉及重大决策、决定时，还需经过风险评估；作出重大的决定前，行政机关负责人还需要进行集体讨论；案件在执行阶段与执行完毕后的结案阶段，还涉及负责人对有关事项的批准。[1]在行政系统内部，有的时候还涉及主办机关与其他行政机关协调与协同的问题。有些决定需要下级行政机关先进行审核；有些决定须得到上级行政机关或其他行政部门的批准或同意；有些行政决定在作出之后，为了加强对其实施情况的监督，须报上级机关或其他国家机关进行备案。另外，行政系统内部还通过建立联席会议制度、成立专项工作小组等方式来加强系统内的合作。此外，在某些行政行为作出过程中，还需要引入行政系统外部的人员，以身份中立的人员参与到行政过程的程序中来，如行政决策与行政规划中的专家论证、专家评议等。[2]

（三）内部行政程序的作用

行政程序在现代社会具有技术层面与权力制约层面的双重意义。[3]结合内部行政程序的内容来看，它的作用绝非仅局限在技术层面，它在制约权力、确保实体决定的合法性等层面也发挥着不可替代的作用。以行政机关负责人批准这一程序为例，该程序在行政活动不同环节的适用上呈现出多种功能：第一，负责人对立案、结案情况的批准，对案件中止、终止等程序进程的审批，对管辖权移

---

〔1〕　案件在执行阶段涉及行政机关负责人对延期或分期缴纳罚款、涉案财物的管理与处理、行政强制执行程序进程等事项的批准。

〔2〕　例如，《公共文化体育设施条例》（2003年）第27条第1款规定：因城乡建设确需拆除公共文化体育设施或者改变其功能、用途的，有关地方人民政府在作出决定前，应当组织专家论证，并征得上一级人民政府文化行政主管部门、体育行政主管部门同意，报上一级人民政府批准。《政府投资条例》（2019年）第11条第3款规定：对经济社会发展、社会公众利益有重大影响或者投资规模较大的政府投资项目，投资主管部门或者其他有关部门应当在中介服务机构评估、公众参与、专家评议、风险评估的基础上作出是否批准的决定。

〔3〕　参见王万华：《行政程序法研究》，中国法制出版社2000年版，第6~7页。

送等的审批。[1]这一类程序表现为规范行政管理流程的功能，在行政管理中起到了"承上启下"的作用，决定了行政管理活动的进程与走向。第二，程序内容为负责人对行政管理流程中选用非常规行为方式的确认，[2]此类程序表现为提升行政效率的功能。第三，负责人通过批准的程序对行政管理流程诸节点进行审慎把关，确保行政决定合法性的实现：一方面，在执法活动中调查取证环节的诸多手段与措施有可能限制甚至损害当事人的人身权、财产权等合法权益，[3]在行为前设置负责人批准程序的目的在于通过负责人审慎地把关，尽可能地降低对当事人权益的影响。另一方面，行政机关负责人对案件办理各个环节的审批监督把关，[4]最终确保了结果产出——行政决定的合法性。

综上可见，一方面，内部行政程序将外部行政程序有效地串联起来，并通过程序的合理设置规范行政管理流程，促进行政效率的提升，此为技术层面的价值，且已被广泛认可接受。但这一层面的程序价值容易被忽视，有学者指出随着传统工业社会向现代信息社会转型升级，传统控权论下的行政程序迫切需要范式的转型，行政程序应着力于发挥行政权的功能，保障并提升行政的活力，促进行政效率的提升，而非单一以控权为核心。[5]

另一方面，内部行政程序在内容上涉及内部由谁来作决定、如

---

〔1〕 例如，《农业行政处罚程序规定》（2021年）第29条；《市场监督管理行政处罚程序》（2022年）第46、47条。

〔2〕 例如，《行政处罚法》（2021年）第66条；《市场监督管理行政处罚程序规定》（2022年）第18、64条；《农业行政处罚程序规定》（2021年）第81条。

〔3〕 例如，《反恐怖主义法》（2018年）第53条；《人民警察法》（2012年）第14条、《公安机关办理行政案件程序规定》（2020年）第57条；《邮政行政处罚程序规定》（国邮发〔2020〕43号）第32条。

〔4〕 例如，《市场监督管理行政处罚程序规定》（2022年）第56条规定：审核机构完成审核并退回案件材料后，对于拟给予行政处罚的案件，办案机构应当将案件材料、行政处罚建议及审核意见报市场监督管理部门负责人批准，并依法履行告知等程序；对于建议给予其他行政处理的案件，办案机构应当将案件材料、审核意见报市场监督管理部门负责人审查决定。

〔5〕 参见谭宗泽、付大峰：《从规范程序到程序规范：面向行政的行政程序及其展开》，载《行政法学研究》2021年第1期。

何作决定的问题，像行政机关负责人集体讨论程序、行政机关内部机构的法制审核程序等这类为了控制行政行为作出之后可能面临的法律风险而事前进行风险把控的程序安排，[1]对于确保最终行政决定的合法与正当发挥着基础性作用。程序的此项功能也在法院裁判中得到间接印证。在某公司诉当地市场监督管理局行政处罚一案中，涉及集体讨论程序使用的时间节点问题。被告在行政处罚程序中，只在告知程序前进行了集体讨论，未在举行听证后作出最终的行政处罚决定前再次组织集体讨论，被法院认定构成程序违法并撤销该处罚决定。法院认为告知之后当事人提出具有实质意义的陈述申辩意见、申请听证并由行政机关组织召开听证会等情况的出现，将可能会导致出现新的情况，改变事实的认定，继而影响最终决定的内容。因此，在告知期限内，当事人提出了有实质意义的陈述、申辩意见，或者行政机关依当事人申请组织召开了听证会，行政机关应当再次进行集体讨论决定。[2]集体讨论程序虽为内部程序，但在不同的流程中可能会影响实体结果的处理。这一点也是学界之所以强调对内部行政程序进行规制的重要原因，即"内部程序作为行政系统内部的权力分配方式，深刻影响乃至直接决定当事人的权益"[3]。区别于那些认为需将具有外部化效力的内部程序纳入法律规制的观点，[4]这一观点对内部行政程序的功能认识有所缺漏。内部行政程序本身亦可以通过"效果内化"来担保行政机关对外作出的行政行为的合法性，此时的"效果内化"是通过建立、维持行政系统内部的法秩序予以实现的。[5]

---

〔1〕　参见林鸿潮：《行政行为审慎程序的司法审查》，载《政治与法律》2019年第8期。

〔2〕　参见《行政处罚听证程序前，负责人可以集体讨论吗？》，载微信公众号"江苏高院"2022年2月16日，https://mp.weixin.qq.com/s/W8zSOrnOWlPh7wWYRoN9DA，最后访问日期：2022年10月25日。

〔3〕　何海波：《内部行政程序的法律规制》（上），载《交大法学》2012年第1期。

〔4〕　参见章志远：《行政法总则制定的基本遵循》，载《学习与探索》2020年第7期。

〔5〕　参见章剑生：《作为担保行政行为合法性的内部行政法》，载《法学家》2018年第6期。

四、我国行政法法典化讨论中纳入并重视内部行政程序制度的理由

（一）内部行政程序制度的本土生成演进

有学者批评我国行政程序法的立法讨论中，虽然普遍同意坚持内外并举的模式规范行政程序，但对内部行政程序的狭隘理解，导致了内部行政程序安排被草草对付。[1]通过前文的梳理可以发现，导致这一做法的原因在于立法中照搬了域外国家立法的经验与做法，缺少对我国内部行政程序制度本土化生成演进的关注。

事实上，有研究者通过考察我国古代的经、史、子、集等史料文本后认为我国古代亦有行政程序，虽然它与现代法治语境下的行政程序存有本质区别。[2]古代的行政程序属于传统行政程序的范畴，它的控制功能作用在内部行政管理之中，主要表现在治官与规范公文往来。为了保证官吏对王朝的尽忠职守、廉洁奉公，我国古代行政程序对官吏的选拔、奖惩任免、监察等规定较为详尽；为保证行政效率，我国古代对于文书的发布、执行和管理有一套严格的程序要求。这些不涉及行政相对人的程序内容占据了古代行政程序的绝大部分篇幅，行政机关对社会上的公民和组织管理规定总体来看比较薄弱。因此，古代行政程序主要为内部行政程序，外部行政程序稀疏粗陋。造成这样分布的原因在于古代国家对外部行政行为主要采用实体规范规定行政任务、职权职责、法律责任的形式加以内部控制，促使行政官员勤政廉洁，防止越权滥权，因而行政行为的方式、方法、步骤、顺序等内容多交由行政官员自由安排，以期实现高效行政的目标。[3]整体而言，这一时期的内部行政程序安排主要为维护君王的统治服务，程序作为工具而存在。

---

〔1〕 参见何海波：《内部行政程序的法律规制》（上），载《交大法学》2012 年第 1 期。

〔2〕 参见柳正权：《中国古代行政程序研究》，人民出版社 2012 年版，第 2~3 页；柳正权：《中国传统行政程序概念的文化解析》，载《法学评论》2007 年第 1 期。

〔3〕 参见张庆福、冯军：《现代行政程序在法治行政中的作用》，载《法学研究》1996 年第 4 期。

现代行政程序则是在资产阶级民主制确立之后逐渐丰富与发展起来，体现了民主主义的精神。从现代行政程序的确立与发展来看，最初从英美德等国家的"自然正义""法律的正当程序""法治国"等原则和判例法等基础上发展而来的现代行政程序，对行政权的控制与约束是其最为核心的功能。当然，现代行政程序也并非凭空产生，而是在继承传统行政程序的基础之上演进而来，集合了制约行政权的民主参与和行政救济程序，服务于行政机关内部控制需要的管理程序，纯粹为保障行政效率的业务性、技术性程序这三类程序于一体。[1]后两类程序也在现代行政程序理念的熏陶下，进一步增添了民主与法治的色彩。[2]第一类程序则是现代行政程序的核心，包括了告知、说明理由、听证、陈述意见等内容，这些程序通过赋予相对人参与权，作为程序权利人对行政主体行使权力的活动进行反向控制。因为这一类程序的突出作用，所以各国的行政程序法编撰均以这一类外部行政程序为核心展开。

我国在20世纪80年代开始恢复与重建行政法治，行政管理领域的立法得以快速增长，但行政法实施过程中却面临着执法程序方面的问题。例如，行政程序规定零散分布，缺少重要的行政程序制度规定，已有的规定操作性不强，大多数规定带有浓厚的管理色彩等。受到域外行政程序法法典化浪潮的影响，学界在20世纪初倡导制定我国统一行政程序法的立法讨论中，无论是在立法的形式选择、内容考量方面，还是在具体的程序制度安排等方面，均以域外国家的立法作为直接参照对象，将大量的具有现代法治精神的外部行政程序内容纳入立法讨论中，提升了我国行政程序的现代性；与此同时，与行政主体有关的内部行政程序规定也得以被吸收进来，构成我国内部行政程序内容的重要一部分。

---

[1] 张庆福、冯军：《现代行政程序在法治行政中的作用》，载《法学研究》1996年第4期。

[2] 例如，《行政机关公务员处分条例》（2007年）第39条规定了公务员处分的程序，其中规定了任免机关对涉嫌违法违纪的行政机关公务员的调查、处理时，有关部门应将调查认定的事实及拟给予处分的依据告知被调查的公务员本人，听取其陈述和申辩。

然而，在考察我国多个行政管理领域的立法后可以发现，在规范执法程序内容中，除了学习借鉴域外现代行政程序法的做法，纳入以说明理由、陈述申辩、听证等相对人参与的程序用于制约行政权外，还有不少只有行政系统或行政机关内部来完成的程序要求也被明确下来。有学者从中国立法和司法实践中梳理出了这类内部行政程序的具体制度内容，包括行政机关内部的承办、审核、决定程序，上下级行政机关之间的审查、批准、备案程序，外部专家的评议、评审、评定程序这三大类。〔1〕这类程序很好地串联起了整个外部行政行为作出的程序，明确了行政行为在行政系统内部由谁来启动程序、谁来调查取证、谁参与讨论、谁写决定、谁来审核、谁来拍板的问题。虽然学术界对于这类程序是否属于内部行政程序的范畴存有争议，但均认可这类程序对于行政行为的理性与正当性具有重要意义。〔2〕法院也在判决中肯认了违反这一类程序可能引发行政行为被撤销的法律后果，〔3〕这也从一个侧面反映了违反这类程序可能影响到实体处理的正确性或损害了当事人的合法权益。而这类程序要求并非对特定行政行为或特定行政管理领域的专门内部程序要求，而是广泛地遍布在我国的法律、行政法规、部门规章、地方政府规章，甚至是规范性文件之中，法律文件的效力级别越低，通常对这类内部行政程序的规定也越为周详。

此外，除了这些可能会对公民权利产生影响的内部行政程序内容外，承袭过去的行政惯例与传统，还有那些以提升行政管理效率为其目标，纯粹为行政管理服务的内部程序要求，如行政公文的传递、行政机关的印章管理等。

---

〔1〕 参见何海波：《行政诉讼法》，法律出版社2022年版，第403~418页。

〔2〕 参见姜明安：《行政处罚程序无内外之分》，载《人民法院报》2005年4月18日，第B1版。

〔3〕 例如，在"方某良诉衢州市自然资源和规划局资源行政处罚案"中，法院认为被告对重大违法行为给予较重的行政处罚时，把集体会审程序与负责人集体讨论相混淆，认定被告对重大违法行为给予较重的行政处罚决定前未经过负责人集体讨论属于程序违法。法院仅以此为由，撤销了一审判决。参见浙江省衢州市中级人民法院（2019）浙08行终43号行政判决书。

从内部行政程序制度内容自古至今的发展梳理来看，内部行政程序除了保留了过去服务于行政系统内部管理的纯粹技术性的程序规定外，在现代行政程序理念的影响下，无论是内部还是外部行政行为作出的过程中，整个程序过程无论是否有相对人的参与，多个环节的程序设置目标均指向控制行政权与保障相对人的权益，此时内部行政程序亦承载着相似的功能。因此，对于前一类内部行政程序，由行政机关内部自行设定即可，无需将之纳入法典化的讨论；对于后一类内部行政程序，考虑到它对于行为理性、公正性的作用，应当将之纳入行政法法典化的安排之中进行考量。内部行政程序绝非只有纯粹技术性与业务性的内容。

（二）凸显行政法法典化的"中国特色"

在我国《民法典》成功编撰的鼓舞下，行政法学界再次启动了关于行政法法典化的研究。在这些讨论中，可以总结为两个方面的问题：第一，行政法能否实现法典化；第二，行政法如何实现法典化。对于第一个问题目前争议不大，均认为我国具备了实现行政法法典化的条件。[1]对于第二个问题，学界从法典化实现的路径选择、体例框架等维度展开，讨论在"行政法总则""行政程序法""行政基本法"路径之下的法典定位、总体思路与框架内容。在不同的路径选择之下，法典内容涵盖的事项多少、条文详略则有所差别。但无论是采取哪一种路径实现法典化，编撰具有"中国特色"的行政法典这一标准一直贯穿在所有法典化路径的讨论中。

行政法法典化如何才能具有"中国特色"，从既有的讨论来看，表现为以下三个方面：第一，将民族性作为行政法法典化的精神特质，注重法典对中华法治文明、传统法律文化的传承和形塑。[2]第

---

〔1〕　即使有学者反对行政法的统一法典，但并不反对"行政法典化"。参见杨建顺：《为什么行政法不能有统一的法典？》，载《检察日报》2020年6月3日，第7版；杨建顺：《行政法典化的容许性——基于行政法学体系的视角》，载《当代法学》2022年第3期。

〔2〕　参见周佑勇：《中国行政基本法典的精神气质》，载《政法论坛》2022年第3期；钟瑞华、李洪雷：《论我国行政法法典化的意义与路径——以民法典编纂为参照》，载《行政管理改革》2020年第12期。

二，行政法法典化将本土法治实践积累的经验融入其中，充分汲取中国特色法治政府建设的实践探索成果，将行政执法实践、司法实践的创新内容吸收到法典之中。与此同时，法典要及时记载中国特色法治政府理论的最新研究成果。[1]第三，强调国家公共行政的模式和法治诉求不同，是造成行政法典国别差异的重要原因之一。法典化的编撰中应立基于我国整体型公共行政的基本特征，以我国的国家治理实践为基础，不能局限于西方的模式与经验。[2]我国整体型行政的样貌要求行政法典在架构时须重点关注系统整体的组织与运作内容，而非沿袭西方个体化行政下偏重外部管理法律关系的构造。[3]

将内部行政程序纳入到行政法法典化的考量中将有助于凸显法典的"中国特色"。结合前述体现法典"中国特色"的内容来看，可从我国的历史、实践、理论等维度进行阐释。

第一，从历史的维度来看，我国内部行政程序的生成演进历程，融贯中西，是传统法律文化整合的结果。内部行政程序既保留了传统内容，又对传统有所创新突破。我国自古以来既有规范成典的传统，《唐六典》《明会典》《清会典》都是我国历史上重要的行政法典。从这些法典的内容来看，均以官制为核心，规范了中央或地方国家机关的机构、编制、职责、人员等问题。古代发达的行政法也使得古代行政程序获得了一定的功能性价值，即程序在国家权力传递中具有意义并对国家架构产生一定的影响。从前文的梳理可知，古代行政程序以内部行政程序为主，重视对内部行政管理的控制，通过对官吏的选拔任用、考核奖惩等的程序安排确保官吏对王朝的尽忠职守，通过对公文往来的程序管理确保王朝的有效运转。从内部行政程序的本土生成演进来看，从传统到现代的转型吸收了我国

---

〔1〕　参见章志远：《中国特色行政法法典化的模式选择》，载《法学》2018 年第 9 期。

〔2〕　参见薛刚凌：《行政法法典化之基本问题研究——以行政法体系建构为视角》，载《现代法学》2020 年第 6 期。

〔3〕　参见薛刚凌：《中国特色行政法典的编纂研究——以公共行政整体型特征为视角》，载《现代法学》2022 年第 5 期。

古代法制的成败得失，挖掘和传承了中华法律文化精华，汲取营养、择善而用。因此，我国当下的内部行政程序内容，一方面，在现代行政程序理念的影响下纳入了控权的制度设计；另一方面，同时吸收了我国古代行政程序发挥内部行政管理控制的功能安排。内部行政程序制度内容丰富、类型多样、作用多元，在适用上拓展到了各类行政活动之中，并不仅限于内部行政的管理行为。

第二，从实践的维度来看，一方面，各个效力层次的法律规范中均有涉及内部行政程序的规定。特别是针对一些在适用上容易引发争议、规定不明确的程序，行政机关通过自行制定专门的规范性文件予以明确。例如，《汕尾市重大行政执法决定法制审核和集体讨论决定制度》（汕府函〔2016〕532号）；2020年司法部草拟的《行政复议法（征求意见稿）》将行政复议委员会制度正式纳入，多地政府先后发布规范行政复议委员会的工作规则、审理办公会规则、评议组工作规则，规范行政复议委员会的组成与内部运作。〔1〕这些内部行政程序内容是我国法律实践中正在生发的制度。再有，我国官员对于人员分工、请示汇报、讨论拍板、公文签发程序等的内部办事程序也较为认可，这也构成了我国行政程序建设的一种本土资源。〔2〕另一方面，我国公共行政实践以整体性为其显著特征，区别于西方国家的个体化。我国公共行政以追求国家政治稳定、经济高质量发展和实现共同富裕为目标；同时兼顾保护个人利益，个人可以从整体发展中分享利益。在这样的公共行政样态下，我国大部分的组织和运行活动均不具有外部性，着眼于整体目标而实施，并不针对具体的相对人。外部行政管理行为只是公共行政中的一部分内容。政府履行发展职能，包括工业园区的建设、产业培育、招商引资、打造要素市场等行政活动，亦是公共行政中的重要内容，但这些内容为我国行政法所忽视。整体的系统内部涉及决策、执行、系统调节与控制，这些环节均需要通过程序予以联结，系统内部的运

---

〔1〕　如《南宁市人民政府行政复议委员会工作规则》《南宁市人民政府行政复议案件审理办公会工作规则》《南宁市人民政府行政复议案件审理评议组工作规则》。

〔2〕　参见何海波：《内部行政程序的法律规制》（上），载《交大学法》2012年第1期。

作需要程序予以保障整体目标的实现。在这一语境之下，没有相对人参与的"内部行政程序"范畴还将相应拓展，这部分程序内容也将更为独具中国特色。

第三，从理论的维度来看，传统行政法强调通过外部主体（立法机关与司法机关）来对行政权进行约束和控制，但在行政权快速扩张、行政管理专业性明显提升的背景下，外部制约发挥的作用显著降低，行政组织架构、内部行政法律规则等提供的内部制约的重要性日益凸显，行政自制理论应运而生。该理论主张从内部行政法视角为政府法治建设寻找新的制度支点。[1]该理论在中国法治进程中也具有独特的功能，推动了中国特色行政法治道路的新探索。[2]其中与本处密切关联的一点，即强调对行政运转过程的权力控制。内部行政程序作为对行政运转过程权力控制的重要手段之一，也在行政自制理论的推动下得以实现功能重塑、制度丰富与发展。

（三）以内部行政程序为突破提升法典化讨论中对内部行政要素的关注

在我国行政法法典化的讨论中，无论是采用"行政程序法"模式、"行政法总则"模式，还是采用"行政基本法典"模式，法典的内容架构均围绕着行政权的规范运行展开，以政府的外部管理职权为核心，具有"外部性"或能够产生"外化"效果的因素，才是目前各行政法法典化方案重点关注的对象。受到域外行政法的影响，行政机关在办公大楼内实施的行为等内容不受行政法的关注与重视。

与传统行政法强调通过外部主体对行政机关对外行使权力进行控制与约束有所不同，以美国杰里·L. 马萧（Jerry L. Mashaw）、克里斯托弗·J. 沃克（Christopher J. Walker）等为代表的学者在行政

---

〔1〕 参见于立深：《现代行政法的行政自制理论——以内部行政法为视角》，载《当代法学》2009 年第 6 期。

〔2〕 参见崔卓兰、于立深：《行政自制与中国行政法治发展》，载《法学研究》2010年第 1 期。

成为国家活动中心的时代背景下，开始反思仍将法院设置为防止行政擅权僵化堡垒的司法中心主义观点，意识到内部行政的重要性，提出利用内部行政法，由行政机关创设内部程序、架构、实践惯例和指南等多种形式，探索实现行政机关的自我约束。[1]美国行政法学研究中对内部行政内容的关注度也日益成为一个新趋势。[2]

我国并未有如西方国家从议会、法院为中心到行政全面介入社会的转变历程。在我国自秦以来所形成的高度中央集权政体影响至今，当下中国是一个高度集权的行政国家，政府在国家治理中发挥着至关重要的作用，政府也在不断尝试进行完善自身建设，更好地服务于国家的发展。实践中，2004 年至今由国务院为主导推动的"法治政府"建设，便以行政体系的内部制约机制为核心展开。[3]对于行政权控制与约束的关注如果仍聚焦于对外部管理行政行为系列内容的规范，那只是注意到了行政活动中的一部分内容，大量行政系统的内部安排、运作等内容被忽视。我国学者受域外内部行政法研究的启发，提醒学界应当放宽视野，去研究行政科层内的控制技术，去关注行政在自我控制与自我拘束方面的技术。[4]

在行政程序统一立法的讨论中，学界虽然对内部行政程序的认识存有分歧，但就立法内容上采取内部与外部行政程序并存的模式已达成共识。在行政法法典化的讨论中，无论哪一种方案，行政程

---

[1]　参见［美］杰里·L. 马萧：《官僚的正义——以社会保障中对残疾人权利主张的处理为例》，何伟文、毕竟悦译，北京大学出版社 2005 年版，第 105~169 页；［美］杰里·L. 马肖：《创设行政宪制——被遗忘的美国行政法百年史（1787—1887）》，宋华琳、张力译，中国政法大学出版社 2016 年版，第 2~26 页；克里斯托弗·J. 沃克：《司法审查之外对官僚行政的控制》，宋华琳、徐曦昊译，载《湖湘法学评论》2021 年第 2 期。

[2]　See Gillian E. Metzger & Kevin M. Stack, "Internal Administrative Law", 115 *Michigan Law Review* 2017, p. 1243. 中译本参见［美］吉莉恩·E. 梅茨格、凯文·M. 斯塔克：《内部行政法》，宋华琳、吕正义译，载章剑生主编：《公法研究》（第 20 卷），浙江大学出版社 2020 年版，第 160~235 页；Christopher J. Walker & Rebecca Turnbull, "Operationalizing Internal Administrative Law", 71 *Hastings Law Journal* 2020, pp. 1225-1247.

[3]　参见刘国乾：《法治政府建设：一种内部行政法的制度实践探索》，载《治理研究》2021 年第 3 期。

[4]　宋华琳：《国家建构与美国行政法的史前史》，载《华东政法大学学报》2015 年第 3 期。

序均在法典的安排中占据了相当重要的篇幅。可以此作为契机，在考虑行政法法典化中纳入哪些内部行政程序、如何安排布局篇幅的过程中，提升对包括行政组织与组织间内部协调机制、内部行政制度等在内的内部行政要素的考量。

五、纳入行政法典化讨论的内部行政程序制度内容

受域外行政程序法典的影响，我国行政程序统一立法的讨论中，已对将管辖、行政协助、行政委托等制度作为内部行政程序的内容写入程序法典达成共识。行政法典化的讨论中无论是采取哪一种路径均应囊括这部分特殊情形下通过内部行政程序处理而取得行政主体资格的制度内容。另一部分内容与行政活动的内部运作密切相关，它串联起整个行政活动，并确保了行政行为的合法与理性的实现。它区别于外部行政程序保障的实现机制，在我国行政实践活动中也更为容易得到各方的认可。此外，由实践中发展出来的协调行政系统内部府际之间、部际之间合作关系的非正式的组织机制或方式，以行为法机制得以呈现，并通过行政程序予以规范。在编纂"具有中国特色"的行政法法典的过程中，不可忽视对这些内部运作的程序制度安排。

（一）与程序有关的行政主体资格制度

我国学界在对行政程序统一立法的早期研究中，对域外国家行政程序法典中涉及"内部行政程序"内容的解读并未严格区分程序与组织部分，一些涉及组织是否依法设立、有没有管辖权限的内容，如《西班牙行政程序法》中对行政机关设置的要求、《葡萄牙行政程序法》中对合议制行政机关的组成规定、各国行政程序法中普遍涉及的管辖权划分规定等，均被置于"内部行政程序"之下予以讨论。在当时行政程序法典被寄予了实现行政法总则化与行政法法典化的特殊立法目的的背景下，这样的程序与组织法内容的杂糅处理具有一定的合理性。但在当下行政法法典化编撰的精细化讨论中，行政组织法作为法典的重要构成部分得到专门的关注，内容涉及行

政组织、编制、机关运行保障和公务员等。[1]组织法内容规定了主体的设立、权限、资格等实体内容，因此，在讨论法典化中的内部行政程序制度内容时，应该将涉及行政主体内部的组织法内容剥离。

　　然而，一个依法设立、具有行政主体资格和管辖权限的组织，在特定情况下如何行使职权，则涉及行政组织内部的程序安排。例如，均有管辖权的多个行政主体对同一案子可能面临管辖冲突，需要明确管辖争议的处理程序。具有管辖权的行政机关及其工作人员不适合处理具体案子，则面临回避，需要回避程序予以解决；具有管辖权的行政机关为了更有效地达成行政目的，选择将事务或职权进行委托；具有管辖权的行政主体因法定原因不能亲自完成公务，或因事实原因缺少所需的人力和设备不能完成公务等情形，还涉及行政协助，这些均需要通过程序来明确各自的适用问题。

　　这一类与行政主体资格有关的程序内容，虽然限定在行政组织内部，但意义非凡。以行政机关管辖争议程序为例，行政管辖明确了不同行政机关首次处置行政事务的权限分工，是行政权得以有效行使的前提。在我国，常见的管辖类型以事务、地域、级别等为标准进行划分。但行政管辖制度只是形成了对行政机关权限的初次分配，在行政实践中，即使是拥有对应权限的行政机关，在面对真实案件的时候，基于主客观方面的考量，还可能面临管辖争议。管辖争议得不到妥善处理，相对人无所适从，也严重损害政府的公信力。明确管辖权冲突的解决程序，也被视为我国机构改革之协同原则的重要实现机制之一。[2]

　　规定与行政主体资格有关的程序要求是已制定行政程序法的国家和地区的普遍做法。我国一些行政立法中已将其纳入并不断优化程序安排，尽管如此，既有规定仍留有空白。以管辖权冲突的解决程序为例，2021 年修订后的《行政处罚法》第 25 条优化了当两个

---

　　〔1〕　参见马怀德：《行政基本法典模式、内容与框架》，载《政法论坛》2022 年第 3 期。
　　〔2〕　参见高秦伟：《机构改革中的协同原则及其实现》，载《福建行政学院学报》2018 年第 4 期。

以上行政机关都有行政处罚管辖权发生争议时的处理程序；[1]我国地方行政程序立法中也写入了共同管辖权冲突的处理程序。[2]这些规定解决了管辖的积极冲突问题。对于管辖权的消极冲突，有的地方程序规定照搬了《行政诉讼法》中的移送管辖的内容；[3]对于无机关受理的消极管辖冲突，既有的各类规范中并未涉及。与之相关联，司法实践中还面临着行政行为实施主体不明的情况下，如何确定行为人的问题。[4]行政管辖的消极冲突处理程序安排并未得到重视。在行政法法典化的讨论中，我们需要注意对这类程序空白内容的填补。

(二) 行政系统内部的决定程序制度

在我国行政法法典化的诸方案中，有关行政程序编的内容主要侧重于外部行政程序制度的规定，基本沿袭了行政程序统一立法中对行政程序的内容安排。强调对涉及相对人参与的程序保护，但对于行政活动过程中间接关涉相对人权益却无相对人直接参与的内部行政程序的规定则较为简单。这类程序制度包括在行政机关内部的有外部人士参与行政机关内部的合议（论证）、行政机关内部机构的法制审核、行政机关负责人的批准、行政机关负责人的集体讨论，下级行政机关的审核、上级行政机关的批准、其他行政部门的同意或备案等内容。[5]这些内容如何展开并嵌入到行政活动过程中，将

[1]《行政处罚法》(2021年) 第25条规定：两个以上行政机关都有管辖权的，由最先立案的行政机关管辖。对管辖发生争议的，应当协商解决，协商不成的，报请共同的上一级行政机关指定管辖；也可以直接由共同的上一级行政机关指定管辖。1996年《行政处罚法》确立了在此情形下直接适用由共同上一级行政机关指定管辖的程序安排，并延续至2021年《行政处罚法》的修订。

[2] 例如，《江苏省行政程序条例》(2022年) 第25条；《湖南省行政程序规定》(2022年) 第14条；《汕头市行政程序规定》(2021年) 第13~14条。

[3] 例如，《江苏省行政程序条例》(2022年) 第24条；《山东省行政程序规定》(2011年) 第19条。

[4] 参见"程某田诉历城区人民政府行政强制案"，山东省济南市中级人民法院一审行政裁定书 (2017) 鲁01行初103号，山东省高级人民法院二审行政裁定书 (2017) 鲁行终1463号，最高人民法院再审裁定书 (2018) 最高法行申1801号。

[5] 具体的程序制度内容介绍，参见何海波：《行政诉讼法》，法律出版社2022年版，第404~409页。

直接影响行政活动的结果。该类程序对于行政权内部秩序的运转有着深刻的决定性影响并最终作用于行政决定本身。应将其置于与外部行政程序同等重要的地位，在法典化讨论中将其纳入并分类作相对细化的统一安排。

以行政机关负责人集体讨论程序为例，这类程序设置的意义在于帮助行政机关负责人在作决定时集思广益，防止恣意武断。我国多部法律文件均明确了在特定行政行为作出中必经这一程序的要求。例如，2015 年中共中央、国务院印发的《法治政府建设实施纲要（2015—2020 年）》明确地要求在规范性文件制定、重大行政决策、行政执法程序中，落实、坚持与完善"集体讨论决定"。《行政复议法》第 28 条规定，行政复议决定的作出需经复议机关负责人同意或集体讨论决定。2019 年《重大行政决策程序暂行条例》把集体讨论的程序规定列为重大行政决策的必经程序。2021 年修订后的《行政处罚法》基本保留了旧法的表述，只是删掉了"较重的"限定，规定"对情节复杂或者重大违法行为给予行政处罚，行政机关负责人应当集体讨论决定"。为了规范集体讨论程序的具体开展，部门规章与一些地方通过发布规范性文件的形式扩大或细化了特定行政行为中集体讨论程序的适用。例如，《市场监督管理行政处罚程序规定》（2022 年）第 4 条第 1 款、第 60 条第 2 款、第 64 条等分别扩大和细化了对集体讨论程序的适用情形；《长沙市重大行政执法决定集体讨论办法（试行）》（长政法〔2015〕32 号）明确了集体讨论程序的适用情形、集体讨论的规则、决议方式等。这些细化的规则对具体程序的展开具有规范意义，但规范的属性限于特定的行政管理领域或地域，能够发挥的统一作用非常有限。

此外，既有的这些规定仍无法回应实践中遇到的一些问题。集体讨论应当在何时启动，实务中存在着较大的分歧。"有的行政机关在处罚告知前便组织集体讨论，有的行政机关在听证结束后并不开展集体讨论，也有的在听证前集体讨论处罚内容，甚至在一案中多次开展集体讨论。"[1]有的法院通过判决的形式确认了集体讨论程序的启动节点，补充了既有立法的不足。[2]再者，行政机关负责人集体讨论的参与人员包括哪些行政职务才能满足程序要求？行政实务中出现过只有副职级别负责人一人参与或副职主持会议，部分科室副职干部和工作人员参会的集体讨论情形，但均被法院认定为不满足集体讨论程序的人员构成要求。[3]还有，集体讨论是否必须以会议的形式进行？行政实务中以文件会签、传阅、征求意见、投票等代替集体讨论会议的情形较为普遍。文件会签代替集体讨论的这一形式甚至还得到了法院的认可。[4]前述这些问题反映了既有立法中仅提出内部行政程序的要求尚不足以为行政活动内部运转的规范提供充分指引。亦有法官指出，对集体讨论制度原则性规定和配套法律规范的长期缺位，使得该制度在诉讼中也面临着审查证据难以判断、具体执行程序不清、证明载体规范形式不一等较为突出的适用问题。[5]行政法法典编撰中，在将这类内部行政程序纳入行政程序编进行规范时，应在将之确立为某类行政活动的必经程序时，一并根据这类行政活动的特征适当细化对于程序具体适用的安排。

（三）行政系统内部的协调程序制度

行政协调是在现有行政体制格局下，不改变行政机关自身功能和结构性因素的基础上，通过内部协商，追求公共行政一体化，构

---

〔1〕 徐冬然、王伏刚：《行政机关负责人集体讨论程序的正当时机》，载《人民法院报》2021年9月30日，第6版。

〔2〕 参见《行政处罚听证程序前，负责人可以集体讨论吗?》，载微信公众号"江苏高院"2022年2月16日，https://mp.weixin.qq.com/s/W8zSOrnOWlPh7wWYRoN9DA，最后访问日期：2022年10月25日。

〔3〕 例如，"大连市金州区兴亮修船厂诉大连金普区农业农村局行政处罚案"，辽宁省高级人民法院（2019）辽行终字第1320号；"龙某庆、罗某诉贵州省凯里市自然资源局行政处罚案"，贵州省黔东南苗族侗族自治州中级人民法院（2020）黔26行终字第2号行政判决书。

〔4〕 参见"李某英诉平度市公安局行政处罚案"，青岛市中级人民法院（2015）青行终字第396号行政判决书；"周某莲诉莆田市公安局荔城分局行政处罚案"，福建省莆田市中级人民法院（2015）荔行初字第24号行政判决书。

〔5〕 参见吕长城：《行政处罚集体讨论决定程序的反思与建构》，载《人民司法》2022年第25期。

建整体政府的一种国家治理方式。[1]它对于加强行政部门之间的沟通、消除内耗、完成行政总体目标，起到了积极的促进作用。行政协调机制在我国的行政实践中已被广泛运用。例如，行政执法的协调，多地政府将之作为解决行政权限冲突问题和行政部门分散化安排的情况下增进部门间协作的主要做法。[2]此外，随着区域经济一体化的发展、区域问题协同治理需求的增强，府际之间、部际之间的合作协调问题也日益突出，行政机关之间横向关系的处理则成为一个值得专门研究的问题。由于行政机关之间横向关系组织法规则的缺失是各国普遍存在的现象，解决的路径是创设承担相应组织法功能的行为法规范。我国亦是通过行为法机制来弥补组织法缺陷，承担起组织法功能的。[3]为了克服行为法机制碎片化的局限，有学者提出必须通过行政行为的类型化及其程序的统一化，制定统一的行政程序法进行整合。[4]因此，对这一问题的研究可转化为对程序内容的关注。

　　我国地方行政程序立法中已将这部分协调机制的程序内容纳入，例如，有的省市的行政程序规定中明确了联席会议、行政协议作为各级人民政府为促进经济社会发展、有效实施行政管理而开展的跨行政区域合作的重要方式；[5]将建立联席会议制度、成立专项工作小组、建设信息共享平台、签订区域或者部门合作协议等作为行政协作的机制与方式。[6]地方在立法过程中考虑到各地协调行政机关之间关系上的做法存在较大差异，为了实现统一，在讨论行政程序

---

　　〔1〕　参见李大勇、杜宏伟：《行政协调中的裁量规制》，载《行政法学研究》2016年第4期。

　　〔2〕　地方政府通过制定地方政府规章或规范性文件的形式对执法中的协调予以规范，如《广州市行政执法协调规定》（2019年）、《南通市行政执法协调办法》（通政发〔2022〕1号）等。

　　〔3〕　参见叶必丰：《行政组织法功能的行为法机制》，载《中国社会科学》2017年第7期。

　　〔4〕　参见叶必丰：《行政组织法功能的行为法机制》，载《中国社会科学》2017年第7期。

　　〔5〕　《湖南省行政程序规定》（2022年）第15条。

　　〔6〕　《浙江省行政程序办法》（2016年）第14条。

立法时，将之列为重要问题予以考量并统一规范明确其适用情形。[1]在中央层面，在实践中国务院通常以办公厅复函形式同意针对特定行政目标或任务建立、调整部际联席会议制度，明确联席会议的主要职责、成员单位、工作规则及要求。例如，《国务院办公厅关于同意建立推动道路货运行业高质量发展部际联席会议制度的函》（国办函〔2021〕94号）、《国务院办公厅关于同意调整完善非物质文化遗产保护工作部际联席会议制度的函》（国办函〔2022〕13号）。这些尝试也被实践证明是一种行之有效的促进府际间沟通协调、部门间协同联动的机制或方式。因此，有必要在行政法法典化的讨论中纳入对以联席会议、区域合作协议等为代表的行政系统内部的协调程序制度的规范。

小结：内部行政程序与外部行政程序同等重要

由于学术界对"内部行政程序"的理解存有分歧，直接影响了他们对该类程序重要性的判断。我国行政法法典化的讨论也围绕外部行政程序展开，忽视了对该类行政程序的关注。本部分通过梳理我国行政程序统一立法的历史资料发现，内、外部行政程序并存模式在我国行政程序统一立法讨论中已达成共识，但学界对"内部行政程序"的认识深受域外行政程序立法的影响，这也引发了学者对于立法对中国现实问题回应乏力的担忧。

本部分在厘清我国学界对"内部行政程序"理解分歧的基础之上，采纳了"以当事人是否参与行政活动中"作为界定内、外部行政程序的标准，并结合域外立法经验与本国既有立法的安排，将内部行政程序进行类型化并对其多重功能进行剖析，尝试证明内部行政程序亦是我国行政程序制度中非常重要的一部分，构成了我国行政程序法治的重要本土资源。无论是内部行政程序制度的本土生成

---

[1] 参见贺安杰：《关于〈湖南省行政程序规定〉的几个问题》，载《湖南社会科学》2008年第5期。

演进路径，还是凸显行政法法典化的"中国特色"，抑或是以内部行政程序为突破提升法典化讨论中对内部行政要素的关注，均成了我国行政法法典化讨论中纳入并重视内部行政程序制度的理由。

行政法法典化的过程被视为是"梳理构建该部门法理论基础、促进学科共识达成的过程"[1]。在行政法法典化背景下对内部行政程序制度进行系统讨论，一方面，强调内部行政程序与外部行政程序同等重要，它是我国行政程序法治建设中的重要内容，研究中不可忽视；另一方面，通过观察行政机关内部运作及其如何规制的过程，提供给我们与传统行政法重视外部行政活动控制完全不同的视角，来观察行政法及其体系的构建，有助于我们对既有行政法体系内容进行全面慎思。

---

[1]　罗智敏：《行政法法典化背景下我国行政行为理论研究的挑战与应对》，载《行政法学研究》2022 年第 5 期。

附　录

行政处罚领域中涉及"集体讨论"规定的规章整理 *

部门规章	
序号	法条名称与具体条目
1	民政部《社会组织登记管理机关行政处罚程序规定》（2021 年）第 28、31 条
2	中国证券监督管理委员会《证券期货违法行为行政处罚办法》（2021 年）第 27 条第 2 款
3	交通运输部《交通运输行政执法程序规定》（2021 年）第 76 条
4	国家市场监督管理总局《市场监督管理行政处罚程序规定》（2022 年）第 4 条第 1 款、第 60 条第 2 款、第 64 条
5	海关总署《海关办理行政处罚案件程序规定》（2021 年）第 72、76 条
6	国家医疗保障局《医疗保障行政处罚程序暂行规定》（2021 年）第 5 条第 3 款、第 40 条第 2 款、第 44 条、第 45 条第 3 款
7	国家国际发展合作署《国家国际发展合作署行政处罚实施办法》（2020 年）第 18 条
8	农业农村部《农业行政处罚程序规定》（2021 年）第 5 条第 2 款、第 55 条、第 57 条
9	国家邮政局《邮政行政处罚程序规定》（2020 年）第 40 条第 5 款、第 41 条第 1 款
10	国家统计局《统计执法监督检查办法》（2019 年）第 32 条

---

　　* 表格中第二列所涉及的年份为规章的发布时间。另外，表格中所整理的规章均为现行有效的法律文件。

序号	法条名称与具体条目
11	商务部《商务部行政处罚实施办法》（2022年）第12～13条、第16条、第20～21条、第22条第3款
12	国家互联网信息办公室《网信部门行政执法程序规定》（2023年）第43条
13	国家知识产权局《专利行政执法办法》（2015年）第34条
14	国家安全生产监督管理总局〔1〕《安全生产违法行为行政处罚办法》（2015年）第24条第2款、第29条第3款
15	国家安全生产监督管理总局《安全生产行政处罚自由裁量适用规则（试行）》（2010年）第18条第3款
16	原国家旅游局〔2〕《旅游行政处罚办法》（2013年）第50条第3款、第70条
17	原文化部〔3〕《文化市场综合行政执法管理办法》（2011年）第26条
18	司法部《律师和律师事务所违法行为处罚办法》（2010年）第43条第2款
19	工业和信息化部《烟草专卖行政处罚程序规定》（2023年）第52条第2款
20	国家版权局《著作权行政处罚实施办法》（2009年）第29条第2款
21	原卫生部〔4〕《卫生行政处罚程序》（2006年）第27条第2款、第29条第2款

〔1〕 发布部门为原国家安全生产监督管理局（副部级单位），后2005年该单位升格为国家安全生产监督管理总局，为国务院直属机构（正部级）。但在2018年的机构改革中，该局已被撤销，由新组建的应急管理部承接其职能。

〔2〕 发布部门为原国家旅游局（国务院直属机构），但在2018年的国务院机构改革中，国家组建文化和旅游部。将文化部、国家旅游局的职责整合，组建文化和旅游部，作为国务院组成部门。不再保留文化部、国家旅游局。

〔3〕 发布单位为原文化部（正部级），但在2018年的国务院机构改革中，国家组建文化和旅游部。将文化部、国家旅游局的职责整合，组建文化和旅游部，作为国务院组成部门。不再保留文化部、国家旅游局。

〔4〕 发布单位为原卫生部。2013年十二届全国人大一次会议已通过国务院机构改革方案，卫生部与国家人口和计划生育委员会的计划生育管理和服务职能合并组建国家卫生和计划生育委员会。在2018年的国务院机构改革中，国家将国家卫生和计划生育委员会、国务院深化医药卫生体制改革领导小组办公室、全国老龄工作委员会办公室的职责，工业

序号	法条名称与具体条目
22	原文化部《文物行政处罚程序暂行规定》（2005 年）第 30 条第 2 款
23	国家发展和改革委员会《价格违法行为行政处罚实施办法》（2004 年）第 8 条
24	国家档案局《档案行政处罚程序规定》（2023 年）第 34、36 条
25	原国家地震局〔1〕《地震行政执法规定》（1999 年）第 34 条第 2 款
26	原新闻出版总署〔2〕《出版管理行政处罚实施办法》（1997 年）第 46 条第 2 款
27	水利部《水行政处罚实施办法》（1997 年）第 41 条
28	国家药品监督管理局《医药行政处罚程序暂行规定》（1997 年）第 17 条
29	司法部《司法行政机关行政处罚程序规定》（1997 年）第 21 条
30	原林业部〔3〕《林业行政执法监督办法》（1996 年）第 11 条
31	原林业部《林业行政处罚程序规定》（1996 年）第 15 条第 3 款、第 31 条第 2 款、第 36 条第 2 款

省级政府规章

序号	法条名称与具体条目
1	江苏省人民政府《江苏省文化市场综合行政执法管理办法》（2020 年）第 21 条第 2 款、第 12 条第 1 款
2	黑龙江省人民政府《黑龙江省行政执法程序规定》（2019 年）第 12 条第 1 款
3	湖南省人民政府《湖南省行政程序规定》（2022 年）第 75 条

和信息化部牵头的《烟草控制框架公约》履约工作职责，国家安全生产监督管理总局的职业安全健康监督管理职责整合，组建国家卫生健康委员会，作为国务院组成部门。

〔1〕 发布单位为原国家地震局。1998 年，国家地震局更名为中国地震局，为国务院直属机构。在 2018 年的国务院机构改革中，中国地震局划归新成立的应急管理部管理。

〔2〕 发布单位为原新闻出版总署。在 2013 年的国务院机构改革中，国家将新闻出版总署、国家广播电影电视总局的职责整合，组建中华人民共和国国家新闻出版广电总局，加挂国家版权局的牌子。

〔3〕 发布单位为原林业部。在 1998 年的国务院机构改革中，国家撤销林业部，组建国务院直属机构——国家林业局。

序号	法条名称与具体条目
4	黑龙江省人民政府《黑龙江省规范行政裁量权办法》（2018 年）第 9 条、第 20 条第 2 款
5	北京市人民政府《北京市实施行政处罚程序若干规定》（2018 年）第 15 条第 1 款、第 16 条第 1 款
6	浙江省人民政府《浙江省行政程序办法》（2016 年）第 42 条第 2 款、第 43 条
7	甘肃省人民政府《甘肃省重大行政执法决定法制审核办法》（2016 年）第 7 条
8	浙江省人民政府《浙江省行政处罚裁量基准办法》（2015 年）第 9 条
9	宁夏回族自治区人民政府《宁夏回族自治区行政程序规定》（2015 年）第 45 条
10	四川省人民政府《四川省规范行政执法裁量权规定》（2014 年）第 10 条
11	山东省人民政府《山东省规范行政处罚裁量权办法》（2013 年）第 10、19 条
12	吉林省人民政府《吉林省规范行政处罚裁量权办法》（2013 年）第 8 条
13	甘肃省人民政府《甘肃省规范行政处罚自由裁量权规定》（2012 年）第 8 条第 1 款、第 16 条
14	青海省人民政府《青海省规范行政处罚裁量权办法》（2020 年）第 6 条第 1 款、第 13 条
15	江西省人民政府《江西省规范行政处罚裁量权规定》（2021 年）第 15 条
16	辽宁省人民政府《辽宁省重大行政处罚备案审查规定》（2012 年）第 6 条第 1 款
17	辽宁省人民政府《辽宁省规范行政裁量权办法》（2011 年）第 11 条第 3 款
18	广东省人民政府《广东省规范行政处罚自由裁量权规定》（2011 年）第 17 条

续表

序号	法条名称与具体条目
19	浙江省人民政府《浙江省文化市场综合行政执法管理办法》（2011年）第15条
20	山东省人民政府《山东省行政程序规定》（2011年）第84条第2款
21	湖南省人民政府《湖南省规范行政裁量权办法》（2022年）第11条第3款
22	吉林省人民政府《吉林省人民政府关于规范行政行为改善经济发展软环境若干规定》（2000年）第32条
23	吉林省人民政府《吉林省实施行政处罚若干规定》（1999年）第17条
24	新疆维吾尔自治区人民政府《新疆维吾尔自治区实施行政处罚程序规定》（1997年）第20条

设区的市政府规章

序号	法条名称与具体条目
1	汕头市人民政府《汕头市行政程序规定》（2021年）第70条第2款
2	汕头市人民政府《汕头市规范行政处罚裁量权规定》（2021年）第24条第1款
3	杭州市人民政府《杭州市市场监督管理行政处罚程序规定》（2021年）第4条、第42条第3款、第43条、第44条、第48条第2款、第53条第1款
4	贵阳市人民政府《贵阳市综合行政执法办法》（2022年）第25条
5	杭州市人民政府《杭州市城市管理相对集中行政处罚权实施办法》（2019年）第11条第2款
6	海口市人民政府《海口市行政程序规定》（2019年）第73条第2款
7	郑州市人民政府《郑州市城市管理综合执法办法》（2020年）第18条
8	大连市人民政府《大连火车站地区管理规定》（2018年）第21条第1、2款
9	蚌埠市人民政府《蚌埠市行政程序规定》（2017年）第14条第2款、第50条第1款

序号	法条名称与具体条目
10	嘉峪关市人民政府《嘉峪关市重大行政执法决定法制审核办法》（2017年）第17条
11	葫芦岛市人民政府《葫芦岛市规范行政裁量权实施办法》（2016年）第20条
12	广州市人民政府《广州市专利行政执法办法》（2015年）第25条第2款
13	成都市人民政府《成都市规范行政执法自由裁量权实施办法》（2014年）第20条
14	西安市人民政府《西安市行政程序规定》（2013年）第68条第2款
15	长春市人民政府《长春市规范行政处罚自由裁量权实施办法》（2020年）第16、17、31条
16	邯郸市人民政府《邯郸市规范行政处罚自由裁量权若干规定》（2012年）第25条
17	乌鲁木齐市人民政府《乌鲁木齐市规范行政处罚自由裁量权办法》（2012年）第18条
18	沈阳市人民政府《沈阳市规范行政处罚自由裁量权实施办法》（2011年）第19、21、22条
19	宁波市人民政府《宁波市卫星城市行政执法管理办法》（2010年）第13条
20	厦门市人民政府《厦门市规范行政处罚自由裁量权规定》（2009年）第17条第2款
21	深圳市人民政府《深圳市规范行政处罚裁量权若干规定》（2008年）第18、20条
22	福州市人民政府《福州市规范行政处罚自由裁量权规定》（2007年）第13条
23	合肥市人民政府《合肥市城市管理相对集中行政处罚权实施办法》（2005年）第15条第1款
24	哈尔滨市人民政府《哈尔滨市松北区相对集中行政处罚权实施办法》（2005年）第32条

续表

序号	法条名称与具体条目
25	淄博市人民政府《淄博市城市管理相对集中行政处罚权试行办法》（2011年）第42条
26	哈尔滨市人民政府《哈尔滨市城市管理相对集中行政处罚权实施办法》（2002年）第22条
27	石家庄市人民政府《石家庄市行政处罚听证程序实施办法》（2000年）第19条
28	西宁市人民政府《西宁市行政处罚程序规定》（1997年）第22、27条

参考文献

一、著作类

1. 罗豪才主编:《中国司法审查制度》,北京大学出版社 1993 年版。

2. 章剑生:《行政程序法学原理》,中国政法大学出版社 1994 年版。

3. 应松年主编:《比较行政程序法》,中国法制出版社 1999 年版。

4. 王万华:《行政程序法研究》,中国法制出版社 2000 年版。

5. 林莉红:《中国行政救济理论与实务》,武汉大学出版社 2000 年版。

6. 杨明生主编:《公文处理规范与实务》,中国金融出版社 2003 年版。

7. 应松年、杨小君:《法定行政程序实证研究——从司法审查角度的分析》,国家行政学院出版社 2005 年版。

8. 王万华:《中国行政程序立法研究》,中国法制出版社 2005 年版。

9. 马怀德主编:《行政程序立法研究——〈行政程序法〉草案建议稿及理由说明书》,法律出版社 2005 年版。

10. 吴庚:《行政法之理论与实用》,三民书局 2006 年版。

11. 杨小君:《行政诉讼问题研究及制度改革》,中国人民公安大学出版社 2007 年版。

12. 王锡锌:《行政程序法理念与制度研究》,中国民主法制出版社 2007 年版。

13. 王锡锌:《公众参与和行政过程——一个理念和制度分析的框架》,中国民主法制出版社 2007 年版。

14. 翁岳生编:《行政法》,中国法制出版社 2009 年版。

15. 马怀德主编:《行政诉讼原理》,法律出版社 2009 年版。

16. 张兴祥等:《外国行政程序法研究》,中国法制出版社 2010 年版。

17. 王万华:《中国行政程序法典试拟稿及立法理由》,中国法制出版社 2010

年版。

18. 刘福元:《行政自制:探索政府自我控制的理论与实践》,法律出版社 2011 年版。

19. 赵宏:《法治国下的目的性创设:德国行政行为理论与制度实践研究》,法律出版社 2012 年版。

20. 柳正权:《中国古代行政程序研究》,人民出版社 2012 年版。

21. 陈敏:《行政法总论》,作者自版 2013 年版。

22. 信春鹰主编:《中华人民共和国行政诉讼法释义》,法律出版社 2014 年版。

23. 胡建淼:《行政法学》,法律出版社 2015 年版。

24. 江必新主编:《中华人民共和国行政诉讼法及司法解释条文理解与适用》,人民法院出版社 2015 年版。

25. 王名扬:《王名扬全集 3:美国行政法》(上),北京大学出版社 2016 年版。

26. 王名扬:《王名扬全集 1:英国行政法 比较行政法》,北京大学出版社 2016 年版。

27. 王名扬:《王名扬全集 2:法国行政法》,北京大学出版社 2016 年版。

28. 姜明安等:《行政程序法典化研究》,法律出版社 2016 年版。

29. 何海波:《行政诉讼法》,法律出版社 2016 年版。

30. 姜明安:《行政诉讼法》,北京大学出版社 2016 年版。

31. 江必新、梁凤云:《行政诉讼法理论与实务》(下),法律出版社 2016 年版。

32. 周黎安:《转型中的地方政府——官员激励与治理》,格致出版社、上海三联书店、上海人民出版社 2016 年版。

33. 姜明安:《行政法》,北京大学出版社 2017 年版。

34. 黄娟:《行政委托制度研究》,北京大学出版社 2017 年版。

35. 《行政法与行政诉讼法学》教材编写组:《行政法与行政诉讼法学》,高等教育出版社 2018 年版。

36. 应松年主编:《当代中国行政法》(第 3 卷),人民法院出版社 2018 年版。

37. 梁凤云:《行政诉讼法司法解释讲义》,人民法院出版社 2018 年版。

38. 姜明安主编:《行政法与行政诉讼法》(第 7 版),北京大学出版社、高等教育出版社 2019 年版。

39. 罗许生:《内部行政程序研究》,法律出版社 2019 年版。

40. 章剑生:《现代行政法总论》,法律出版社 2019 年版。

41. 吴军:《数学之美》,人民邮电出版社 2020 年版。

42. 陈思丞：《领导批示：注意力变动的内在逻辑》，世界科技出版公司 2021
年版。

43. 兰小欢：《置身事内——中国政府与经济发展》，上海人民出版社 2021 年版。

44. 何海波：《行政诉讼法》，法律出版社 2022 年版。

45. 中国政法大学法治政府研究院主编：《中国法治政府发展报告（2021 年）》，
社会科学文献出版社 2022 年版。

46. ［英］威廉·韦德：《行政法》，徐炳等译，中国大百科全书出版社 1997
年版。

47. ［英］A. W. 布拉德利、K. D. 尤因：《宪法与行政法》（下册），刘刚、江
菁等译，商务印书馆 2008 年版。

48. ［英］彼得·莱兰、戈登·安东尼：《英国行政法教科书》，杨伟东译，北
京大学出版社 2007 年版。

49. ［法］让·里韦罗、让·瓦利纳：《法国行政法》，鲁仁译，商务印书馆
2008 年版。

50. ［德］哈特穆特·毛雷尔：《行政法学总论》，高家伟译，法律出版社 2000
年版。

51. ［美］杰里·L. 马萧：《官僚的正义——以社会保障中对残疾人权利主张的
处理为例》，何伟文、毕竞悦译，北京大学出版社 2005 年版。

52. ［美］斯图尔特·罗素、彼得·诺维格：《人工智能：一种现代的方法》
（第 3 版），殷建平等译，清华大学出版社 2013 年版。

53. ［美］杰里·L. 马肖：《创设行政宪制——被遗忘的美国行政法百年史
（1787—1887）》，宋华琳、张力译，中国政法大学出版社 2016 年版。

54. Jerry L. Mashaw, *Bureaucratic Justice*: *Managing Social Security Disability Claims*,
Yale University Press, 1983.

55. Zaim. M Necatigil & J. E. Trice, *English and Continental Systems of Administrative
Law*, North-Holland Publishing Company, 1987.

56. Michael Supperstone & Jame Goudie, *Judicial Review*, Butterworths, 1997.

57. Perri 6 et al. , *Towards Holistic Governance*: *The New Reform Agenda*, Red Globe
Press, 2002.

58. Bruce Wyman, *The Principles of the Administrative Law Governing the Relations of
Public Office*, St. Paul. Minn. Keefe-Davidson Company, 1903.

59. Nicholas R. Parrillo eds. , *Administrative Law from the Inside Out*: *Essays on*

Themes in the Work of Jerry L. Mashaw，Cambridge University Press，2017.

二、期刊类

1. 章剑生：《论行政程序违法及其司法审查》，载《行政法学研究》1996 年第 1 期。

2. 张庆福、冯军：《现代行政程序在法治行政中的作用》，载《法学研究》1996 年第 4 期。

3. 陈瑞华：《通过法律实现程序正义》，载《北大法律评论》（第 1 卷第 1 辑），法律出版社 1998 年版。

4. 林毅夫、刘志强：《中国的财政分权与经济增长》，载《北京大学学报（哲学社会科学版）》2000 年第 4 期。

5. 敖双红：《试论我国内部行政法律关系——兼论西方"特别权力关系"》，载《当代法学》2002 年第 4 期。

6. 王万华：《行政程序法的内容分析及中国立法的选择》，载《行政法学研究》2002 年第 2 期。

7. 蒋新建：《谈〈行政处罚法〉第 38 条 2 款的适用——一则公安行政处罚案引发的思考》，载《行政与法制》2002 年第 6 期。

8. 王万华：《行政程序法典化之比较》，载《法学》2002 年第 9 期。

9. 杨海坤：《中国行政程序法典化构想》，载《法学评论》2003 年第 1 期。

10. 陈春龙：《中国司法解释的地位与功能》，载《中国法学》2003 年第 1 期。

11. 周业安：《地方政府竞争与经济增长》，载《中国人民大学学报》2003 年第 1 期。

12. 应松年、王锡锌：《中国的行政程序立法：语境、问题与方案》，载《中国法学》2003 年第 6 期。

13. 应松年：《〈行政程序法（试拟稿）〉评介》，载《政法论坛》2004 年第 5 期。

14. 姜明安：《制定行政程序法应正确处理的几对关系》，载《政法论坛》2004 年第 5 期。

15. 胡建淼：《我国行政程序法的模式与结构——依据对世界上行政程序法规范结构的统计与透视》，载《政法论坛》2004 年第 5 期。

16. 余凌云：《对行政程序轻微瑕疵的司法反应》，载《贵州警官职业学院学报》2005 年第 4 期。

17. 杨伟东：《行政程序违法的法律后果及其责任》，载《政法论坛》2005 年第 4 期。

18. 谭元满、肖一沙：《论行政相对人的内部程序参与权》，载《湖南经济管理干部学院学报》2006 年第 3 期。

19. 朱芒：《行政程序中正当化装置的基本构成——关于日本行政程序法中意见陈述程序的考察》，载《比较法研究》2007 年第 1 期。

20. 柳正权：《中国传统行政程序概念的文化解析》，载《法学评论》2007 年第 1 期。

21. 张军：《分权与增长：中国的故事》，载《经济学（季刊）》2007 年第 1 期。

22. 张淑芳：《论行政执法中内部行政程序的地位》，载《吉林大学社会科学学报》2008 年第 1 期。

23. 崔卓兰、刘福元：《行政自制——探索行政法理论视野之拓展》，载《法制与社会发展》2008 年第 3 期。

24. 王万华：《统一行政程序立法的破冰之举——解读〈湖南省行政程序规定〉》，载《行政法学研究》2008 年第 3 期。

25. 蔡小雪：《国务院下属部门规范性文件的法律效力判断与适用》，载《人民司法·案例》2008 年第 4 期。

26. 贺安杰：《关于〈湖南省行政程序规定〉的几个问题》，载《湖南社会科学》2008 年第 5 期。

27. 竺乾威：《从新公共管理到整体性治理》，载《中国行政管理》2008 年第 10 期。

28. 何海波：《司法判决中的正当程序原则》，载《法学研究》2009 年第 1 期。

29. 章剑生：《对违反法定程序的司法审查——以最高人民法院公布的典型案件（1985—2008）为例》，载《法学研究》2009 年第 2 期。

30. 张紧跟：《当代中国地方政府间关系：研究与反思》，载《武汉大学学报（哲学社会科学版）》2009 年第 4 期。

31. 何海波：《行政行为的合法要件——兼议司法审查根据的重构》，载《中国法学》2009 年第 4 期。

32. 叶必丰：《具体行政行为框架项下的政府信息公开——基于已有争议的观察》，载《中国法学》2009 年第 5 期。

33. 焦勇：《完善案件集体讨论制度需要重点把握的几个环节》，载《中国工商管理研究》2009 年第 5 期。

34. 杨登峰：《程序违法行政行为的补正》，载《法学研究》2009 年第 6 期。

35. 于立深：《现代行政法的行政自制理论——以内部行政法为视角》，载《当代法学》2009 年第 6 期。

36. 于立深：《违反行政程序司法审查中的争点问题》，载《中国法学》2010 年第 5 期。

37. 崔卓兰、于立深：《行政自制与中国行政法治发展》，载《法学研究》2010 年第 1 期。

38. 应松年：《中国行政程序法立法展望》，载《中国法学》2010 年第 2 期。

39. 沈岿：《行政自我规制与行政法治：一个初步考察》，载《行政法学研究》2011 年第 3 期。

40. 邓刚宏：《我国行政诉讼设立补正判决之基本构想》，载《学海》2012 年第 1 期。

41. 何海波：《内部行政程序的法律规制》（上），载《交大法学》2012 年第 1 期。

42. 何海波：《内部行政程序的法律规制》（下），载《交大法学》2012 年第 2 期。

43. 章剑生：《依法审判中的"行政法规"——以〈行政诉讼法〉第 52 条第 1 句为分析对象》，载《华东政法大学学报》2012 年第 2 期。

44. 陈振宇：《"不予撤销的程序违反行为"的司法认定》，载《上海政法学院学报（法治论丛）》2012 年第 3 期。

45. 薛刚凌、杨欣：《论我国行政诉讼构造："主观诉讼"抑或"客观诉讼"?》，载《行政法学研究》2013 年第 4 期。

46. 孙光宁：《法律规范的意义边缘及其解释方法——以指导性案例 6 号为例》，载《法制与社会发展》2013 年第 4 期。

47. 秦小建、陈明辉：《论行政法上的批示》，载《政治与法律》2013 年第 10 期。

48. 傅玲静：《论德国行政程序法中程序瑕疵理论之建构与发展》，载《行政法学研究》2014 年第 1 期。

49. 卢护锋：《论内部行政法的功能》，载《行政论坛》2014 年第 1 期。

50. 雷磊：《法律程序为什么重要? 反思现代社会中程序与法治的关系》，载《中外法学》2014 年第 2 期。

51. 薛刚凌：《行政诉讼法修订基本问题之思考》，载《中国法学》2014 年第 3 期。

52. 孙迎春：《现代政府治理新趋势：整体政府跨界协同治理》，载《中国发展观察》2014 年第 9 期。

53. 侯丹华、韩磊：《行政诉讼中增加补正判决之必要性》，载《人民司法》2014 年第 13 期。

54. 李洪雷：《国外行政程序法制度建设简要历程》，载《紫光阁》2015 年第 2 期。

55. 宋华琳：《国家建构与美国行政法的史前史》，载《华东政法大学学报》2015 年第 3 期。

56. 柳砚涛：《认真对待行政程序"瑕疵"——基于当下行政判决的实证考察》，载《理论学刊》2015 年第 8 期。

57. 陈思丞、孟庆国：《领导人注意力变动机制探究——基于毛泽东年谱中 2614 段批示的研究》，载《公共行政评论》2016 年第 3 期。

58. 李大勇、杜宏伟：《行政协调中的裁量规制》，载《行政法学研究》2016 年第 4 期。

59. 梁君瑜：《论行政诉讼中的确认无效判决》，载《清华法学》2016 年第 4 期。

60. 孟庆国、陈思丞：《中国政治运行中的批示：定义、性质与制度约束》，载《政治学研究》2016 年第 5 期。

61. 王玎：《行政程序违法的司法审查标准》，载《华东政法大学学报》2016 年第 5 期。

62. 焦炜华、陈希国：《应经而未经集体讨论的行政处罚决定应予撤销》，载《人民司法》2016 年第 5 期。

63. 李文曾：《专家学者共话中国行政程序法——〈中华人民共和国行政程序法（专家建议稿）〉研讨会综述》，载姜明安主编：《行政法论丛》2016 年第 18 卷。

64. 刘飞、谭达宗：《内部行为的外部化及其判断标准》，载《行政法学研究》2017 年第 2 期。

65. 章剑生：《从地方到中央：我国行政程序立法的现实与未来》，载《行政法学研究》2017 年第 2 期。

66. 耿宝建：《行政处罚案件司法审查的数据变化与疑难问题》，载《行政法学研究》2017 年第 3 期。

67. 梁君瑜：《行政程序瑕疵的三分法与司法审查》，载《法学家》2017 年第 3 期。

68. 张玉磊、贾振芬：《基于利益相关者理论的重大决策社会稳定风险评估多元主体模式研究》，载《北京交通大学学报（社会科学版）》2017 年第 3 期。

69. 杨东升、韦宝平：《重大行政执法决定法制审核制度论纲》，载《湖北社会科学》2017 年第 7 期。

70. 赵清林：《类型化视野下行政诉讼目的新论》，载《当代法学》2017 年第 6 期。

71. 关保英：《行政决策集体讨论决定质疑》，载《求是学刊》2017 年第 6 期。

72. 叶必丰：《行政组织法功能的行为法机制》，载《中国社会科学》2017 年第 7 期。

73. 侯孟君：《重大执法决定法制审核制度的推行进路》，载《行政与法》2017 年第 10 期。

74. 郭修江：《监督权力、保护权利、实质化解行政争议——以行政诉讼法立法目的为导向的行政案件审判思路》，载《法律适用》2017 年第 23 期。

75. 王学辉：《行政法秩序下的行政批示行为研究》，载《政治与法律》2018 年第 5 期。

76. 王学辉：《行政批示的行为法意蕴》，载《行政法学研究》2018 年第 3 期。

77. 章志远：《中国特色行政法法典化的模式选择》，载《法学》2018 年第 4 期。

78. 高秦伟：《机构改革中的协同原则及其实现》，载《福建行政学院学报》2018 年第 4 期。

79. 王学辉、林金咏：《行政执法中"个案批示"行为研究》，载《江苏行政学院学报》2018 年第 5 期。

80. 吴敏：《论行政诉讼中的"程序轻微瑕疵违法"——基于与"程序瑕疵"的区分》，载《福建行政学院学报》2018 年第 5 期。

81. 章剑生：《作为担保行政行为合法性的内部行政法》，载《法学家》2018 年第 6 期。

82. 陈振宇：《行政程序轻微违法的识别与裁判》，载《法律适用》2018 年第 11 期。

83. 马燕：《论我国一元多层级案例指导制度的构建——基于指导性案例司法应用困境的反思》，载《法学》2019 年第 1 期。

84. 邓炜辉：《行政批示可诉性：司法图景与标准判定——基于我国法院相关裁

判文书的规范考察》，载《政治与法律》2019 年第 1 期。

85. 胡敏洁：《自动化行政的法律控制》，载《行政法学研究》2019 年第 2 期。

86. 梁君瑜：《论行政程序瑕疵的法律后果》，载《华东政法大学学报》2019 年第 2 期。

87. 刘学平、张文芳：《国内整体性治理研究述评》，载《领导科学》2019 年第 4 期。

88. 周飞舟：《政府行为与中国社会发展——社会学的研究发现及范式演变》，载《中国社会科学》2019 年第 3 期。

89. 章剑生：《再论对违反法定程序的司法审查——基于最高人民法院公布的判例（2009—2018）》，载《中外法学》2019 年第 3 期。

90. 周佑勇：《司法判决对正当程序原则的发展》，载《中国法学》2019 年第 3 期。

91. 许若群：《行政执法内部规控研究——兼论重大行政执法决定法制审核制度的设计》，载《云南行政学院学报》2019 年第 3 期。

92. 王学辉、雷焱：《批示行政：一个行政惯例的存在与检视》，载《哈尔滨工业大学学报（社会科学版）》2019 年第 5 期。

93. 逯峰：《整体政府理念下的"数字政府"》，载《中国领导科学》2019 年第 6 期。

94. 侯孟君：《重大执法决定法制审核制度实施问题研究——以宁波市为例》，载《行政与法》2019 年第 6 期。

95. 林鸿潮：《行政行为审慎程序的司法审查》，载《政治与法律》2019 年第 8 期。

96. 刑翔：《全面推进行政执法三项制度向纵深发展——以广东省广州市为例》，载《中国司法》2019 年第 8 期。

97. 张新文、张国磊：《领导批示：行政运作中的特征、价值取向与实践反思》，载《南京社会科学》2020 年第 2 期。

98. 薛刚凌、宋龙飞：《论行政法制度在经济领域的拓展——以腐败治理为视角》，载《行政法学研究》2020 年第 2 期。

99. 罗冠男：《我国行政法典编纂的重要历程与新思路新展望》，载《理论探索》2020 年第 4 期。

100. 薛刚凌：《行政法法典化之基本问题研究——以行政法体系建构为视角》，载《现代法学》2020 年第 6 期。

101. 章志远:《行政法总则制定的基本遵循》,载《学习与探索》2020 年第
　　　7 期。

102. 王敬波:《面向整体政府的改革与行政主体理论的重塑》,载《中国社会科
　　　学》2020 年第 7 期。

103. 钟瑞华、李洪雷:《论我国行政法法典化的意义与路径——以民法典编纂
　　　为参照》,载《行政管理改革》2020 年第 12 期。

104. 杨登峰:《从〈民法典〉的编纂看行政法典的编纂——对"单行法先行"
　　　模式的一种考察与展望》,载《行政法学研究》2021 年第 3 期。

105. 刘绍宇:《论行政法法典化的路径选择——德国经验与我国探索》,载《行
　　　政法学研究》2021 年第 1 期。

106. 谭宗泽、付大峰:《从规范程序到程序规范:面向行政的行政程序及其展
　　　开》,载《行政法学研究》2021 年第 1 期。

107. 郑琳:《警察协助的内部规则程序之治》,载《广西警察学院学报》2021 年
　　　第 1 期。

108. 卢超:《行政审批局改革的组织创新及其公法启示》,载《浙江学刊》2021
　　　年第 6 期。

109. 余凌云:《交警非现场执法的规范构建》,载《法学研究》2021 年第 3 期。

110. 查云飞:《行政裁量自动化的学理基础与功能定位》,载《行政法学研究》
　　　2021 年第 3 期。

111. 刘国乾:《法治政府建设:一种内部行政法的制度实践探索》,载《治理研
　　　究》2021 年第 3 期。

112. 王万华:《我国行政法法典编纂的程序主义进路选择》,载《中国法学》
　　　2021 年第 4 期。

113. 姜明安:《关于编纂我国行政程序法典的构想》,载《广东社会科学》2021
　　　年第 4 期。

114. 马超等:《行政法院的中国试验——基于 24 万份判决书的研究》,载《清
　　　华法学》2021 年第 5 期。

115. 陈天昊:《法国行政法的法典化:起源、探索与借鉴》,载《比较法研究》
　　　2021 年第 5 期。

116. 关保英:《论行政法典总则的制定及其对行政法体系的整合》,载《东方法
　　　学》2021 年第 6 期。

117. 叶必丰:《行政法的体系化:"行政程序法"》,载《东方法学》2021 年第

6 期。

118. 杨伟东：《基本行政法典的确立、定位与架构》，载《法学研究》2021 年第 6 期。

119. 余凌云：《数字政府的法治建构》，载《中国社会科学院大学学报》2022 年第 1 期。

120. 王太高：《我国整体政府思想的形成及其展开——以〈法治政府建设实施纲要（2021—2025 年）〉切入》，载《探索与争鸣》2022 年第 1 期。

121. 于安：《论数字行政法——比较法视角的探讨》，载《华东政法大学学报》2022 年第 1 期。

122. 马怀德：《行政基本法典模式、内容与框架》，载《政法论坛》2022 年第 3 期。

123. 应松年、张航：《中国行政法法典化的正当性与编纂逻辑》，载《政法论坛》2022 年第 3 期。

124. 周佑勇：《中国行政基本法典的精神气质》，载《政法论坛》2022 年第 3 期。

125. 杨建顺：《行政法典化的容许性——基于行政法学体系的视角》，载《当代法学》2022 年第 3 期。

126. 马怀德：《中国行政法典的时代需求与制度供给》，载《中外法学》2022 年第 4 期。

127. 王敬波：《行政基本法典的中国道路》，载《当代法学》2022 年第 4 期。

128. 薛刚凌：《中国特色行政法典的编纂研究——以公共行政整体型特征为视角》，载《现代法学》2022 年第 5 期。

129. 罗智敏：《行政法法典化背景下我国行政行为理论研究的挑战与应对》，载《行政法学研究》2022 年第 5 期。

130. 杨解君：《中国行政法的法典化：如何从可能变为现实》，载《北方法学》2022 年第 5 期。

131. 吕长城：《行政处罚集体讨论决定程序的反思与建构》，载《人民司法》2022 年第 25 期。

132. ［美］吉莉恩·E. 梅茨格、凯文·M. 斯塔克：《内部行政法》，宋华琳、吕正义译，载章剑生主编：《公法研究》（第 20 卷），浙江大学出版社 2020 年版。

133. ［美］克里斯托弗·J. 沃克：《司法审查之外对官僚行政的控制》，宋华琳、徐曦昊译，载《湖湘法学评论》2021 年第 2 期。

134. Gillian E. Metzger & Kevin M. Stack, "Internal Administrative Law", 115 *Michigan Law Review* 2017.

135. Christopher J. Walker, "Administrative Law Without Court", 65 *UCLA Law Review* 2018.

136. Christopher J. Walker & Rebecca Turnbull, "Operationalizing Internal Administrative Law", 71 *Hastings Law Journal* 2020.

137. Christopher J. Walker, "Constraining Bureaucracy beyond Judicial Review", 150 *Dædalus：The Journal of the American Academy of Arts & Sciences* 2021.

三、报刊与网络资源

1. 杨利敏：《行政处罚内部程序应受司法审查》，载《人民法院报》2005 年 4 月 18 日，第 B1 版。

2. 姜明安：《行政处罚程序无内外之分》，载《人民法院报》2005 年 4 月 18 日，第 B1 版。

3. 万学忠：《学界首次提出建构中国行政法法典》，载《法制日报》2018 年 1 月 19 日，第 6 版。

4. 徐冬然、王伏刚：《行政机关负责人集体讨论程序的正当时机》，载《人民法院报》2021 年 9 月 30 日，第 6 版。

5. 苏燕：《以证据为核心，推行"三级审核"》，载《中国环境报》2021 年 11 月 15 日，第 5 版。

6. 徐雯：《生态环境部门如何正确适用法制审核制度？》，载《中国环境报》2021 年 11 月 23 日，第 8 版。

7. 王学全、余强：《法制审核遇难题？五招化解》，载《中国自然资源报》2021 年 12 月 10 日，第 6 版。

8. 杨建顺：《为什么行政法不能有统一的法典？》，载《检察日报》2020 年 6 月 3 日，第 7 版。

9. 《案件集体讨论后，是否要制作处罚决定审批表？》，载新浪网 2018 年 4 月 29 日，https://cj. sina. com. cn/articles/view/1480190601/5839ea89019005ssr。

10. 《加快建设数字行政法》，载法制网 2021 年 6 月 18 日，http://www. legaldaily. com. cn/index/content/2021-06/18/content_ 8531989. htm。

11. 《行政处罚听证程序前，负责人可以集体讨论吗？》，载微信公众号"江苏高院" 2022 年 2 月 16 日，https：//mp. weixin. qq. com/s/W8zSOrnOWlPh7w WYRoN9DA。

四、论文集

1. 李欢如、李辉品：《认真对待瑕疵：论行政行为适用法律问题的司法审查》，载贺荣主编：《深化司法改革与行政审判实践研究——全国法院第 28 届学术讨论会获奖论文集》（下），人民法院出版社 2017 年版。

2. 郑琦：《行政法中"集体讨论制度"的叙述与解读——以 70 部法律规范文本为对象的"具体化"路径探索》，收录于《第十三届全国公法学博士生论坛报告论文集（2018）》。

3. Ricardo García Macho, "Administrative Procedure and the Information and Knowledge Society", in Javier Barnes（eds.）, *Transforming Administrative Procedure*, Spain： Global Law Press, 2008.

4. Javier Barnes, "Reform and Innovation of Administrative Procedure", in Javier Barnes（eds.）, *Transforming Administrative Procedure*, Spain： Global Law Press, 2008.

五、硕博士论文

1. 张驹：《我国重大行政执法决定法制审核研究》，四川师范大学 2017 年硕士学位论文。

2. 何小明：《重大行政执法决定法制审核制度研究》，河南大学 2018 年硕士学位论文。

3. 倪畅：《重大行政执法决定法制审核制度完善研究》，扬州大学 2018 年硕士学位论文。

4. 章琼麟：《行政处罚中的行政机关负责人集体讨论程序研究》，华东政法大学 2018 年硕士学位论文。

5. 张新鹏：《重大行政执法决定法制审核制度研究》，河北大学 2019 年硕士学位论文。

6. 孙家惠：《城市管理领域重大执法决定法制审核制度研究》，扬州大学 2020 年硕士学位论文。

7. 林娇：《重大行政执法决定法制审核制度研究》，广东外语外贸大学 2021 年硕士学位论文。

六、案例汇编

1. 《最高人民法院公报》。

2. 祝铭山主编：《税务行政诉讼》，中国法制出版社 2004 年版。

3. 江必新主编：《中国行政审判案例》（第 1 卷），中国法制出版社 2010 年版。

4. 最高人民法院行政审判庭编：《中国行政审判案例》（第 4 卷·第 121～160 号案例），中国法制出版社 2012 年版。

5. 最高人民法院中国应用法学研究所编：《人民法院案例选》，人民法院出版社 2017 年版。

6. 国家法官学院、中国人民大学法学院编：《中国审判案例要览》，中国人民公安大学出版社 2014 年版。

七、数据库

1. 北大法宝（https：//www.pkulaw.com/case/）

2. 把手科技案例（https：//bt.byr.cn/index.php）

3. 元典智库（https：//www.chineselaw.com/）

4. 威科先行·法律信息库（https：//law.wkinfo.com.cn/）